Love & Betrayal
Broken Trust in Intimate Relationships

重建信任
——爱情与背叛的心理学

【美】John Amodeo◎著
夏天　冯迦宁◎译

中国轻工业出版社

图书在版编目（CIP）数据

重建信任：爱情与背叛的心理学／（美）阿莫迪欧（Amodeo, A）著；夏天，冯迦宁译. —北京：中国轻工业出版社, 2014.1（2022.1重印）
ISBN 978-7-5019-9487-8

Ⅰ.①重… Ⅱ.①阿…②夏…③冯… Ⅲ.①恋爱心理学 Ⅳ.①C913.1

中国版本图书馆CIP数据核字（2013）第248236号

版权声明

Copyright © 1994 by John Amodeo. All rights reserved.

总策划：石 铁
策划编辑：阎 兰 高小菁 责任终审：杜文勇 插图：王玉琛
责任编辑：阎 兰 高小菁 责任监印：刘志颖

出版发行：中国轻工业出版社（北京东长安街6号，邮编：100740）
印　　刷：三河市鑫金马印装有限公司
经　　销：各地新华书店
版　　次：2022年1月第1版第3次印刷
开　　本：850×1168　1/32　印张：11.00
字　　数：160千字
书　　号：ISBN 978-7-5019-9487-8　定价：28.00元
著作权合同登记　图字：01-2012-4324
读者服务部邮购热线电话：010-65125990，65262933　传真：010-65181109
发行电话：010-85119832　传真：010-85113293
网　　址：http://www.wqedu.com
电子信箱：1012305542@qq.com
如发现图书残缺请直接与我社读者服务部（邮购）联系调换
120559Y2X101ZYW

前　言

雨不停地下，

就像星星的眼泪，就像星星的眼泪。

雨不停地诉说着，

我们是多么地脆弱，多么地脆弱！

——Sting

维持一段爱情并不容易。我们想要被珍惜，想要被理解。我们希望所有爱与亲密的感觉可以永远持续下去。不幸的是，爱情似乎总难逃脱"食言"的宿命，每每让我们幻想破灭、遍体鳞伤。在经历了失恋的痛苦之后，我们还有没有勇气依然对爱情抱有期待呢？

本书在一开始就让读者明白一个简单的事实：在爱情当中可能存在许多狡诈与欺骗，甚至是危险与背叛。尽管我们对未来充满美好的期待，但是两性之间的亲密关系有时却是有害健康的。一旦接受这一事实，我们就能马上认识到爱情积极的一面：爱情真的可以让我们的内心变得深刻、丰富而且愉悦。与我们精心选择的恋人经营一段爱情，可以让我们获得莫大的快乐、满足与成长。在这一点上，没有其他更好的选择。尽管我也经历过生不如死的背叛痛苦，但是我仍然是一位无可救药的浪漫主义者——即使现在的我与20岁时的我已经大不相同。

本书为大家提供了一些方法，帮助人们应对爱情的阴暗面，也是爱情最狡诈的一面：背叛。只有看清了爱情的黑暗角落，我们才不会在充满欺诈与诱惑的情路上迷失方向。只有那样我们才能真正让心灵得到满足，最终找到发自内心的快乐、令人愉悦的联结以及丰富饱满的爱恋。

勇敢面对生命中难以避免的拒绝与背叛，我们就可以抚平内心的伤痕，进一步加深对自己的认识，增加在恋爱当中的安全感。如果那样，形式多样的背叛反而会让我们更清晰地认识爱情的本质，让我们明白什么可以滋养爱情，什么可以毁灭爱情——即使任何人都不喜欢名叫"背叛"的老师。

在我们将自己的真心、柔情与希望分享给另一个人的时候，我们就有可能会因为对方残酷地背叛了我们的信任或无意中伤害了我们的真诚，而承受巨大的痛苦。每一个人都会在不同时间受到这样的伤害。每个人都会被自己信任并深爱的人背叛，尽管背叛的方式多种多样，但少有人可以逃脱这样的厄运。

前 言

关于人性这一阴暗面的著作并不多见。有些人回避这一话题，也许是因为他们认为谈到背叛，人们都会感到不悦和沮丧。还有的人会认为提到背叛，他们就会想到背叛的痛苦，这一点让他们感到极度不适。然而，只有勇于直面背叛，我们才能阻止背叛继续下去，我们才不会继续背叛自己，而让爱承诺悄悄溜走。

抚平背叛伤口的需要

一次严重背叛所产生的影响要远远超过当时的剧痛。很多时候，背叛的痛苦会令我们在爱情中变得极其小心，步步设防。一朝被蛇咬，十年怕井绳。我们也会因此而隐藏自己的真情实感。我们不敢再用真心去与人交往；我们不会再尽情挥洒自己的眼泪；我们也不敢再追求完满的快乐。相反，面对他人，我们会掩藏自己柔软的内心。与此同时，我们也剥夺了自己获得真爱的权利，而事实上在潜意识里，真爱仍然是我们最大的渴望。

背叛的余波也会以其他破坏性的方式延续下去，久久难平。我们会在新一段恋情当中使用狡猾的手段去塑造和操纵我们的伴侣，甚至威胁对方配合我们，满足我们的意愿或要求；一旦我们的需求和欲望没有得到满足，我们就会用尖刻的言语去批判、侮辱甚至攻击对方；我们会诡秘地检验对方的忠诚度,来确认他们的爱。我们会潜移默化地形成这样一种轻蔑的态度:"你必须要向我证明你是值得信任的,你和别人是不一样的!"毋庸置疑,越想控制自己的另一半,结果越适得其反。这样做只能说明我们仍未走出之前背叛的阴影;沸腾的愤怒、严重的怀疑和难以愈合的伤口仍然在左右着我们的行为。

如果未能理智而有效地处理背叛的伤害,我们就会把这种痛苦带到下一段感情中去。为了一点点小事,我们就会因为自己的伤痛和仇恨而迁怒于另一半。因为没有处理好之前的痛苦,我们就会因此而继续受其煎熬,与此同时连我们的伴侣也会被拉下苦海。当新一段感情也不尽如人意的时候,我们就会轻而易举的选择放弃。

本书以一种温柔的形式,让我们停下脚步,用心去看、去聆听,并最终让我们明白如何去改变背叛的恶性循环,不再伤害自己和他人。

了解背叛的微妙形式

背叛的形式多种多样,不仅限于人们俗称的出轨、不守承诺、彻底抛弃等常见行为。很多微妙的背叛形式很容易被我们忽视,但却会逐渐影响我们对爱与被爱的追求。这些微妙的背叛甚至会传染给友情。这些看似无关痛痒的怠慢与疏

前言

忽会引起巨大的伤害，成为爱情中痛苦的主要根源。

本书不仅适用于想从突发性的、痛不欲生的背叛经历中走出来的读者，也同样适用于想要在现有爱情中培养爱与信任的读者，帮助我们避免小伤害演变成严重的敌意和疏远，进而毁掉我们最珍贵的希望与梦想。后文会向读者详细阐述什么是对信任的微妙背叛，以及这些"小"背叛如何成为大伤害的导火索。

是什么让我们去破坏别人的信任？为什么别人会背叛我们？是我们做了什么引起了对方的不信任，进而导致严重背叛吗？我们能够克服重大背叛带来的愤怒、伤心和痛苦，并学会再次相信别人吗？我们可以为亲密爱恋建立一个基础，来减少阻碍我们寻找真爱的日常背叛，进而最大程度地减少致命背叛的发生概率吗？我们能够做到爱别人的同时也不背叛自己吗？

本书将仔细探讨以上重要问题。但没有什么方法可以立竿见影地解除背叛的痛苦。对于这样复杂的、多层面的问题只做蜻蜓点水般的介绍，本身就是对读者的背叛。这一问题的复杂性是所有遭受背叛的人都深有体会的，他们都想知道"到底哪里出了问题？为什么真爱会化为灰烬？"要想真正解决这类问题，我们必须要换一种方式去看待自己、去和他人相处，并且去理解生活。

背叛的话题会引出我们内心最深层次的情感，因为它触到了人性的核心之处。只有用敏感而深刻的方式去讨论这一话题，我们才可以将毁灭性的背叛转变为自我的认识与内心的宁静。同样，只有学着去理智地解决那些日常背叛，我们才能与他人建立亲密关系，因为这些"小"背叛虽不起眼，但却会慢慢吞噬我们的信任与纯真。

本书包含了我的个人经历，以及来访者和朋友的真实体验。与此同时，我也采访了很多痴情男女，他们的评论很有启发意义，本书也做了合理的引用（皆用化名）。尽管所有案例都关于两性爱情，但其原理却适用于所有类型的爱情关系，不管是同性恋还是异性恋。背叛的伤害是不会因生活方式的不同而改变的。

最后我想对近期正在承受背叛痛苦的读者们说：被他人背叛会令你伤心欲绝，此时如果曾经珍视的朋友或恋人不能给予我们所需的安慰，我们很难重新振作起来。通过多角度剖析背叛的本质，并找到应对背叛的方法，我希望这本书可以帮助你抚平伤口。此外，我也希望从痛苦中走出来的你，可以拥有更多自信和自尊，并且用更多的热情对待自己和他人，最终找到值得信任且彼此满意的爱情与友情。

目　录

第一章　背叛的多面性……………………………………………1
　　信任的建立和破坏……………………………………………4
　　打破口头承诺…………………………………………………11
　　打破非口头的约定……………………………………………20
　　背叛：一条分界线……………………………………………32
　　背叛自己………………………………………………………36
　　拥抱深层次的自我……………………………………………39
　　背叛别人及其他事物…………………………………………43

第二章　面对背叛的常见反应……………………………………49
　　震惊与否认……………………………………………………52
　　耻辱与自责……………………………………………………59
　　愤怒、敌意与报复……………………………………………63
　　嫉　妒…………………………………………………………76
　　批判别人，寻求心理平衡……………………………………78
　　三思而后行……………………………………………………86

第三章 是什么决定了我们的常见反应? ·········89
不现实的期待与浪漫的幻想··········91
不愿面对的伤心和痛苦··········98
害怕被抛弃··········104
失败的耻辱··········106

第四章 善待我们的悲伤··········111
避免受伤的社会阴谋论··········113
消除对受伤的恐惧··········118
悲伤是自然的··········122
拥抱痛苦:通往心灵··········133

第五章 了解背叛的本质··········139
童年后遗症··········143
不切实际的承诺··········152
忍受矛盾与缺乏控制··········157
承诺过程:替代浪漫的海誓山盟··········162
加深感情的过程··········169
感受我们的内心体验并与之对话··········180

第六章 背叛之后的生活··········199
拥抱独处··········200
冥想··········203
自我探索··········208
创造性表达··········211
对支持型关系的需求··········212

认清自己在背叛中的角色…………………………218
　　　对话技巧……………………………………………229
　　　划分灵活的界限……………………………………231
　　　继续向前……………………………………………241
　　　其他的自我发现……………………………………244

第七章　通往同情与原谅之路……………………………**249**
　　　拥抱痛苦……………………………………………253
　　　从指责到同情的转变………………………………254
　　　通过宽恕来找到内心的平静………………………264
　　　放手的艺术…………………………………………268
　　　宽恕自己……………………………………………278
　　　背叛者的角色………………………………………282

第八章　**重建信任**…………………………………………**289**
　　　信任的框架…………………………………………291
　　　塑造虚假的自己：失去信任………………………294
　　　给信任一次机会……………………………………298
　　　相信自己……………………………………………301
　　　相信生命……………………………………………307
　　　相信他人……………………………………………308
　　　参与信任与理解……………………………………312
　　　参与信任：情景演示………………………………315
　　　用完整的自己去建立信任…………………………325
　　　爱的潜能……………………………………………331

第一章

背叛的多面性

有多深的爱与忠诚、投入与承诺，
就有多少的背叛。

——James Hillman

我们大多数人都还没有准备好用建设性的方式去面对背叛。相反，我们压抑痛苦，直到它被唤醒的那天。我们常年纠结于困惑和痛苦中；我们面对"伤口"保持麻木；我们"努力"忙碌来抽离自己；我们不停放纵追逐享乐；我们依赖药品、酒精、食物；我们对别人"关闭"自己；我们认为没有一条清晰的道路可以通向真爱；我们往往在别人放弃自己之前先放弃别人。我们还设计"巧妙"的方式回到"冤枉"我们的伴侣和朋友身边。在这样冤冤相报的关系中是没有赢家的。

背叛发生在我们人生的所有阶段。我们经历过不同程度的背叛。当一个母亲不能及时满足一个婴儿的诸多要求，或无法让婴儿感受依恋，婴儿就会体验到被背叛。当一个孩子被一个信赖的朋友侮辱，或者因为一个"愚蠢"的答案在全班同学面前被老师羞辱，他会感到被背叛。一个十几岁的少年可能会感到女友背叛了他，因为她不再想和他约会。一个怀孕的年轻女人可能会认为她的伴侣背叛了她，因为他不愿意承担做父亲的责任。

作为成年人，多年的辛勤付出后，当老板解雇或没有厚

第一章 背叛的多面性

待我们,我们就觉得被出卖了;当朋友借钱没有归还,我们感到了朋友的背叛;我们有时甚至感到我们的职业也背叛了自己,因为职业的某些规则会阻止我们说出真话。

宗教、历史和古典文学描绘了许多戏剧性的背叛。旧约故事中,约瑟夫因为他漂亮的衣服招致了他兄弟们的妒忌,最终含冤而死。新约故事中,犹大背叛了耶稣。而其他曾经宣誓效忠的门徒,在耶稣最需要帮助的时刻,也转身离去。在莎士比亚的众多悲剧中,背叛导致的谋杀和情感折磨是一个永恒的主题。当凯撒最信任的布鲁多用匕首刺入他的身体时,他悲愤怒号"你这个人面兽心的叛徒!"

在竞争激烈的商业世界,背叛每天都在发生。受恐惧和贪婪驱使,人们往往撕毁他们原有的协议,或误导他人,或牺牲自己的诚信,从而获得自身的安全或垄断。那些诚信的人们不得不在一个被欺骗和背叛污染的环境中苦苦挣扎。步入中年之后,他们中的很多人变得愤世嫉俗。这种心态往往是由于成年累月的"背叛"经验所导致的。这些"背叛"来自他们的竞争对手、合作伙伴、员工,还有客户。

伴随背叛而来的经济损失导致我们无法支撑我们自己和我们的家庭。这种背叛的伤害会影响我们在人际关系中的心态,我们会在关系中变得更谨慎、更不自然、更刻薄、更不愿意相信别人。

背叛这把"利刃"刺痛得最深的往往是我们的好友、亲密伴侣和婚姻。因为这些关系中包含了我们最大的希望，同时也是我们最深的伤害的来源。本书将主要揭示这些爱的关系中的背叛。

无论我们多少次地面对，背叛永远是令人痛苦与震惊的。背叛不会因为我们的麻木而不再影响我们。不过，我们可以学会新的方法来面对背叛带来的痛苦，而不再沉浸于绝望和恐惧之中。

面对背叛，我们可以沿着一条充满智慧而有意识的途径，变得更加了解自己，更加爱自己。当我们正视自己对背叛的体验，用温柔和慈悲来面对自己，我们的伤口就开始愈合了。我们从而变成一个更智慧、更强大、更有爱的人。

当我们可以勇敢地面对我们深层的恐惧和痛苦，当我们可以再次联结我们内心最深处的渴望，我们性格和心智就会开始成长。当我们不再"关闭"自己，当我们可以更加温柔和仁慈地对待自己，我们就能培养出一种有韧性的力量，这是任何人无法夺走的力量。

信任的建立和破坏

逐渐成长的信任

要清晰地理解背叛的含义，我们就必须深刻地理解信任的本质。信任在词典中的定义是:"对于某人或某事具备诚实、正直、可靠和正义的特质,我们拥有坚定的信念和信心。"和一个值得信任的人相处的时候,我们可以安全地呈现真实的自己;我们可以感受到被尊重和关怀。然而,当我们对另一个人的诚实、可靠或正直的信任被粉碎的时候,我们感到自己被出卖了。我们此时才明白原来以为"安全"其实一点都不安全。

信任可以延伸到与我们存在相关的三个重要领域:信任自己,信任别人,和值得信赖的生命本身。信任自己意味着我们对成为自己和确认自己有信心,同时对我们处理冲突和挫折的能力有信心。信任别人意味着我们在和别人相处的时候感到安全和轻松;我们可以真正地放开,成为真实的自己,而不会过度担心负面的后果。值得信赖的生命就意味着我们相信我们的经验会给我们启发;我们相信生命总会用一些方式支持我们走向圆满和自我实现(虽然并不总是一帆风顺)。

和另一个人建立信任的过程总是脆弱和复杂的。当然,这个过程也可以是一种精巧而富有创造性的艺术。我们需要联结另一个人的情感、精神和灵性的世界——这个世界也许和我们自己体验的世界完全不同。

不同的人会用不同的方式建立信任。让我们先来了解一下其中一种方式。

暂时的信任

如果我想和他人发展亲密、信任的关系，我需要给他们一个机会来告诉我他们是谁。一个良好的开端是暂时假设别人对你说的都是真实的。否则，当你遇到一个潜在的新朋友或伴侣，你不知道该如何开始。

通过暂时的信任，你给关系一个成长的机会。我曾经是个愤世嫉俗而且不太信任别人的人——也许因为我曾被别人深深地伤害过，或者因为我是从小在纽约市长大的。不论什么原因，我终于认识到不信任会产生不信任。没有人喜欢被别人试探，或不停地去证明自己。

直觉可以提供宝贵的线索，可以帮助我判断一个人的性格和可靠性，我会信任自己的第六感。直觉如同一根天线，可以感知一些我有可能忽略的担心和不协调；它可以帮助我们感知人们语言背后的部分。一个从不依靠直觉的女人最终醒悟"他承诺的和他最终做到的完全是两回事。他的外表和言谈根本不像同一个人。我很晚才真正看清楚他是谁。"一个遭受伴侣背叛的男人也表达了同样的观点："我分析了她的话，我只会这个——我并不善于发现她的感受。"

最终，直觉成为我们判断是否可以接近一个人的最可靠工具。然而，我的直觉功能总是有限的。往往当我感到害怕、愤世嫉俗或评判别人时，我才会特别相信我的直觉。人们在

第一章　背叛的多面性

开始一段关系之前，千方百计地想了解对方其实是一种防御而不是在给对方机会。通过一系列的胜利和失败，我变得更加擅长揣摩和解读自己内心微弱的恐惧和疑虑，它们往往会提示我某些事情的不确定性。

依赖暂时的信任有时会使我变得比较脆弱。然而，这种有可能建立一段信任关系的期待会让生活变得充满意义和多姿多彩。因此，我会努力地信任别人，除非有一天我发现自己是错的。通过表达信任的意愿，这个信任的礼物很有可能得到积极的回应。

随着信任的成长，我更倾向于相信别人表面的言语，而不是反复揣摩他们言语背后的意图。如果人们说他们喜欢我，或一再让我好好照顾自己，我会开始相信他们是真的。我会认为他们不想伤害我——至少不是故意的。

当人们的言行一致的时候，我对他们会更加信任。例如，如果他们时常给我电话，我会推测他们是真的喜欢我。如果他们主动到机场来接我，我可能会强烈地感到他们的关怀。

很多人不信任别人，是因为他们的低自尊导致他们不相信来自别人的积极评价，或怀疑别人会否珍惜他们之间的友谊。他们普遍的羞耻感使得他们很难想象有人会认同他们是讨人喜欢、聪明或有吸引力的。结果显而易见，他们从未真正信任过任何人。或者，他们的信任能力是如此的脆弱，以至于他们一旦感到了一丝冲突就会把自己重新武装起来。

愿意信任别人并不等同于盲目信任或者幼稚。如果有人看上去关心我，我不会马上和她开具一个联名支票账户，或者是把我们的财产立刻合到一起。信任的建立需要时间。我不会因为她喜欢吃我亲自做的意大利面，就认定自己找到了一个终身伴侣。我也不会因为我们都喜欢远足，或是她渴望跟我上床，就决定和她厮守终身。但是如果我们彼此吸引，愿意在一起，我可以快乐地品尝这份爱的期许，并建立一份有意义的亲密关系。

有的人会很快地信任别人。他们急切地想获得对方的再三保证，而没有意识到对方可能隐藏着对这段关系走向的真实想法。例如，人们通常会甜言蜜语或赠送礼物以尽快地和对方发生性爱。或者，他们会努力地取悦对方，他们期待来自对方同样的喜爱作为回报。

我们是如此急切地渴望有人来爱我们，以至于时常丧失了我们良好的判断力。但是暂时的信任区别于我们美好的期待，也不是随意地忘记自我的身份。它可以在两人有意愿保持诚实和直率的关系中形成一种甜蜜和稳定的信任。同时，重要的是关系的双方对他们自己也愿意坦诚相待。

信任的巩固

信任的巩固取决于我们彼此的欣赏而不是理所当然；取决于彼此的尊重而不是相互诋毁；取决于彼此的相互理解而

不是忽视或误解。当我们的感觉、想法、需要和价值得到对方用心的对待时，我们的内在就会放松；我们就会有一份安全感；我们更愿意敞开自己，呈现自己的脆弱，表达自己的可爱。

一旦可靠的信任和感情在彼此间确立了，一份更深的信任和联结就会随之而来，尤其是伴随着双方性爱带来的温柔关系。当我们分享性的快乐，分享内心的真爱和情感的亲密时，我们会不自觉地接触到我们更深的内在。通过性爱的分享，彼此的防御和界线往往会融化。双方热烈的性爱能量会导致彼此深度的融合。当关系进行得顺利，这就可能是一个真爱的联结。如果关系进展失败，这就有可能是一个破坏性的仇恨的关系。

在建立关系的过程中，常常会发生对信任的试探。无论是出于恐惧、困惑，抑或是无法真正理解关系中的另一方。日常生活中的彼此要求所导致的压力可能会进一步损害我们的关系。如果我们不能缓解冲突，或者双方的差异变得不可逾越时，我们面临着关系的破裂——或是可能的背叛。但是如果我们建立了自我觉察、彼此信任和良性沟通的牢固基础，我们就可以穿越这些挑战，融合为一对更加坚强，更加智慧和更加成功的伴侣。

对于许多人来说，结婚会进一步加强彼此间的信任。结婚誓言中的承诺会使双方感到更加安全。他们会根据誓言做出的假设去认识理解对方的需要，借以做出关于未来职业或

重建信任——爱情与背叛的心理学

家庭的决定。

导致彼此间信任进展加快的因素因人而异。有些人的信任建立于双方的"一见倾心",或是共同的世界观,或是相似的目标和共同的利益。而对另外一些人,信任的加强取决于彼此的关心、不抱怨的沟通、承诺的誓言,以及敞开的胸怀。

信任的破裂

无论是什么让我们感到和另一个人在一起很安全,背叛仍然仿佛撕裂了连接彼此的那根精致的信任纽带,让人痛苦不堪。当我们清醒过来,发现原以为可靠的并不可靠,可以依赖的不再可以依赖时,我们的世界被颠覆了。背叛推翻了我们原以为正确的和值得信赖的辨别力,将我们推向了情感的漩涡。我们不得不重新审视当初我们追寻真爱的基础。"我还能信任什么?我还能信任谁?"

背叛以不同的方式发生着。有些人打破口头的承诺,无论是婚礼上的誓言还是对伴侣性的忠诚。另外有些人会破坏非语言的承诺,而这种承诺往往是那些正直、忠诚的人所珍视的。打破非语言的承诺更微妙,也更痛苦。我们有时声称被别人背叛,可能只是在某个需要或者观点上别人和我们有一些不同,或是在沟通上别人误解了我们。然而,可悲——甚至不幸的是——我们生活中每天都有可能发生这样的沟通。另外,还有些时候我们可能会背叛我们自己。深入了解背叛

可以帮助我们更全面地讨论这个主题。

打破口头承诺

食言

最明显的背叛就是食言。这种背叛可以在很多情形下发生——例如,考虑收养一个孩子,搬到乡下,或者决定购买一件昂贵的家具。劳拉实现了长久以来的梦想,终于步入了婚姻,但婚姻生活让她十分失望:"结婚前,他说我想做的任何事情都很好——孩子、宠物、搬到乡下。但是现在,只要我提到这些话题,他总是只顾着看报纸和电视,跟我说现在不适合谈论这些。"

最令人不舒服的背叛是伴侣中的一方做出单方面的决定。当曾经相互关爱和彼此珍惜的海誓山盟不再管用时,生活会发生巨大变化。尽管关系中的一方有一些缺点,或者在关系中的最后阶段已出现了危机,但是当那一天最终来临——失去配偶、爱人,或者最好的朋友,其痛苦会将我们内心深处的爱的联结连根拔起。被不情愿地抛弃会严重损害我们的自尊——令我们感到伤痛、无力甚至失去控制。多萝西,一个50岁的企业管理者,她一生中经历了数次突然的分离:"被人背叛就像我站在地毯上,有人突然把地毯抽走。我摔倒在地,无力而无助。"

被抛弃还会增加我们对经济的担忧。迫切需要收入是一个严重的压力，尤其是在一个不合适的时间。如果我们还没有找到一份新工作，对生存的恐惧可能会前所未有地折磨我们。一位女性来访者，她的男友是个成功的医生，表达了对婚姻的期待和现实的失望："我现在还能怎么办？他读医科那些年，我一直照顾他，没有怨言。他周末学习，也没有时间陪我。后来我帮他发展他的事业。我任劳任怨地照顾他，从没关注过我自己的事业。"

如果有了孩子，我们还要承担额外的责任来照料好他们，即使我们自己正处于严重的危机中。当美梦破碎、希望崩解、现实压力依然巨大时，我们才不得不开始求助内心的力量。而很多时候，我们怀疑这份力量的存在。

性背叛

性背叛也是一种常见的背叛。调查结果显示，目前美国的已婚男女在婚后至少曾有一次出轨的比例从15%～75%不等，对此很难获得准确的统计。对一夫一妻制的背叛会割断夫妻间的一份神圣而宝贵的联结。一次偶然的性背叛可能让有些人一生都无法从痛苦中恢复。有时分手或离婚可能在出轨后立刻发生。但更常见的是，伴侣双方在性背叛事件后由于积怨恶化，先相互折磨一段时间，最终分道扬镳。如果伴侣双方在一起而不面对和处理背叛带来的影响，其中一方可能会控制另一方，用对方的余生作为代价来补偿。

一些伴侣通过这样的方式来保护伴侣间的信任关系：他们承诺在发生新的性关系（无论他们心里是否有一个新的对象）之前，他们会中止目前的一夫一妻关系。如果双方都同意这样的安排，那么当伴侣中一方真的和其他人发生性关系，另一方就不太可能体验到被背叛。尽管会有痛苦和嫉妒，但是在"夫妻关系中"并没有发生他们定义的背叛。

在某些情况下，伴侣中的一方很渴望发生外遇，但另一方并不愿意。在激烈无休止的争论没有结果后，那个渴望外遇的一方也许会做出单方面的决定，实施他或她的计划——也许他们还会用上一些不太站得住脚的借口，"我有权管我自己的事"，"我结婚太早了——还没有享受足够的性经验"，"如果她满足我的需要，我就不会这样"，"这样做有利于我们的婚姻"。这种背叛即使不是致命的，也会严重地破坏伴侣关系。然而，如果能够真诚地坦露发生的出轨事件——剖白发生的原因——也许会帮助修复被破坏的信任关系。

秘密出轨

很显然，绝大多数的出轨都会涉及性的背叛。这是一种很常见，也是更具伤害的背叛。秘密出轨是对信任关系的昭然破坏：和他人发生性关系会伤害自己的伴侣，而且偷偷摸摸会使伤害更加严重,其破坏性远远超过出轨的本身。

尽管我们可能试图隐藏出轨的事实,但是情感上忠诚度的变化是不太容易藏匿的。一段新的性关系总是新鲜和令人激动的,会使人很愉悦和兴奋。当我们和伴侣之间的亲密感逐渐消退时,一段新的性体验会让我们内心某个部分体会到一种重生的感觉。一个对婚姻不满的女人描述道:"当我和这个男人在一起的时候,内心深处有什么东西突然复活了。"

通常遭遇背叛的伴侣会体验到一些微妙的变化,觉得事情不太对劲。他或她会发现他们的另一半在情感上变得疏远,对性毫无兴趣,或者沉闷得令人费解。约瑟是一个32岁的商人,在一段两年的关系中(这是他最长的一段关系),最终意识到他根本无法掩饰他的出轨:"我敢说女人的直觉太可怕了。她不知道到底发生什么了,但她可以感觉到有些事情不寻常。"当她逼问他这个问题,或者她表示出求欢的举止时,约瑟总是用急躁或疏远的方式来掩盖他的内疚。

即使我们假设可以成功地掩盖外遇,但是真相早晚会以微妙或戏剧性的方式浮现出来。情感和心理上的疏远、有保留的沟通、隐藏的愧疚会污染伴侣关系的各个方面。出轨的实质注定它只能保持隐秘。渐渐地,我们的伴侣开始怀疑我们不寻常的外出,身上特别的香水味道,衣服上陌生人的头发等等。或者我们一个共同的朋友可能会说看见我们在公共场合手挽着另一个女人或男人。而最令人无法摆脱的是我们

第一章 背叛的多面性

始终生活在一种恐惧中——我们早晚会被发现。正如约瑟遗憾地表示:"我心里明白,总有一天我会被逮住,事情最终会有一个了结。"

　　有些出轨在没有被发现之前就结束了。而在有些情况下,一方会十分震惊地得知自己的伴侣已经秘密出轨很多年了。当斯图尔特和他的妻子在附近的城镇买了一栋新房子时,他很兴奋地期待一段新生活的开始。可不久他发现他的妻子有一段已经持续了三年的外遇。"这简直是难以置信的打击。我一直以为,我们中的任何一方一旦有外遇,另一方都会马上察觉的。"突然间,许多曾经令他困惑的事情变得清晰了:他们之间情感的冷漠、亲密的缺乏和沟通的障碍。而最令人受伤的是被赋予了神圣信任感的对方居然打破了如此重要的联结,同时丝毫没有顾忌到这种伤害对他有多么巨大的影响。同时,他觉得自己是如此的愚蠢和羞辱,因为如果没被发现,她的出轨不知道还要持续多久。他的自尊心被摧毁了,他甚至开始严厉地质疑自己的判断力。

　　和伴侣之外的人发生性关系不一定总是背叛。伴侣关系中是否忠诚很大程度取决于伴侣间的约定。英国社会学家安妮特·劳森发现10%的已婚夫妇并不要求对方承诺性关系的排他性。毫无疑问,婚姻中允许有其他的性伙伴是困难重重的。由于其复杂性,开放的伴侣关系和非一夫一妻制不在本书探讨的范畴。为了避免背叛的发生,选择上述生活方式的夫妇必须讨论他们约定中的具体规则，并承诺在规则下共同遵循。

流言蜚语

　　负面的八卦——个人隐私的泄露——是另一种刺痛人的背叛。随着彼此更加亲密和信任，我们会口无遮拦地披露一些自己敏感和私人的细节。尽管保守这些信息是理所应当的，我们仍然会要求我们的伴侣不要暴露我们的隐私。一段信任的关系要求伴侣双方尊重彼此的隐私，即使有一天双方的关系结束了。我们的伴侣或朋友有时会"狡猾"地利用在我们曾经亲密时搜集的信息作为一种武器来羞辱和伤害我们。在伴侣关系僵持时或关系结束后，有很多夫妇会用散布八卦的方式来背叛和伤害对方。

　　如今市面上有很多书教授人们如何从这种背叛中获得名利。借着标榜言论自由，有些人会暴露他们和之前伴侣生活中的故事。只要和书商签订版权协议，一段和网球明星、摇滚歌手或者参议员的性丑闻可以一夜间传遍街头巷尾。这些色情、背叛和令人兴奋的故事的确迎合了大众的口味，但是付出的代价却是那些故事主人公们的隐私。

　　有些人可能会狡辩他们做出这样的行为是因为对方首先背叛了自己。姑且不论他们说的是否是事实，通过暴露别人的隐私来报复会带来短暂的满足，但时间长了他们会慢慢对这样的行为成瘾。最终，这些人会丧失他们的名誉。因为大多

第一章　背叛的多面性

数人依然相信，散布流言蜚语意味着道德的失守，对隐私的侵害，及对尊严的冒犯。更加险恶的是，这些流言蜚语往往像一个漩涡将双方都牵扯到一个悲惨的境地。在伍迪·艾伦执导的电影《犯罪与违法》中就有一个极端的例子。一个已婚男人无情地抛弃了他的秘密情人。情人威胁要将隐情透露给他蒙在鼓里的妻子，还要揭露他几年前一些可疑的商业交易。这些最终导致这个男人将他的情人谋杀了。

负面的流言蜚语是极具破坏性的，因为它往往扭曲事实，或者压根就是瞎编。马克·吐温曾经说过："谎言已经走了半个世界，而真相才刚穿上它的鞋子。"

埃里克是一个受人尊敬的验光师。在他过去的亲密关系中，由于害怕伴侣会因为他表达真实的需要而抛弃自己，经常用一种被动的方式来妥协。在一段新的关系中，他决定要成为真正的自己。然而，他们都不知道如何沟通彼此不同的需要，从而满足对方。他描述了一个场景，她走进他的房间，愤怒地夺下他手中的书，抱怨他根本就不关心她。这件事发生后，她开始在他背后散布流言蜚语，并有了一段外遇。她告诉人们他忽视和虐待自己。由于受到不公的对待，她认为她有理由用一段出轨来安抚自己。

埃里克描述了她虚假的指责和对他的伤害："最大的背叛是她在朋友面前编造关于我的谎言。她告诉人们我如何对她不好，可那并不是事实。她甚至说我在身体上虐待她，而且背叛对她的承诺。事实上,我被这些谎言和扭曲事实的流言伤害了。这些谎言最终导致朋友们都指责我。我体会到了众叛亲离和无所适从的感觉。所有的朋友都远离我。"

流言蜚语和诽谤的破坏力是巨大的。一旦流言蔓延,即使是谎言,便再难挽回——深谙此道的政客们对此最心知肚明。埃里克表达了他深深的挫败感:"你怎么办?你怎么阻止它?对于这类谣言,你越描越黑。它们不停地被传播。你没法跑到聚会上大声喊'你们也许听到一些关于我的奇怪的事情'。人们不会告诉你他们所听到的,他们只是疏远你。这是一场非常困难的战斗。谣言会传到一些你不很熟悉的人群中。你和他们提及这些事情会很尴尬,所以真相无法水落石出。一旦人们相信这些谣言,他们就不再愿意接近你,更不愿意谈论和澄清这些问题。

秘密和隐私

保守秘密不同于尊重隐私。保密是建立信任关系的基本原则——无论是你和心理咨询师之间还是你和朋友、伴侣之间。当一个人由于担心秘密的泄露而不能坦承自己的脆弱,某些真相就有可能无法分享。

保护一个人的隐私体现了对人的尊重和体贴。阅读一个人的私人日记或泄露私人过往性史的细节就是一种背叛。

在另外一些情形中,为了保护某个人,我们可能不得不保守秘密，因而伤害了自己。当我们的伴侣警告我们不得告诉他人他们对我们施加的虐待，而我们又不得不服从时，我们其实正在背叛自己。我们因此没有及时寻求帮助来阻止这样的行为。当我们正经历困惑、沮丧或伤害时，我们应该和可靠的朋友或者心理咨询师探讨如何面对这种局面。

其他公然的背叛

其他公开形式的背叛比较难识别，这是因为人们会用聪明的方式来证明自己的清白。但是，任何公然忽视双方的约定也是一种背叛的经历。例如，一对夫妇婚前可能同意结婚后不生孩子。但女人一厢情愿地认为她的丈夫婚后会改变主意："他只是不知道有了孩子的生活会多么美妙。他早晚会明白我的意思的！"当丈夫发现妻子秘密怀孕的企图时可能会感到她严重地背叛了自己；丈夫会惊讶地发现，妻子再三保证避孕的同时根本没有采取任何措施。妻子也许会试图证明她的行为是正确的："一旦我们有了孩子，我知道你会高兴的。"她不仅背叛了她的伴侣，还有他们的孩子，因为她把孩子带到一个并不适宜其成长的环境里。她同时也出卖了她自己，用一个秘密设计而不是坦诚沟通的方式为他们的关系埋下一个不良的种子。

打破非口头的约定

口头约定是信任的基础。但是维持一段亲密关系也需要非言语的约定——我们都同意,只是没有说出来。这种约定对于维护健康的亲密关系是非常重要的。

许多离异的夫妇都认为他们当时的需要很明确——尽管他们从未说出来。很显然,这是一种伤痛,当我们准备投入更多情感和承诺时,我们应该更加清晰地理解彼此的需要。但是,无论我们多努力去承担和理解,总有一些事情是无法预计的;无论我们多全面地同伴侣约定,我们还是无法排除每一个不确定性,就如同签订一份商业合同。在亲密关系中,总有一些因素只能依赖彼此之间的信任。亲密关系的成功与否常常取决于我们是尊重还是忽略一些非言语的约定。

身体的安全

从一个孩子的视角去看,我们都假设父母、亲朋及其他成人不会从身体上对我们施加暴力或性虐待。我们期待的是安全和爱的滋养,而不是暴力和攻击。同样,当我们是成人,我们认为我们的伴侣也不会用拳脚来虐待或威胁我们。

性虐待和肢体的暴力很显然是一种背叛,侵犯了我们身体上和情感上的安全感。关于这些方面已有诸多讨论,这里我不再展开讨论。

诚实和欺骗

诚实是另一个我们认为理所应当的重要因素。一段忠诚的亲密关系假设我们不应该被欺骗和误导。欺骗被揭露会迅速破坏关系中的信任和清白。在一次婚姻咨询中，莎莉抱怨她的老公华特对他们关系没有足够的付出。他们之间很缺乏沟通和亲密感。她期待更多的联结、欣赏与支持。华特惊讶于莎莉的不满，他认为："我一直告诉你你想听的！"但莎莉非常沮丧："不，你没有告诉我我想听的！你只是告诉我你想要我听的！你只是告诉我你觉得可以取悦我的那些话。可我需要听到真相！"

诚实也意味着我们不会对伴侣隐瞒重要信息，即使是负面信息。例如，如果对方询问我们的性史，为了避免责怪，我们可能会粉饰或干脆扯谎。如果我们患有性病，我们可能感到难以启齿。不管我们有多害怕或多不愿谈论这些事情，如果我们不及时告知对方，这就是一种隐性背叛，甚至有可能彻底毁掉一段关系。如果有高风险的性行为却没有及时做好艾滋病筛查，等于我们用逃避把现在或未来的伴侣置于危险之中，这也是一种背叛。

另外有一个关于欺骗的例子。当我们恢复过去酗酒的习惯或透支了共享的信用卡，我们也许因为看重彼此真诚的关系而倾向于告诉对方。面对事实保持诚实的态度决定了亲密关系发展的方向。由于害怕冲突或彼此怨恨而隐瞒或遮盖真相反而会破坏彼此的信任。

养成不坦率的习惯，哪怕是微不足道的事情，也会损害彼此的信任。例如，当我们回家晚了，我们也许会找一个借口说交通堵塞，而事实上是我们加班了。由于担心伴侣会抱怨自己长时间的工作，我们可能用掩盖事实的方式来避免对方的喋喋不休。

当欺骗和背叛被揭开的那天，爱和亲密关系毫无疑问地被破坏了。一个女人所感受到的背叛在于，一旦她的伴侣告诉她"我改主意了"，不再想要孩子，她会认为他用欺骗的方式和她结婚。而让另一方会认为被背叛的原因可能恰恰相反。他的前一段婚姻留给了他两个孩子，因此他不想再要更多孩子了。他的新伴侣曾经向他承诺，就算没有他们自己的孩子也无妨，可是婚后她改变了最初的想法，于是不断给他压力，想要再生一个孩子。

当人们更加明白自己想要什么样的生活时就会改变自己的想法，这很常见。我们都是人，在我们身上都会发生一些意想不到的需求及喜好的变化。然而，我们往往会掩饰自己的真正想法。假如这些真正的想法会使得一段充满期许的感情无法继续的话，我们甚至会选择逃避。面对对于自己真实想法的这种扭曲，我们会劝自己说"这些都不重要"或者"我自己都不清楚自己到底是怎么想的，又何苦自寻烦恼呢？"而这段感情带给我们的满足会让我们不忍心去破坏这样的安全感。然而，假如我们试图以诚实为代价来保护现在所拥有的，最终只会动摇信任的根基。

当今天看似微不足道的事情变成明天的焦点时，我们之前那些悬而未决的问题就会再次浮现出来且挥之不去。如果对一些重要的而事实上我们又持有保留意见的问题（如：结婚）再三做出保证，或者在不清楚自己真正想要什么的前提下，就与对方达成一致约定，最终我们将承受失望带来的痛苦，而且我们随时有可能受到伤害。这样以疑虑和不信任为基础的关系将最终让我们尝到背叛的苦果。

欺骗和谎言都是卑鄙的。最为恶劣的一种背叛方式就是诬告之前的伴侣虐待孩子。执法机构要求对有关于任何儿童身体虐待或性虐待的举报进行调查，即使这类举报是草率或充满恶意的。这种行为带来的情感上和经济上的创伤是多少年都难以愈合的，更别提孩子的生活将因此而承受多么灾难性的影响了。

无知当中有智慧

对自己和对别人的诚实贯穿于我们整个的成长历程。我们的自我认识总是有限的，因此我们会犯错，但重要的是我们要从那些错误的判断中总结教训并不断成长。失败为日后的成功提供了原材料。我们当中很多努力追求完美的人很少会去承担合理的风险，因为我们认为一旦失败，我们就会向世人暴露出自己无能的一面。

我们中的很多人都会在不明白自己的真实感受时，或者当有人问我们到底想要什么样的生活而无言以对时，感到羞愧和无助。这种出于努力表现、取悦别人或者息事宁人而带来的压力也为日后的失望埋下了隐患。当我们的真实需求浮出水面之时，也是这段恋爱关系陷入危机的时刻。

假如我们能够更加善待自己的话，就不会因为深感压力巨大而做出错误承诺，最终害人害己。在现实生活中，不知者不为过，如果真的不确定自己是否想要三个孩子的时候，我们就没有必要对此做出任何保证。当我们不能确定自己有能力买新房子或支付高昂的旅行费用时，我们的态度是现实的，而不是悲观的。我们可以直接说"我现在也不知道自己是怎么想的"，"这就是我现在的想法，但我不知道以后会不会变"或"这就是我现在想要的，我不想改变，但是我不能保证以后不会有别的想法"。这并不是软弱的表现。假如我们能够控制自己不去承诺自己不确定的事情，很多背叛的行为可以避免。

专栏作家乔·卡罗曾经在伯克利大学的毕业典礼上，做过一次名为《旧金山编年史》的演讲。在那次演讲中，他强烈要求毕业生们"要珍惜并合理利用你们的无知状态，因为无知很快可以变成有知……如果你们对某些领域有了一些认识，就不会再提出问题；而一旦停止发问，一切都将停滞不前。"

真诚的代价和不真诚的代价

坦诚相待也意味着要承担风险，我们的恋人在发现事实真相不符合他的要求时就有可能离我们而去。当然，他们有权利这样做。然而，如果我们不能以真诚作为彼此关系的基础，我们今天敷衍了事的承诺将为明天痛苦的分手种下祸根。以诚相待，我们会冒一定的风险，但是如果我们因为保留了自己真实的想法而背叛恋人的话，我们将承受更大风险：我们将失去对方的信任。

很多时候，我们总是很想真诚地与别人交往，可是真到了需要说实话的时候，我们往往又会保留自己的真实感受、真实想法以及真实需求。这主要源于人们根植于内心深处对于自身真实经历的恐惧感和羞耻感。在英雄主义和个人主义的熏陶下，我们认为承认自己恐惧、伤痛和自我怀疑是一种与主流文化相背离的做法，因此我们学会去隐藏这些让我们感到不光彩的感受。这一点在男性身上尤为明显。由于我们总是认为拥有常人的情感就表明我们很脆弱、有缺陷，因此我们就会将一个虚假的、伪装的自己呈现出来。比如，一位男士不愿对他的恋人坦言他不敢对老板说"不"。每次老板要求他加班时，他都爽快地答应。早在很久以前，他就下定决心不让别人发现自己脆弱的一面,因为那样每次都会招来别人的嘲笑("别像个娘娘腔似的!别总是怨天尤人!")。

尊重与理解

另一种经常被忽视的、非言语的承诺是我们对彼此的尊重和理解。尊重别人就是重视他们、珍惜他们,给予他们作为人的尊严。要想与别人建立信任,最重要的就是要尊重对方。当尊重变成羞辱和诋毁,比如诅咒谩骂、恶语相向或指桑骂槐时,我们就背叛了彼此。

当我们给予别人自主的权利并尊重他们的个人空间时,相互间的信任就会加强。这说明我们知道恋人和朋友并不是我们的私人财产;他们并不是我们的延伸;他们有自己的信念、情感、希望和喜好;他们要过自己的生活。随着我们的爱慢慢成熟,我们会尽自己所能让他们按照自己的方式去成长。如果我们无礼地闯入别人的空间,我们就背叛了一种潜在的信任。比如未经允许就把自己的想法和做法强加给他们:不停地唠叨他应该穿着体面一点,或者她应该改变开车习惯。这样嘲讽的话语对信任的破坏力远高于我们的想象。

可能最普遍的、大家最不容易意识到的,但也是最微妙的背叛就是我们不去花时间了解对方,甚至不尊重他们的情感、需要以及欲望。理解别人就是重视并尊重他们的情感、价值观、目标以及其他对他们来说很有意义的东西。如果双方都能发现对方在乎什么，并且给予支持和欣赏，那么信任之树就会茁壮成长。

我们可能不会真正去倾听对方的心声；我们可能会通过模棱两可的争论来为自己辩护，就像斯塔特一样，之前他曾坦言妻子有过外遇。"我一直都很善于争辩，"他承认，"但是我不善于去真正听听她的感受。"现在他明白，就是因为自己之前心门紧闭，才让彼此渐渐疏远。

增进彼此的幸福

在爱情关系中，我们都会默认自己一定会为对方带来幸福和快乐（但不能因为承担过多义务而忽略或背叛了自己）。相对的，我们相信自己的恋人不会做任何伤害我们的事情。但是再幸福的夫妻也会不小心伤害彼此，有时这种伤害仅仅是爱人因忠于自己而带来的副作用。然而，我们会非常自信地认为自己的爱人一定不会故意伤害我们，这种想法是严重错误的。

随着柔情与爱恋的不断深入发展，想象自己的忠实的爱侣将会伤害我们，甚至是故意伤害我们，似乎十分可笑。沉浸在云雨之欢的甜蜜之中——不管是几次，还是几千次，幻想自己温柔的爱人会在以后的某一天背叛我们的幸福好像都是非常荒谬的。在彼此心心相印、深情相拥时，再去承诺我们不会伤害对方似乎显得有点可笑，因为所有心怀善意的人都会默认这一点是毋庸置疑的。当我们"坠入爱河"时，从来都不会去担心爱人会背叛我们，但是这样的事情却真实地发生在很多恋人身上，正因如此离婚律师才会赚得盆满钵满。

友情也是建立在这样一个基础之上的——大家都认为自己会为朋友两肋插刀。可是有一种非常令人心痛也比较常见的背叛形式，就是与朋友的爱人发生性关系。很多朋友都是因为这样的背叛而反目成仇。盖里曾经是一个非常坦率、很容易相信别人的人，提到这种双刃剑式的背叛，他说："我不仅失去了自己的恋人，还失去了我最好的朋友！"一朝被蛇咬，十年怕井绳，从那以后，盖里每次向朋友介绍自己的恋人都很警觉。

相信彼此的选择都是单纯的

在以信任为基础的关系中存在另一种微妙的、非语言的协议——我们都抱着负责的心态、根据自己的意愿做出选择。如果你选择跟我在一起，或者选择跟我生儿育女，我就会认为这是你真正想要的生活。如果我们同意共同买房或者搬到别处去生活，我就会认为你已经认真考虑过这个问题，并且很乐意做出这样的选择。

假如你之后又告诉我，你从来没有真正想过要嫁给我，你真的不想要孩子，或者你从没想过要搬到别处、不想一起买房,我就会认为你背叛了我,因为我以为之前是我们共同做出的这些选择。如果我不相信你跟我说的是自己真实的想法(一个人必须清楚自己在做什么),交往过程中,我就会感到不那么自由,也不那么信任你了。我不会像之前那样自在了,我开始变得非常谨小慎微、犹豫不决、疑神疑鬼,再也不知道你说的"愿意"是否是发自内心的。如果你始终不能让我得到安抚,总是把遵照父母的意愿或社会的教条当作自己的行为准则,我们的感情最终一定会受到巨大影响。

也许你是因为害怕我不开心,所以顺从了我的意愿;也许当时你对自己并没有足够的了解,所以没能做出明智的决定;也许你就是干脆改变了自己的想法——可能事业的发展让你获得了越来越多的满足感,这时的你再也不想妥协屈服于别人了。即使你从来没有想过要背叛我,但是你对自身认识的不足和想法的改变仍然会让我感觉你背叛了我们之间的重要约定。这样的情形让我们明白,最大限度地清楚认识自己和对方非常重要,因为那样我们就不会在不知不觉中断送了自己的爱情。

也许当时我使用了某些手段让你同意为我生孩子或者为我一掷千金;也许当时如果你不满足我的要求,我就会生气埋怨甚至对你表示冷淡。如果是这样,我应该为此负责。当我们的需求产生分歧的时候,我应该接受失望的结果,而不应该诋毁或惩罚你。我应该改掉自己喜欢"独裁高压"的习惯,我应该接受你的偏好和界限。

有时我们很难区分背叛者与受害者。也许当你努力将自己的需求告诉我,而我却没有做出回应时,我就背叛了你;当我一厢情愿地认定怎样做对你、对双方最有利,而不去真正倾听你的心声时,我就在不知不觉中背叛了你。反过来,如果你是为了避免冲突或者害怕被抛弃才同意我的意见时,我会认为你背叛了我。爱情有助于我们学会谦逊和宽容,否则我们总会在不知不觉中背叛对方。

相信这个选择——不离不弃,相依相偎

爱情关系中的另一种含蓄的协议就是双方都将一直选择陪伴在彼此身边。只有当爱情双方坚持自己的选择,选择与对方在一起,而不是出于义务而与对方在一起,这样恋爱关系才能持续下去。如果你是为了图个省事儿,出于责任心,或者害怕朋友失望,而不是因为你自主的选择而跟我在一起,我认为你背叛了我;当我发现你是为了孩子或为了我能给你的舒适生活而违心跟我在一起时,我认为你背叛了我。在过去的12年里,拉里一直认为自己婚姻美满,家庭幸福,但是他的爱人在离婚时大叫着对他说:"要不是为了孩子,我早就离开你了!"他深深地感到自己被背叛了。为了孩子,大多数时候她都把自己的不满隐藏了起来。

如果恋爱中的一方对双方关系持有保留意见的话,另一

第一章　背叛的多面性

方就会认为对方背叛了自己。与邦妮恋爱3年以后，弗雷德开始瞒着她追求别的女人。他对别人比对邦妮更坦诚，他甚至对她们保证自己愿意离开邦妮："我之所以还跟她约会，就是不想让自己孤单，但是我们之间从来都没有过激情。"每当邦妮提到结婚问题时，他总是闪烁其词："我还没做好准备。"其实，他就是没有做好准备说实话，害怕失去规律的性生活，害怕没有人陪。

如果你选择与我开始一段婚姻，我就会默认为你是想跟我在一起的，你是爱我、喜欢我的，你与我在本质上建立了联系。然而这种想法可能是错误的。如果仅仅因为我失业或生病了，你就离我而去，我会认为你背叛了我。我认为你根本就不是要嫁给我这个人，而只是嫁给一个成功、富有、受欢迎的人。当这种身份不在了，你也会跟着它一起消失。

当然，如果我自己因为运气不佳而一蹶不振——每天躺在家里看电视，而不去想办法改变现状，反而希望你仍然陪在我身边，这确实有失公平。但是假如我发现你爱我，仅仅是因为你想从我身上得到什么，却没想过在我陷入困境时你能为我做什么，我就会认为你背叛了我。在我看来，你爱上的是我在你心目当中的那个形象，或者是爱情在你心目当中的那个形象，甚至，你就是为了提升自己的地位，为了过上舒适的生活，而根本不是为了爱我而爱我，这与背叛我没有两样。

相信彼此是诚实的

要想将爱进行到底，我们就要相信自己的爱人是正直的，也就是相信他/她会跟我们说实话，至少他/她对自己是诚实的。相信彼此是正直的也就是认为我们在一定程度上是了解自己的，了解自己的能力和局限，因此我们不会承诺我们做不到的事情。这也意味着我们相信自己会不断成长，我们会越来越诚实，也会越来越了解自己：了解自己的情感、需求、希望、价值观、人生目标以及生活的动力。相信彼此的正直也意味着我们相信自己会重视这种心照不宣的承诺，这种承诺是所有善良的人都会珍视的。

心照不宣的承诺有时很难准确地描述，但是当你一次次地违背这种不用口头表达的诺言，最终带来的就是严重的背叛，直接将一对爱侣送到婚姻辅导办公室或者离婚法庭。这种不易察觉的背叛会产生累积效应，但往往被忽视；或者就算注意到了，更多时候也只是被用来当作日后攻击另一方的把柄。我们不断积累"你欠我的"，而不采取补救措施，最终"成果"就是亲手毁掉了自己的爱情。

背叛：一条分界线

"背叛"这个词极富感情色彩。从正面的角度来看，认识

第一章 背叛的多面性

到自己的爱以何种方式被背叛，可以让我们感到内心变得更强大。如果我们被朋友或伴侣伤害之后更倾向于从自身找原因的话，这种认识将对我们非常有益。

很多遭遇背叛的人都认为这种伤心的处境是自己造成的，进而更加重了自己的痛苦。那种认为自己的确被背叛了的想法会一直让他们的情感受到莫大的伤害。

从负面的角度来看，很多人认为只要有一方背叛了另一方，那么另一方就有权大肆地实施报复。只要有什么不是顺着自己的意愿来的，我们就可能去谴责、攻击背叛的一方。我们会紧紧抓住这个把柄去随意地刺痛对方的旧伤疤，以此来得到些许满足。

有时，说出自己感到被背叛了会让别人注意到我们有多么伤心、多么气愤。但是我们在使用"背叛"这个词的时候还是要慎重考虑的。通常，当我们将对他人言行的看法说出来以后，心情就会好一些。此外，如果我们总是先入为主地认为别人背叛了我们，我们就会始终沉湎于被害者的感受之中无法自拔。即使我们确实被残忍地背叛了，这种长久挥之不去的被害者的形象也会阻碍我们走出阴影，继续向前。

到底是背叛、自我欺骗，还是沟通失败？

以背叛为特征的欺骗与背叛狂想式自我欺骗是有区别的。此外，很多时候我们会因为误会而谴责别人背叛了自己，进而把自己变成了共同受害者。

在一段新的爱情关系中，双方都可能有不同的需求和欲望。男方可能会带你去吃烛光晚餐；他可能会深情地望着你的双眼，表现出一副很想与你拥有一段浪漫爱情的样子。你急切地想要找到被爱的感觉，所以就会误以为他想成为你的伴侣。事实上，他唯一的目的就是和你做爱。如果你错误地理解了所接收到的信号，等待你的将是一个惨痛的觉醒。

沉浸在目前心潮澎湃的氛围之中，你不愿意去跟他讨论那个百无赖聊的话题——你们彼此对这段感情的感觉如何——因为这会破坏现在这个美好时刻。你选择"跟着感觉走"，任凭事态发展下去。如果你已经料想到他可能并不像他表现的那样迷恋你，或者你就是想体验一下新恋情带来的刺激和新鲜，不在意结果如何，那么"跟着感觉走"是一个不错的决定。但是，假如你总是很容易被男人欺骗或伤害——起初感觉对方很迷恋自己，到头来却被对方抛弃；那么你应该放慢脚步，等到分清事实和假象之后再采取行动。

现在的情形有很多种可能。也许这个男人与你的想法一样，真的想要开始一段浪漫爱情，但是这也有可能是他精心布下的一个局，一步一步地让你心甘情愿地跟他上床，但却并没有想过要跟你开始一段真正的恋情。你可能会认为这样的欺骗也是一种背叛。

另一方面，对方可能并不是有意欺骗，但是和你所期待

第一章 背叛的多面性

的结果大相径庭。比如，他可能并没有意识到你已经深深地陷入了这样的感情，或许你身上的某些因素是他不喜欢的，但是他却不敢告诉你。又或许性对于你们来说具有不同的意义。对于你来说，有性就有信任，就代表一种长久的亲密关系。但对他而言，性生活只是放松紧张情绪、恢复身体活力的一种方式。也许他有很多性伴侣，但却很难建立亲密的爱情关系。你想要的是婚姻，而他想要的却是跟不同的人约会。即使他一再对你说，他想要一段长久的爱情关系，但他并没有明确说明另一半是不是你。总之，你们对这段感情的感受是完全不同的。

你的恋人不会像你期待的那样直接明了地与你沟通。比如，你的新男友可能不会主动说明你不是他想要的伴侣。他可能并没有察觉到你想找的是一个想结婚的人，或者他已经感觉到你对他的依恋与日俱增，可是他仍然对自己的朋友说："她的床上功夫不错，但我不会跟她结婚的。"最终你会痛苦地发现原来你们两个对彼此的关系一直都抱有不同的需求和期待。如果你想知道他的真实想法，你就必须开门见山地问他，并且用你的直觉去判断他的答案。

当然，你也有可能不敢那么直接地去问对方，但是如果你不敢面对残酷的事实，你就永远不敢触碰那些敏感的话题。你宁愿被蒙在鼓里也不愿承受真相带来的伤痛。你会放弃询问真相的念头，因为赤裸裸的事实将最终导致所有希望的破灭。

当你发现现实和期待并不吻合时，你就会变得不安，在彼此的判断力和沟通能力都较差时，你就会说是对方背叛了你。可以理解，如果对方没有真心对你，你一定会感到痛不欲生；如果对方不能满足你内心最深切的渴望，你一定会感到无比失望、气愤之极。但是不管你有多么受伤、多么气愤、多么失望，这都不足以说明你被欺骗或者被背叛了。

我们所说的这种背叛有时就是一种自我欺骗。我们太想被爱、被呵护，以至于这种渴望把我们内心对于这段关系的深层认知都推翻了。我们的迫切需求让自己甚至忘记了对方有可能出于别的目的。对方的需求可能与我们的需求相互冲突，他们有不同的人生追求，或者对方的特殊性格导致他们不可能真正地与别人建立亲密关系。

这种看似背叛的情形会勾起过去的伤心记忆。眼前的失望会让我们想起曾经被伤害和被抛弃的痛苦。这时我们应该承认并面对过去的背叛给我们带来的伤痛——不论是家庭的背叛还是爱人的背叛，这样我们才能真正抚平伤口，平复心情。

背叛自己

生活要求我们成长为自主、完整并且能够自我实现的个体。当我们不能完全按照自己的内心来生活时，我们就会感

第一章 背叛的多面性

到沮丧而焦虑。

年少时，我们的自然需求和个人爱好会因为父母不能提供一个安全的生活环境而受到限制。当我们在身体和情感上需要被照顾、关心、呵护时，他们并没有及时满足我们的需求。他们横加指责、脾气暴躁，而不是给予我们温暖和呵护，这严重刺伤了我们的自尊心。他们可能认为顺从他们的意愿就是对他们的爱与接受。他们甚至会虐待我们或者无视我们的存在。

不管我们的童年是积极阳光的还是消极阴暗的，不管我们小时候是如何被背叛的，我们必须要在某一适当的时刻掌握自己的命运，这样我们就不会让背叛的阴影一直延续乃至背叛了我们自己。不管是艰难地踏上恢复之路，还是在现有的健康基础上继续向前，只要我们仍然想活得精彩，不想虚度此生，我们都应该肯定、尊重并爱护自己。我们必须要慢慢消除内心的恐惧以及对自己的负面看法，因为这些都会蒙住我们的双眼，让我们看不到一个积极美好的未来。我们必须要更清楚地明白自己想要什么样的生活——职业的选择、生活方式的选择以及值得拥有的爱情。如果不能按照自己内心真实的想法一路向前的话，我们就背叛了自己。

在我们身边总是有很多人对我们的生活指手画脚，告诉我们应该走什么样的路；但是他们并不会为我们的决定负责，最终要为我们的选择负责的还是我们自己。

很多人的爱情或友情已经变成了一种例行公事，不能为他们带来任何满足感，但是他们仍然不做任何改变。因为害怕独自生活，他们从来不愿面对自己深深的不满。他们会对自己说："还有比这更糟糕的事情呢。"而不去问自己："我怎样才能改善现状？"这样的人不去追求生活里面更美好的事物：不努力改善恋爱关系，也不离开不合适的伴侣，不试图从朋友那里获得更多关爱，也不追求事业上的更大发展。就这样，他们背叛了自己。

当我们为了迎合别人而忽略自己的想法，当我们不敢正视自己需求、并为此勇敢地承担任何责任时，我们就背叛了自己；当我们为了满足别人的愿望而做出选择时，我们就放弃了自己；当我们不能掌握自己的命运时，我们就误导了自己，我们应该像神话学家约瑟夫·坎贝尔曾经说过的那样："遵从命运的安排，追随幸福的脚步。"如果我们忘记了古波斯诗人鲁米说过的："让强大的真爱牵引沉静的你。"你就失去了自我。当我们因为不敢去探索未知的世界，因为害怕被拒绝而脱离了自己人生轨道时，我们就是在虐待自己；当我们因为相信别人眼中的现实，而不理会自己内心深处的低吟而步入歧途时，我们就蒙蔽了自己；当我们不愿意为了自己而去探索、去犯错、去找到适合自己的路，我们就欺骗了自己。

背叛自己是协同依赖性的重要组成部分。心理治疗师查尔斯·怀菲得表示：

当我们过分关注外界看法时，我们就会不知不觉脱离了自己的内心世界：我们的信仰、思想、情感、决定、选择、经历、欲望、需求、知觉、直觉……这时我们就会产生协同依赖性。协同依赖性是一种常见的成瘾性：关注外界意见成瘾。我们总认为其他人的想法，而不是自己内心真正的想法，会给我们带来幸福感和满足感。

在寻求别人的意见，而不相信自己的判断时，我们背叛了自己。在改变自己去取悦、配合或满足他人的意愿，以此来得到别人的爱、接受和认同时，我们就是在蔑视自己。以这种方式获得的任何"爱"与接受都是以我们放弃自己的真实情感、思想和理想为代价的。亨利搞不明白为什么他在恋爱中总感觉焦虑不安，未能表现真正的自我，他这样描述自己："我一直都是在做戏给大家看，而不是活给我自己看。我一直都忙于照顾别人的需求，而忽略了自己的感受。"这就是自我背叛，这种背叛最终带来的不是恋爱双方锥心的痛苦、心灵的隔阂以及沟通的失败，就是长期的不满。

拥抱深层次的自我

个人的成长与快乐都来源于自我肯定与自我尊重。这一点往往基于我们对生活的正面理解和对自己的积极定位。比如，把自己当成一个成功的专业人士、成功的父亲或母亲或

我们总认为其他人的(想法)
而不是自己内心真正的想法
会给我们带来
幸福感和
　　　　满足感。

者一个成功的伴侣，这样的想法会让我们感到满足而强大，能感受到自己与自己、与他人、与生活之间更紧密的联结。个人成长中包含着一定程度的对生活和命运的掌控感，只有这样，我们才不会因外界风向的意外改变而影响自己的幸福。

然而，如果我们总是沉浸在对自己极其狭隘的认识里面，虽然这种自我认识令人愉悦，但却很有局限性，这时我们内心的良好状态就会遭到破坏。也许在原来的角色里面，我们是如此强大而无所不能，之前取得的成功和权力让我们无比自豪，但这时我们就把自己与外界隔离开来了。我们会慢慢把自己固定在某一个角色里，忘了去探索和挖掘更广泛的生活。这时我们就背叛了自己，背叛了心灵的召唤；它召唤我们踏出现有的、可以预见的、安定平稳的生活。从此，我们不再是一个真正意义上的人。就像鲍勃·迪伦所说的那样："……他不是致力于成长，而是从事着死亡。"

很多人成绩卓著、精力充沛、自信满满，令我们羡慕不已；但是在一些寂静无声的时刻，他们的内心往往会感到空虚而无聊。表面的激情与活力其实是被逼无奈与焦虑不安；看似追求卓越其实是害怕失败；董事会桌上光芒四射的权力、胜利和财富背后隐藏的其实是卧室里的冲突、背叛与阳痿。

很多大权在握、成就辉煌的人都认为自己一直都在成长并成熟起来，然而真正成长的是不断膨胀的对权力的欲望——去掌控一切令他们感到不安全的因素，有可能是竞争对手、同事或者搭档。从更大范围来看，这种做法可以被看作是改善生活水平的决心，但同时却忽略了它对自然界的影响，可能对环境造成破坏。对于个人需求的目光短浅地追求，不管是从个人的角度还是从环境的角度来看，最终得到的都是自我毁灭。心理治疗师阿尔诺·格鲁恩在其著作《自我背叛》中对此有很多深刻的见解，其中他提到，从广义上来讲，统治、权力以及控制的意识形态是：

> 人类的本性，它不仅是导致"自我背叛"的根本原因，也是其他几乎所有道德及政治罪恶的根源。权力的欲望和控制的欲望（以及与之相伴的对抽象思维的过度重视），让我们失去了人性，引起了内心世界的分裂，从此我们没有了爱，也没有了同情。

个人成长需要我们用各种情感与需求充实我们的内心。这样就需要我们足够灵活地在两种极端之间找到平衡点：强大与柔弱、独立自主的需求与被爱、被呵护的需求等。我们要把人的局限性和脆弱性变成自身的一部分，而不是一味地让自己更强大、更自负——最终实现孤立主义者的目标"唯我年代（Me Decade）"。

当我们把自己认为不太光彩或对自己造成威胁的情感——尤其是那些促使我们感到无助和脆弱的部分，比如恐惧、悲伤和耻辱——从自己身上分离出去时，我们就背叛了自己。当我们刻意地不去关注这些情感时，我们就扼杀了情感的生命，在不自觉中剥夺了享受温情和爱意的权利。我们会变得呆板倔强、自以为是、与世隔绝。我们从此再也体会不到生命的完整以及爱的美好。我们背离了自己情感和精神发展规律。我们让自己的灵魂变得贫瘠。

在一个赞扬所谓完美无暇、确定无疑和掌控一切的虚伪假面，而贬低一切不完美、情感矛盾纠结的人性本真的文化当中，脱离真实的自我几乎是不可避免的。不幸的是，我们的社会鼓励这种自我背叛的做法，因此我们就在这种氛围的"威逼利诱"下开始不懈地追求完美形象。我们面临的最大挑战是要敢于发现人类本来的面貌——迎着社会耻辱观逆流而上，大声告诉自己（同时欣赏别人），我们本来就是有优点、也有缺点的。

背叛别人及其他事物

我们因为否认了人类的自然属性，所以背叛了自己。也许在我们背叛自己的同时，我们也在不经意间背叛了别人。在脱离了自身脆弱面的同时，我们也开始厌恶别人的脆弱情感。当别人表现出痛苦、受伤和恐惧时，我们不会给予同情，因为我们厌恶自己有同样的情感。看到别人爱意绵绵、柔情款款时，我们会有一种隐隐的排斥，甚至是一种作呕的感觉，仿佛是不由自主的。更严重的是，我们甚至会去嘲笑、议论甚至玩弄那些把自己脆弱一面表现出来的人。

格鲁恩警告人们，剥离自己的无助感，并且反感一切让他们想起自己无助时的事情，借此来保持这种剥离的状态，将带来严重的影响：

> 这就是他们嘲笑别人的原因。对别人的嘲笑和蔑视正好可以掩饰自己的恐惧，同时也更助长了对无助的不屑，并且促使他们通过获得权力和控制力来获得心理补偿。在这种思想的压迫下，受害者们也纷纷加入了压迫者的阵容，然后就诞生了更多的受害者——这个永无止尽的过程让人类都慢慢地失去了人性。

很少有人想过自己察觉不到的情绪变化会对自己产生影响。也很少有人会承认自己对于自主和自由的追求往往即使没有背叛别人，也会对他们造成伤害。令人伤心的是，很多人把自主错误地理解为剥离自己的脆弱情感，而不是与他人和睦相处。

如果没有知己之明，也没有知人之智，我们就永远不可能获得真正的自主和自由。因为当我们把自己脆弱的一面视

第一章 背叛的多面性

为敌人,那么就像格鲁恩所指出的那样,"自由的重要性变得完全不同了:它变成了把我们从自己的需要中解脱出来,而不是与之和谐相处。这样,因为不能接受真正的自己,所以人们对自由的追求就扭曲成了对权力的追求,变成了对外界的征服。"

这种扭曲的、背离了人类本性的对自由的追求,最终导致的就是对世界的肆意操纵以及对他人的麻木不仁。为了立刻满足自己的欲望,我们逐渐脱离了人与人、人与自然和人与社会的正常关系。我们远离了我们真正想要的健康的自由、自主以及真爱。我们的各种文化习俗也进一步促成了我们对自己的背离,同时我们也要求别人按照我们的方式去寻找个人"自由"与"尊严",通过这种不合理的方式,比如崇尚成功、追求个人财富、名望以及个人成就——甚至是个人成长,但这一切都以牺牲别人的利益为代价。本质上,我们就是在说服别人也去背叛他们自己,与我们一起走上这条陈腐的道路,去做一些没有意义的事情。亨利·大卫·梭罗在100多年前就努力按照自己的方式活出真我,他表示:"不管你走到哪里,都有人在追着你、用他们肮脏的制度来钳制你;如果可能的话,他们还会强迫你与他们同流合污。"

当我们的脆弱性变成我们优点的一部分时,我们就会体谅他人的脆弱,对整个环境的脆弱性也有了更多的观照。没有这种大的觉悟,我们就会把自己当成万物的中心;我们就会去追求一种曲解的、以自我为中心的个人发展；我们就会一味地追求个人幸福而置他人和整个世界的发展于不顾，把一切都当作自己增加快乐和减少痛苦的工具。抱着这种利己主义的、唯我独尊的想法，我们只知道行使想法赋予我们的追求快乐的权利，却忘了其他人、其他生物以及整个自然界也拥有同样的权利。

与自我分离的一个不利影响就是我们会对其他生命的需求及脆弱性显现出一种无动于衷的态度，而我们与他们同样寄居在这个星球上。当我们企图将自己变成这个星球的统治者时，我们忘了自己的存在还依赖于其他生命的健康发展，我们与他们是相互依赖的。等我们把自身天性当作敌人来看待时，我们也把自然界当成了一个征服对象，而不是合作伙伴。作为人类，我们聪明能干，我们一定会打赢对手，但结果虽胜犹败。

因为大自然也是我们的生命来源，对大自然的需求视若无睹也就是对自己的间接背叛。我们在破坏生物多样性、砍伐原始森林以及破坏生态系统的同时，也断了自己的后路、也让自己走上了毁灭之路。我们喷撒到空气中、水里和土壤中的毒药最终都通过呼吸和饮食循环到了我们的组织器官里。这在很多哲学家当中引发了一个严肃的问题：作为一个物种，我们到底有多聪明？

人类的福祉或者说人类的生存大计需要我们搞好三种关

系：与自己的关系、与他人的关系以及与自然的关系，不能因为傲慢与无知而背叛其中任何一方。我们经历了个人生活中的背叛——骤然失去的某种联系、完全破灭的爱情理想，但是我们在抚平伤口的同时，也学会了更好地与他人相处，与自然相处。从背叛中恢复回来，不仅仅是重获个人的信心，这个过程同时也会促进我们更好地与他人相处。在恢复的最后阶段，我们不仅找回了自己的生活，也更加深了我们对生活本身的信任。

第二章

面对背叛的常见反应

被一些可怕的事实威胁着,我们似乎要被淹没,像漩涡一样越缩越小。我们就好像在膜拜我们的伤痛一样,有了更多逃避的理由。这些理由给了我们一种掌控局面的错觉。我们开始怨天尤人、开始咒骂别人、开始责备自己……当我们想为自己无名的悲伤找到一个合理的原因时,责备不失为一种好方法。

——Gabriele Rico

那些因为背叛而备受打击的人们都会经历一种生不如死的痛苦,他们的表现类似于精神病学家库伯勒·罗斯所描述的垂死状态(他经常要面对很多身患绝症的病人)。从背叛中恢复就像从失去亲人的撕心裂肺中调适好自己。当我们失去了(可能失去)自己的爱人,我们会承受类似的伤心,不管是因为背叛还是因为死亡。

到底什么才是严重背叛?这对每一个人而言都是不一样的,重要的是我们要允许自己去经历所有真实的反应,不夸大也不减弱。人们对于类似的事情所做出的反应是大不相同的。

但是,我也发现所有在背叛的痛苦中挣扎的人都有一个共同点。当我们发现对方公然背叛了自己,比如性背叛或抛弃,我们的生活因此陷入一片混乱,我们就很容易堕入痛苦的深渊而无法自拔。欺骗或无礼这样的隐性背叛带来的创伤可能会相对小一点;但是仍然会让我们失去对对方的信任和心理联结,尤其是当类似的背叛不断发生时。

长大以后遭遇的第一次背叛永远都是让我们感到最伤心、也最丢脸的。不管那段关系持续的时间长短,突如其来的失

第二章 面对背叛的常见反应

望、欺骗和不忠都会让我们从头凉到脚。第一次经历的背叛会从根本上改变我们对自己和伴侣的看法，甚至改变我们对生活本身的看法。如何应对初次背叛至关重要，因为第一次的解决方式将为以后的类似情形设定一个模板。一位曾经深陷苦海的女子这样说："当我从那么多痛苦和失败中走出来以后，我觉得再没有什么是我不能承受的了。"

如果我们还没学会用一种合理的方式来应对背叛的话，我们就会保护自己，以试图减少类似情形再次发生。我们会把自己内心最柔软、最渴望爱情，但又最害怕受伤的那部分包裹起来。当恐惧压倒希望时，我们在爱情当中就会变得小心翼翼、处处提防，再也不能全身心地去经营一段完整的爱情。因此，不管在什么时候，即使那次背叛发生在很久以前，我们都应该学会用一种合理的方式来走出背叛的阴影，让伤口愈合的同时让自己成长。

在遭受了背叛的打击之后，我们的任何反应都是合情合理的。要想走出痛苦的阴影，我们就必须要接受并正视自己在这段特殊时期中所经历的一切。然而在很多时候，我们更容易在背叛的伤痛中迷失方向。对于背叛，我们往往会反复纠结于一两种反应当中而找不到出路。通过了解人们对背叛做出的常见反应，我们会发现，这个世界上有很多人也跟我们一样经历着类似的痛苦。同时，我们也可以更好地区分哪些反应可以帮助我们治疗伤口，而哪些反而会延长痛苦和迷茫的时间。

震惊与否认

通常我们都会在自己的配偶或恋人身上付出很多爱与信任，当他们背叛我们，我们就会经历痛苦。这种背叛有时就像晴天霹雳，来势之突然使得我们的第一反应是否认自己的巨大伤痛。即使我们对于这样的背叛早有准备，但是当它真正发生的时候，我们还是有些招架不住。就像我们很难接受自己身患绝症或者亲人去世的事实一样，我们不敢面对也不愿承认自己的恋人已经离我们而去。之前我们对所有善意的提醒和警告都置若罔闻，如今当配偶或恋人真的抛弃了我们，我们也一样不愿意承认。

我们可能会通过自我安慰来让自己坚持住，比如，我们会对自己说"她很快就会回来的"或"这很快会结束的"。我们告诉自己最终一定会如愿，企图以此让自己平静下来；或者我们会让自己总是处于忙碌状态来分散注意力以暂时脱离痛苦。

在背叛的事实面前，很多人的第一反应都是深感震惊。最初的震惊来自于爱与信任的突然失去和完全的难以置信。我们的内心很难接受这种骤然的失去。我们从来都没想过对方会背叛自己，或者从来没有想过自己会被背叛，在我们看

第二章 面对背叛的常见反应

来背叛只发生在噩梦里、二流电影的情节里,或者我们周围的一些不幸者身上。为什么他们要这样对待我们?我们两情相悦、我们同床共枕、我们比翼双飞……这到底是为什么?当我们遇到生活的重大变故时,震惊是身体获得舒缓的一种方式,它可以减少重大伤痛带给我们的伤害,因为如果太快接受事实会让我们更受伤。

但是我们的身体会以不同的方式来接受背叛的事实,悲伤的表现方式也会多种多样,这主要取决于我们如何去掩饰悲伤情绪以及悲伤的严重程度。我们可能会感到虚弱无力、浑身发抖。挥之不去的焦虑情绪即使不会导致严重失眠,也会让我们辗转反侧、难以入睡。焦虑和不安也会让我们胃口全无。我们会在一段时间内无法专心工作也无法正常生活。我们会质疑人性、质疑生命的意义,这也是萝比所经历过的。铁石心肠的男友无情地抛弃了她,转而投入了另一个女人的怀抱。更令她伤心的是对方甚至拒绝做出任何解释。她说:"当时我对人性完全失去了信心。我想问这难道就是人与人之间应有的交往方式吗?"

萝比遭遇背叛时的震惊让她不停地去质疑已经发生的一切:"我努力想搞清楚这一切到底是为什么,我深陷其中。我不得不从自己一贯的思维方式中跳出来,重新看待那个问题。那种感觉就像是彻底放弃了——放弃了我对整件事情的认识理解和处理方式。我仍然想了解问题的根源——我想加深对问题的认识——但是我必须抛开自己以前面对问题时的做法。"从自己周而复始的惯性思维里跳出来以后，萝比内心的伤口才有可能真正愈合。

否认性背叛所带来的痛苦

我们可能会否认由性背叛带来的痛苦。我们会告诉自己不要那么古板，也会轻易原谅对方。明迪的男友四处寻花问柳，还美其名曰"逢场作戏"。她说："那时的我太天真了，我知道他一次又一次食言，但是我仍然认为他最终还是会和我在一起，所以我就一直等在那里。"

有些人自己也出轨，以此来逃避内心的痛苦。但这往往会延长他们的痛苦，同时让彼此的关系更加疏远。

有一位女士的男友不仅背叛了她，还很漫不经心地、以一种很浅薄的语气为自己辩驳道："你是了解我的。我一看到漂亮女人就难以自持，我也没办法。但我真的是爱你的，你才是我真正想要的另一半。我跟那些性感美女有的只是一夜之情。"在那段恋情结束多年以后，她以一种调侃方式解释自己当时为什么能够容忍至此："我当时总是对自己说，'好吧，男人的本性都是这样的。他只是被那些女人勾引的。'因此我就会原谅他所犯的'错误'然后继续我们的关系。"

她没有意识到自己内心的痛苦足以证明彼此的信任已经岌岌可危，反而置自己的真实感受于不顾。她忽略了自己内心真正的声音,而选择相信对方说的那句"我爱你"(这是她最想听到的)。

背叛带来的失落 VS 死亡带来的丧失

被抛弃的痛苦堪比爱人离世的痛苦。事实上,这种痛苦要比朋友或恋人去逝带来的痛苦持续的时间更长。爱人的离世可能会让我们的生活一下子陷入混乱,但是我们却无法改变死亡的事实。除了伤心我们别无选择,伤心过后我们就只能去适应新的生活。有人这样描述那种感受:"那个人已经走了,结束了。"

当我们被抛弃的时候,却没有类似的终结感、没有躺在殡仪馆里的尸体。我们知道背叛了自己的恋人还在那里、好端端活在这个世上。其实我们清楚地知道他们住在哪里、工作在哪里;我们还保持着共同的朋友圈子。我们可能会不可避免地碰到住在附近或在附近购物的前任伴侣。更让我们感到不幸的是,我们可能会因为抚养孩子或业务往来而不得不继续保持联系。通过这之中的有意或无意的接触,我们可能又会旧情复燃。这令人心痛的插曲会让我们的心一直纠缠于渴望、失落与反感之中,最终不得不放手并走出过去。

与死亡不同,背叛会刺伤我们的自尊心。如果有人离开人世,我们不会指责他们故意伤害了我们;我们不会去怀疑自己的价值;我们不会问:"我到底错在哪里?"但是假如有人抛弃了我们或者出轨的话，我们就会感到非常伤心，因为那是他们自己的选择。

挥之不去的困惑、怀疑和否认

身陷于那种令人困惑不解的，有时甚至是极度痛苦的背叛余波中，我们会不停地怀疑自己，并且纠结于如何改变现状：假如那次我那样说就好了；假如那次没有那样说就好了；假如我们讲话的方式不那么急躁、而是更加真诚地把爱说出来就好了；要是我们那时多去度度假、多去咨询一下夫妻相处之道、或者多容忍彼此之间的小分歧，现在就不会这样了；假如我们能够更加灵活、更加成熟、更加体贴的话，我们现在一定还在一起……

我们可能满脑子想的都是如何破镜重圆、同时也充满了不安与恐惧，因为我们还会不断地问自己：我们还有可能复合吗？一旦复合，我们的关系会不会比以前更糟糕呢？我们要把那封构思了很久的信写完吗？我们要把写好的信寄给对方吗？我们要在迟疑了那么久之后打电话给对方吗？或者我只要听到答录机的声音就立刻挂断？但是假如他接了我的电话怎么办？如果接电话的是她的新伴侣怎么办？我真的想知道这样的事实吗？……紧接着我们会日复一日生活在好莱坞式的幻想中，幻想着多年以后的复合。日子就这样一天天过去，我们仍然不敢面对那份已经失去的感情。

第二章 面对背叛的常见反应

在交往3年之后,菲利普突然被自己的恋人给甩了,从此他被一些没有答案的问题纠缠着、被一些固执的想法折磨着:"她现在很讨厌我。我不知道她为什么讨厌我,她现在根本不理我。"他不肯接受事实,而是总去一些可能碰到她的地方。"我希望如果我能碰到她,我们总会说点什么吧,这样她就会想起我对她的爱。我还是希望她能回心转意。"

穆瑞也被类似的念头折磨着。像许多人一样,被男友抛弃后,她很快开始为这段失败的恋情责备自己:"我不停地想,我到底哪里做错了?我不停地想着,希望他回心转意。我想如果我知道自己哪里做错了,他就会回来的。"

在心理学家库伯勒-罗丝看来,试图让某人回头就像跟上帝讨价还价——向上帝保证以后一定多行善事,以求多活几年。遭遇背叛的一方可能会向对方保证,如果能够再得到一次机会,一切肯定与原来不同,或者背叛的一方可能会主动请求自己原谅。这些会让我们对未知的可能性充满期待,但同时也让我们对未来的背叛充满恐惧。

对于已经失去但仍然不能从记忆中抹去的那个人,我们有一种先入为主的幻想,这种幻想会产生极其负面的影响。泽尔达与未婚夫之间的经历就表明了这一点。她带着与前夫所生的女儿和现在的未婚夫生活在一起,三人之间的感情日渐深厚。但是在发生了一次激烈争执之后,她的未婚夫突然提出了分手。一年之后再次回想起来,她说:"当时我完全不能相信一切就那样结束了。我仍然渴望他回心转意，不管能不能实现。但是如果我再次见到他或者听到他的声音，我的心就会再经历一次当时的痛苦。"

马修的恋人离开了他，选择跟另外一个男人在一起。他也表达了类似的心情："我没办法忘记她，我时时刻刻想的都是她，当时的情形甚至都影响了我的工作。原来我已经习惯了有她的生活，原来她在我心里是那么重要。"

虽然在经历一次严重背叛之后，我们的意志会变得薄弱，但就是因为我们总沉浸在再度复合的幻想当中，而不是认清真相理智放手，所以我们才会一直觉得我们受到了伤害导致我们的生活无法继续了。有时幻想着各种可能性要比认清事实并直面失去爱人的伤痛和恐惧来得让人好受一些（稍后再对比加以介绍）。

希望自己的伴侣再次回到我们身边未必是因为我们真的想跟他们继续在一起，而是出于对自尊的弥补。如果我们成功了，接下来我们又该如何与他/她相处？我们真的想与他们复合吗？还是仅仅补偿一下自己受伤的自尊心，让自己看起来不那么狼狈？

很多时候，我们并没有意识到对方的背叛已经深深地伤害了我们，以至于我们很难再对那个人敞开心扉。身体上不愿意再与对方亲热，情感上对他们产生了敌意，我们再也不愿意相信他们了，我们需要花上几个月甚至几年的时间重新

第二章 面对背叛的常见反应

建立对他们的信任,并且放心地与他们亲热(尤其是在多次遭受到身体上的虐待和性背叛之后)。在我们迫切地想要满足此刻的愿望时,我们可能根本没有仔细想过破镜难重圆,我们没有想过自己是否真的想要对方回头。

当初百般珍视的爱情就此结束了,可是要想接受这个事实,我们就必须要为生命的上一个阶段画上一个句号,继续向前,迎接未来的一切未知。这时我们又会问自己,假如我们就此放手,将来还能遇到别的喜欢的人吗?会有别人喜欢我们吗?我能受得了一个人的寂寞吗?有史以来最具挑战性的时刻到了,这一刻将检验我们对自己、对生活的信心到底有多大。

自尊心一旦松动,我们就很难重拾信心、敞开胸怀,放手过去、面对现在。即使我们自我感觉不错,走出过去的生活还是很难的,尤其是当前任伴侣离开后,我们的经济来源无法保证时。但是慢慢地随着最初的惊恐情绪得到平复,我们也渐渐地接受了现实,明白要想走出背叛的痛苦,我们必须要面对自己不愉快的情绪,摸索通往接受和痊愈的道路。

耻辱与自责

面对背叛时,起初我们可能太过震惊而不敢相信,甚至不愿意承认事情的真相,紧接着我们就会感觉自己受到了莫大的羞辱，并且开始厌恶自己。我们会因为各种原因而讨厌自己。我们会责怪自己没能符合对方的要求，或者责怪自己没有预料到对方会背叛自己并及时采取行动来挽回局面（"之前有那么多警告信号，我怎么就无动于衷呢？我早该料到会有这么一天的！"）。也许我们还会后悔自己与那个人发生了性关系，甚至还与对方结婚（"我怎么那么傻呀？"）。我们可能会意识到这段爱情当中，自己很多时候是不满意的，然后我们又会严厉地斥责自己怎么可以委曲求全那么多年（"我得到的爱太少了，可我还是一直希望有一天能得到更多。"）。

我们认为是因为自己不够好，所以被抛弃了，这样在我们心底就会滋生出深深的耻辱感。如果是对方有了外遇，我们会认为是自己不够迷人风趣、不够性感。如果我们在年少时曾遭到背叛，或者受到性虐待、身体虐待或情感折磨的话，那种类似的一无是处的感觉此时便又会汹涌而至。玛拉小时候经常被责骂，最近的一次背叛让她有一种旧伤重揭的痛，她这样描述自己当时的耻辱感："我觉得我根本不配活在这个世上。"背叛带来的耻辱是难以忍受的，而且我们也会因此而心情低落、情感疲惫、认为自己一无是处。

由于父母对她的保护欲望过重，又过于挑剔，玛拉从来都没有自己的主见。她总是活在别人的世界里，从别人的评价当中找到自己的价值。她这样讲道："除了别人对我的看法

第二章 面对背叛的常见反应

和评价以外,我自己没有什么想法。"因为她内心软弱、对自我价值没有任何定位,因此不管对方说什么,她都认为是对的。如果对方对她不好,她就会认为是自己不好、不够完美;如果对方对她好,她就会很开心,觉得自己并不是一无是处。不管在什么情况下,她的心情总是会随着别人对待她的态度而发生波动。

当我们被虐待的时候,心情就会很差,而如果被疼爱,就会很开心,这很正常。问题是如果我们的心情总是随着别人的心情而波动,那么我们就不是真正地做自己。如果我们对自己的认识总是受对方看法的影响,那么我们的生活就不是受自己掌控的,而是被别人的意志操纵着;但别人的想法却又是琢磨不定变化无常的。背叛的到来犹如警钟敲响,让我们学着去克服内心的自卑感和耻辱感。

很多男人内心的耻辱感要比我们想象的多得多,但是他们不会承认这一点,因为那样有损他们那种温文尔雅的高贵形象。埃瑞克是一名验光师,他的恋人有了外遇,并且在背后散布他的谣言。谈到自己内心的耻辱感,他这样说:"我一直认为'一定是我做错了什么,我到底哪里错了呢?'虽然她伤害了我,但我还是一直希望她回到我身边来,当时真是苦不堪言。"

背叛带来的耻辱感会进一步延续到以前的交往当中。过去和现在的耻辱感夹杂在一起严重伤害了我们,同时也影响了我们对世界的看法。我们不敢再与别人交往，因为我们害怕他们讨厌我们、觉得我们一无是处。因为觉得自己很丢人，所以我们不愿意与人接触。我们不愿意被人看见，因为害怕他们会看到自己的缺点，或者我们总是用冷漠无情的眼光注视着别人，其实在冷漠的背后潜藏的是一颗温暖而柔软的心。

但我们内心笼罩着耻辱感，我们就很难客观地看待周围的事物。当一段感情结束的时候，我们总是把太多的责任归咎于自己，而忽略了别人的缺点。当我们总认为别人都比我们优秀、比我们重要、比我们强大时，我们就将永远活在自卑和不平等当中——他们都好，就我不好。

当过去的耻辱被眼前的背叛再度激活的时候，这种耻辱感会变得更加明显、更加强烈。我们将很难让自己的伤口愈合。我们不应该被内心的耻辱感打败，而要学会在好友或专业咨询师的帮助下重新让自己振作起来，感受耻辱的同时也学会同情自己。如果我们总是被耻辱感纠缠着，我们将永远不敢再去尝试新的恋情，但是假如我们有勇气去治疗自己受伤的心，我们将再一次向别人打开自己的心扉，而且会比以往更明智。

第二章 面对背叛的常见反应

愤怒、敌意与报复

面对背叛，我们还有可能做出的一种反应就是怒火冲天、气愤不已。当我们发现自己的恋人或配偶有了外遇，甚至要与我们分手的时候，内心可能会产生无比强烈的愤恨之情。我们企图通过愤怒来强迫对方满足我们的意愿或者重新控制整个局面，而这样往往是无济于事的。事后我们通常都会后悔自己被愤怒和敌意冲昏头脑时说出一些不该说的话。

萝比是一名研究生，她的男友爱上了别人，向她提出分手。于是萝比就在对方的答录机里说了一些非常恶毒的话。事后她非常后悔当初的行为。仅仅为了一时之快而把自己的愤怒发泄出去，导致双方关系僵持，最终痛苦的还是她自己。回想当时的情形，她说："通过那件事我总结了一个教训，那就是在我生气的时候，千万不能去找对方理论，或者给对方留言，即使我很想。就像那句谚语说的：在你生气冲动的时候，请先从一数到十。不加思考地说出一些话或做出一些事会对彼此造成很大的伤害。"

发泄自己的怒火可以帮助我们从背叛的痛苦中恢复回来，尤其是以一种直接的、坦诚的方式来进行沟通，而不是恶语相向。体会自己的愤怒、并采取一种负责任的、非责备的方式来表达自己的愤怒，不失为一种抚平伤口的好办法。就像萝比后来认识到的那样:"意识到自己生气了固然重要,但是我可以换一种方法来表达我的心情。我应该说'我很生气!',仅此而已,而不应该说'你这样了,你那样了!'我不应该那样指责他。我可以找个枕头狠揍,也可以去跑上5公里,或者跟别人倾诉一番也行。一股脑儿发泄在他身上会带来长久的伤害。即使过了好几个月,我们都很难再正常对话,这样做对我自己的伤害要比对他的伤害更大。"

奇怪的是,发泄自己的愤怒也可能会让我们触碰到自己更深一层的悲伤,这样我们就能释放自己更深一层的痛苦。当萝比在一次心理咨询中分享体会并表达出自己的愤怒时,她触碰到了自己内心更深处的痛。痛哭很久之后,她说:"我不会知道自己原来还是那么痛苦,现在哭出来以后感觉好多了。"

很多人不愿意直接把自己的怒火发泄出来,因为他们不想再引起更多的负面结果。有时小心谨慎是值得提倡的,比如在离婚过程中我们就应该谨慎一点。但是更多时候我们"忍而不发"是因为我们害怕"一发不可收拾";或者是因为我们放弃了这种自我肯定和自我改变的权利;也许还因为我们在儿时曾因为发火而受到过惩罚或指责。

其实愤怒本身并没有什么坏处,而且它可以帮助我们恢复自尊。真正有害的是我们因为发怒而伤害别人,最终也让自己耿耿于怀的做法。当愤怒演变成仇恨与报复,进而以伤害别人来获得快感时，它就是极其有害的。因为那样会让彼此的伤害更深、积怨更大。

惩罚的冲动

当我们感到（或认为）对方背叛了我们的时候，大多数人都会有一种去惩罚或伤害他们的冲动。因为觉得对方伤害了自己，所以想要以其人之道还治其人之身，这样大家就"把比分扳平了"。我们可能会振振有词地对自己说："既然你不仁，就休怪我无义！我要讨个公平回来！"这种冲动心理和人类本身一样具有破坏力。但是马丁·路德·金曾经严肃地警告过我们："以眼还眼最终只会两败俱伤！"

如果我们不能理智地处理这样的情绪，愤怒和仇恨就会让你想尽一切办法去寻求报复。凯希在发现她男友有了外遇之后，勃然大怒："我跑去他家，把抽屉整个翻了个底朝天，把他的东西扔得满地都是，并且把我自己留在那里的衣物统统拿回，既然他从来都不尊重我和我的东西，我又何必尊重他呢？"还有的人甚至会做出更加暴力的反应。曾经有某位男士狂暴到把前女友的车窗砸烂。还有一位女士生气至极，把前男友的衣服剪了个粉碎。还有的直接告上法庭，开始一场旷日持久、劳民伤财的拉锯战，最后只落得两败俱伤。对彼此的信任伤害越深，最后的关系就越难恢复。

同名著作及电影《罗斯夫妇的战争》生动地反映了夫妻之

间不断升级的战争对双方关系带来的影响。当我们的报复心理完全失控的时候,最终结果往往都是对彼此情感和精神的相互摧残。往大了看,因为种族矛盾而相互报复最终带来的巨大悲剧更是数不胜数。

在我们的文化里,人们总是会说:"别生闷气,去找他算账!"因此报复也变成了合法的行为。多萝西今年50岁,是一名公司管理者。自从年轻时未婚夫突然与她解除婚约之后,她与其他男人的交往便因为自己的报复心理而变得痛苦而阴暗。当时未婚夫唐邀请她到住在另一个州的父母家做客,并说准备向家人宣布二人的婚讯。那天她激动万分,内心充满了期待,可是最后唐却说他还没有做好结婚的准备,当时的感觉有如晴天霹雳,让她不知所措。

从此以后,多萝西与其他男人的交往方式就跟以前完全不一样了。"之后的好多年里,我都把自己封闭起来,再也找不回当初那种亲密的感觉了。"她自己也承认,"当我再次与别人交往时,我想,'好吧,这只是一场游戏,不过是看谁占的便宜更多,谁受的伤更少而已。'然后我就变成了那个占便宜的人,每次都是我在掌控整个交往过程。感觉就像自己在执行一项报复任务。我会勾引他们爱上我,然后等我玩腻了就把他们甩了(每次都是过了不了多久我就腻了),接着再去寻找下一个目标。我像一只蜘蛛一样,把他们吸引到我的蜘蛛网上来,将他们嚼碎,然后再吐出来。我当时并没有意识到我是在报复。现在回头看时才明白。我那时根本没想过自己其实是用别人的错误来惩罚他们。我这一路走来，身后真可谓尸横遍野。"

不管怎么说，随着自己慢慢变成熟，多萝西还是勇敢地承认了自己是怎样从一个"被弃者"变成了一个"背弃者"的："每次我都会在交往一段时间后，突然转身离开，而且每次我都能找到合适的理由。而实际上我从来都没有在他们身上投入过真感情。他们体会到的才是真正的背叛。我已经变成了一个全副武装的古希腊女战士，绝不允许任何人靠近我。"当多萝西开始意识到自己的痛苦并对她伤害过的男性感到懊悔时，她慢慢开始原谅她自己了。

隐性的报复心与复仇心

报复和仇恨心理可能会以一种隐性的、不易察觉的方式产生，造成两性间的冷战。比如，莱斯因为珍妮经常拒绝他的求欢而非常生气。他开始与别人偷情，并且从身体上和情感上疏远珍妮，来发泄自己心中的怒火。当珍妮问他为什么比以前冷淡了，不像以前那么喜欢亲热的时候，他反而绕开话题，冷冰冰地回答："你几时在乎过我的感受呢？"频繁的争吵令珍妮倍感心痛，但又迷惑不解。因为感到自己受到冷遇，她给自己买了很多价格昂贵的衣服来施以报复。她故意激怒莱斯，他们之间的冷战也随之愈演愈烈，对彼此的信任度也严重下滑。

心理学家苏珊·坎贝尔是这样描述复仇心理的：

> 你打我一下（或我认为你打了我一下），我又回了你一下。你来我往、以牙还牙，看谁能占上风。但是现在你以一种看不见的方式来做同样的事情，显得越被动越好，这样你就不用为此承担任何责任了……复仇心理来自人性最低级、最自私、最好斗的一面。

另一种常见的报复行为就是把孩子当成这场破坏性复仇游戏的武器。心理治疗师称这种做法是通过三角欺骗让孩子站到自己这边，让对方在孩子心目当中变成了一个坏爸爸或不称职的妈妈。当我们在情感上已经不能对对方造成任何影响的时候，我们就在绝望之极的情况下把孩子当成最后一张王牌，利用对方与孩子的血缘关系来报复他们。在某些案例中，父母有一方确实是不称职的，但是作为父母很多时候都是各有所长也各有所短的。当然当我们陷入一场争斗之中，我们需要证明自己是对的、是高尚的，以此来重新找回自尊，这使我们更容易看到的是对方的缺点。可有一点是毋庸置疑的，拉动孩子的心弦会对他们的情感发育带来严重影响。

律师行业的发展就是得益于人们对复仇行动的乐此不疲。

在美国，法律诉讼作为暴力和复仇的社会形式非常普遍，每360人里面就有一名律师，而在日本，每10000个人才能找出一位律师。可能美国人比别人更加相信按照自己的方式生活是自己的"天赋人权"吧。

心怀恨意，伤人害己

很多时候我们都没有意识到深藏内心的仇恨不仅伤害别人也伤害自己。在自己心里滋生蔓延的对别人的仇恨，最终也会将我们的心灵一起吞噬掉。我们对别人的仇恨最终也会以某种方式报复到自己身上：风水轮流转，有因必有果。

复仇行为也会以另一种方式来伤害自己。当我们在谋划报复别人的同时也违反了自己的道德标准。荣格心理分析师詹姆斯·希尔曼提到：

> 看一个人自己背叛自己真是很奇怪——他们背离了自己一贯的做事方式，违背了自己的意愿和价值体系。在朋友反目、恋爱分手、婚姻破裂、情人背叛或意见不合时，一个人最下流、最肮脏的一面就会显现出来，这时我们就会发现自己跟其他人一样以一种盲目而卑鄙的方式来对待别人，判断自己行为的价值标准也与之前背道而驰。

我们
对别人的仇恨
最终也会以某种方式
报复到自己身上
「风水轮流转
有因必有果」

第二章　面对背叛的常见反应

深植于我们内心的价值观与报复心理之间形成的矛盾会给我们的内心带来极大的干扰——自我疏离，因此内心就很难得到长久的平静和稳定，心智也不可能真正成熟起来。如果我们想让自己重新变得完整，让自己重新具备爱的能力，让自己接受事实，就应懂得这样做不仅伤害别人，也违背自己的做事标准和原则。

每个人内心都有阴暗面，那里充满了各种负面的情绪和欲望，会对别人造成伤害。但是当我们知道自己内心潜藏着仇恨、知道自己对某人怀恨在心时，我们又该怎么办呢？大多数人会否认自己内心的阴暗面。昏睡的灵魂让我们不敢去承认自己内心的仇恨和残忍，所以也不能有效地处理这些有害情绪和负面心理。

心理防御机制反应一旦形成，会让我们把自己的真实动机隐藏起来。我们会用相反的动机表现来掩盖自己真实的想法。比如，当仇恨和恶意与我们的个人形象不相吻合的时候，我们就会把自己的动机说成是很高尚的，美其名曰："我也是为了他们好，给他们点教训尝尝。"然后我们就去找一些"持支持态度"的朋友来证明自己是个善良之人，从来没有害人之心。承认自己伤害了别人可能是一生当中最难也最需要勇气的事情了；因为要想做到这一点，我们就必须抛开每个人都有的自以为是的想法。

破坏倾向的根源

没有了破坏性的冲动并不是成熟的表现,而且事实恰恰相反。个人的成长需要不断地充分认识和体验这些冲动的想法,而不是去掩饰它们。只有如此我们才能渐渐远离那些危险的想法。要想更清楚地认识这些想法,我们需要去了解一下它们产生的根源,并且合理地应对这种想法。

我们之所以会有报复性冲动,是由于我们想证明自己对于某个人的重要性,证明我们可以改变他们的生活。我们想证明自己是有能力去影响别人的。比如我的一位来访者,她曾经对自己的丈夫实施报复,但是后来却后悔不已:"最让我无法接受也最让我感到气愤的是,他不要我了。但是现在我觉得很内疚,他不该受到那样的对待。"因为害怕失去一段珍贵的亲密关系,所以她才表现出愤恨的一面。

当我们被背叛的时候,会一下子完全失去信心;因为我们发现自己在对方心里不再重要、不再与众不同、不再因为我们的独一无二而被珍视,对方不再感激我们所付出的一切,他们再也不要我们了。

有时甚至连我们的人性的一面都被他们抹杀了,我们的灵魂受到践踏、变得一文不值。一次严重的背叛是对我们尊严的极端摧残。

我们感到愤怒无比、我们想要报复对方,都是因为自己没有办法掌控内心，没有办法确定他们是否在乎我们、是否需要我们以及是否认可我们。我们企图通过发泄愤怒来要求对方珍惜我们。如果我们受到冷落，我们就会采取报复行为来让对方感受到我们的存在。比如把对方的生活搞得痛苦不堪——如果我们不能令对方爱我们，那就让他们尝一尝痛苦的滋味。这样我们的前任伴侣就会感受到我们的痛苦了——让他/她也一文不值、自尊全无。然后我们就会认为自己虽然没有得到真正想要的东西，但不管怎么说还是对他们的生活造成了一些影响。至少我们可以重新控制自己的情绪——我们找回了自己存在的意义，即便这种意义很短暂也很扭曲。

在我们的尊严受到挑战时，我们就会总想着让自己被认可，让自己有价值。因为对自己的价值没有明确的认识，所以我们总是努力向别人展示自己强大的一面。当我们的自尊心受到伤害的时候，我们就会采取一种破坏性的情绪发泄方式来确认自己的价值。

愤怒的健康功能

如果我们可以把愤怒的情绪和与之相关的破坏性、报复性的冲动区分开来，我们就能更理智地面对背叛。从积极的一面来看，愤怒可以成为帮助我们区分自己和别人的初步（虽然很重要）试探。当有人对我们进行身体虐待、言语羞辱或恶意欺骗时，愤怒往往是一种健康合理的反应。愤怒让我们有勇气为自己站起来，而不是令自己陷入耻辱之中变得软弱无力。通过清晰明确的自我肯定，我们可以恢复自己的尊严、赋予自己应有的权利，并且肯定自己作为一个人的价值。

感受愤怒可以促进我们去为自己、为生活争取更多。通过愤怒，我们让别人知道哪些行为是我们无法容忍的，我们设定了一个底线并且大胆地（也许是第一次）说出："这就是我。这就是我的真实感受。这就是我的想法。"有时积极的转变就是从恰当地、及时地表达自己的愤怒开始的。假如事后我们发现自己的表现不太合适或者有些过分，我们可以澄清一下自己的立场或者道歉。

有的人在遭遇背叛时，会选择压抑自己合理的愤怒情绪。他们认为自己不值得为这样的事情表现得那样"低级"、"庸俗"、"没有教养"。（"他还不配让我难受！"或"我才不会让她影响我的心情呢！"）从内心深处喷涌而出的怒火可以帮助这一类人释放一下被自己压抑已久的巨大能量。压抑愤怒可能会导致自卑和自我仇恨，不但影响心情，还会影响身体健康。

对于那些很容易生气并指责别人，但又把内心的伤痛掩藏起来的人，以及那些很容易陷入被指责的伤痛、自我责备和抑郁当中的人来说，把自己合理的愤怒情绪发泄出来，同时正视自己所受的伤害，对他们是有益的。

当贝丝的丈夫向她宣布自己爱上了一个比她年轻的女人

时，她很生气，但是她没有发火，而是努力表现得像他的情人那样温柔、率真，希望丈夫会觉得自己更好。但是这种伪装的游戏只能让她更痛苦。在她终于大发雷霆（但没有采取报复行动）之后，她感觉心里好受多了："我只想让自己去体会所有的愤怒，但不想造成更多的痛苦。"

愤怒的限度

从消极的一面来看，愤怒也可能是最容易上瘾的一种情绪，因为它会让我们感到欣快异常。愤怒就像一种不会被消耗的燃料，可以自我补充，直到我们得到满足为止。愤怒到了极点就很容易会失控。如果我们发现自己一生气，别人就很害怕，我们就会用愤怒解决所有冲突——直到有人阻止我们，或者离开我们。

自以为是的愤怒可能会产生一种无懈可击、不可战胜的错觉。让我们狼狈不堪、苦不堪言，会让我们自我感觉良好。就像每次当我们大声喊叫并使劲跺脚时，父母都会满足我们的要求一样，慢慢地我们会习惯于通过发怒来为所欲为，因为每次暴怒发作都能让我们得到自己想要的。

有些人承受巨大压力的时候就会大发雷霆，但对于无法忍受脆弱情绪的人来说，生活很快就会让他们明白对愤怒的暴力发泄并不能令我们得到自己想要的东西，我们必须要让自己更成熟一点。如果我们只知道通过发怒来应对背叛，我们其实也背叛了自己，因为我们错过了人生必须要迈出的一步：拥抱自己深层次的恐惧和痛苦。不幸的是，很多善意的朋友甚至有些心理治疗师都会在这一关键时刻误导我们，他们会鼓励我们就算不采取虐待的方式，也要通过口头攻击自己的伴侣、朋友或父母来"重新获得内心的强大力量"。

这里并不是叫我们不要向别人表达自己合理的愤怒情绪；也不是让我们一味地自责，同时为伤害我们的人辩护。就像前文所提到的那样，单纯地、非敌对性地表达愤怒情绪是帮助我们回到良好状态的必要步骤。然而愤怒往往是悲伤的前奏。在某些时候，我们必须要去探究自己痛苦的来源，让我们的种种困惑与痛苦得到一些救赎。

嫉 妒

因遭遇背叛而产生的愤怒与仇恨心理都与嫉妒紧密相关。"嫉妒"在字典上的解释是："害怕或怀疑对手会取代自己的地位，而使自己失去宠爱。"因为害怕自己深爱的人会爱上一个比自己更优秀、更漂亮、更聪明或者更有成就的人，我们陷入了一种自尊混乱的状态。有一位男士，朋友很少，并且非常害怕被自己所爱的人抛弃，他这样描述那种感受："她看一看别的男人都会增加我的不安全感——让我感觉自己还不够好。"

第二章 面对背叛的常见反应

如果我们总是幻想有一个比我们更加富有魅力的对手，我们的恐惧或者疑心就尤其强烈。我们会因为怀疑自己不再是配偶或恋人的爱慕对象而感到万分沮丧。性爱以一种深刻而神秘的方式将我们与另一个人联系在了一起。我们的嫉妒心理在某种程度上就是对失去（或已经失去）这种宝贵联结的一种天生的恐惧。嫉妒心理反映出我们真的或幻想失去了一份感情，而这份感情对于我们来说又是尤为神圣的、可以让我们身心都得到满足的。

嫉妒心理在那些自尊心受美貌和性感程度以及娱乐媒体大肆鼓吹的价值观影响很大的人身上尤其普遍。有些人主要靠自己的美丽姿色和性感身材来吸引别人，但是当这一切外部的吸引逐渐消退时，他们就会感到非常软弱而无助。

如果我们的自主性不够强的话，嫉妒心理就会越来越严重。如果我们对自身的认同总是受到恋人或配偶的影响，我们就把他们当成了自己的延续。我们把他们变成了自己的私人财产，但却不愿以新的方式来延伸我们的爱。这种个人认同感与个人命运的相互交缠在现代社会被誉为浪漫爱情的最高境界，而这种爱情神话给我们那颗寻觅真爱的心增添了多少痛苦和迷茫呀？

虽然我们不太可能完全战胜根植于自己内心深处的嫉妒心理，但是放弃一些不切实际的想法，多少可以减少嫉妒心理对我们的影响。比如，当我们的恋人或爱人选择了别人的时候，我们可能会觉得自己是不受欢迎、没有吸引力的，可是对方的选择并不能证明我们真的就是一个没人喜欢也毫无魅力的人。如果我们在这样的艰难时期找到能够肯定自己的力量（同时也找到欣赏我们的人），我们的嫉妒心理就会慢慢得到平复。

批判别人，寻求心理平衡

每个人都会忍不住去评判和批评别人，尤其是当一段感情走向失败的时候。通过历数别人的过错并加以贬斥可以带给我们一些快感，但是这样精明的评判从长远来看对我们并没有益处。再精明的分析也不会让我们从背叛的痛苦中得到丝毫解脱。虽然我们很多时候会不可自制地想去批判背叛了我们的人，但最终只不过通过喋喋不休地贬损对方来暂时分散一下自己的注意力；同时却让自己周围的朋友感到乏味不堪。

不停地指责对方的过错，其实是想掩盖自己内心不愿面对的痛苦。比如，当我们指责对方是在"炫耀自己的权力"时，我们其实是在回避自己因被拒绝而受到的伤害；或者我们指责对方"就知道卖弄风骚"时，其实是自己不愿意面对失去他们的痛苦。就在对方离开我们之前的一个星期，我们都没觉得他们是在炫耀自己的权力；当初我们与对方在一起享受鱼

第二章 面对背叛的常见反应

水之欢时,从没觉得他们卖弄风骚。

批判别人往往是为了让自己受伤的心好受一些。我们所有的注意力都用来搜寻对方的短处。我们对别人的缺点有一种不可思议的敏感,而对于自己的不足却总是后知后觉。

当萨莉的未婚夫与她解除婚约之后,她开始了对他的大肆批判:"他是一个自大狂、没有责任心,一点儿也不成熟。"然后她的批判又更深一层:"他根本就不知道自己的真实感受是什么。他拒绝接受事实、根本不知道自己到底在做什么。"这些批判让她暂时远离了自己的痛苦,但是这种感觉并不会长久。

不幸的是,最尖锐最刻薄的批判最多也只能让我们得到片刻的安慰。掩盖在这种安慰背后的是内心深处无尽的痛苦。如果我们希望伤口愈合,最终都是要面对这种潜在的痛苦的。我们必须真正认清发生了什么,历史才不会重演。

有时我们的判断十分准确,但更常见的是情绪影响了我们的判断。敌视、嫉妒和恐惧扭曲了事情的本来面目,让它们看上去更接近我们所希望的样子。当我们强撑着自己摇摇欲坠的自尊来看待整个事件时,我们只是想得到某种解释来支撑自己的软弱,这种解释往往就是对别人的恶意批判。

当我们认为别人伤害了我们,我们很容易去放大并夸大他们的过错。然后我们就会劝自己(也去劝别人)去相信这套歪曲事实的一面之辞。即使别人的确有严重缺陷,我们也应该忽略他们的缺点；而客观地去评价他们的优点，同时反省自己的不足之处。

批判思维的危害性

纠缠于无尽的批判当中，我们对整个事件的看法也变得狭隘而片面，因此这种批判思维也阻止了我们的成长。"评判"这个词来自拉丁语中，意思是"宣布法律"。我们之所以做出评判，我们认为自己知晓事情的真相，而且正义在我们这边。从某种有利于自己的角度来看，这样的想法是理所应当的；但是当我们陷入背叛的痛苦无法自拔的时候，我们就会忽略一点，那就是我们与对方都了解事情的真相。

如果我们把批判思维比作原教旨主义者的话，这种思维方式的危害性就更加显而易见，因为原教旨主义者总是在努力让自己和别人相信他们是正确的、美好的、特别的，而所有不相信他们的人都是误入歧途的异教徒，永远不会得到"救赎"。他们认为大多数人即使不是"恶人"也都是"异类"或者是"不诚实的人"，所以他们觉得自己远离那些与自己意见相左的人是理所应当的。因此他们会一直抵制新信息的输入，以防威胁到他们固执的想法和信仰。这样刻板僵化的做法严重影响了真正的情感与精神方面的成长。

我们内心潜藏着要去批判别人的想法，是因为我们想通过这种方式让自己去理解一段痛苦的经历而不会严重影响当

第二章 面对背叛的常见反应

前的自我看法。找出对方身上的瑕疵会让我们忽略了一点,其实我们的想法也有可能是一叶障目的。我们运用否认、回避、合理化等种种防御机制来保护我们脆弱的自我形象不被现实击破。然而不幸的是这种抵制同时也阻止了我们去分析背叛发生的背景,以至于我们都不能从中吸取教训并且意识到自己的不足之处。

通过数落对方的种种不是,我们在潜意识里是想得到朋友的支持,并且从那些同样经历过背叛痛苦的朋友那里得到些许怜悯。我们身边有一些人会用犀利的语言来批判那个"负心人",这时,他们的怀抱就会让我们感到无比温暖。我们会与那些给自己帮腔的人交往,而对于那些给我们提反对意见的人感到愤愤不已。当然,在我们受伤的时候,确实需要别人的关心和同情,但是我们必须要搞清楚什么样的同情可以给我们正能量,而什么样的同情只会更加误导我们。

心理治疗师安妮·威尔森·谢弗解释说:"我们对自己和自己的地位完全失去了信心,以至于我们不得不去说服别人同意我们的看法。我们变得自以为是、固执,对于所有不赞成我们想法的人都大肆批判,因为我们迫切地想要得到他们的支持,来让自己感觉好一点。"

那种脆弱而固执的自我感觉不断地怂恿我们去寻找想法相同的人,因为我们已经无法承受更多现实的痛苦了。没有别人支持我们的错误想法,我们甚至很难做到自欺欺人。拉瑞小时候因为别人的批评而受到了很大的伤害，后来便逐渐筑起一道心墙，来掩藏自己的真实情感。因为害怕"犯错"或者受到类似心理压力的限制，让他只想成为和别人一样的人，而不想与众不同或者超越别人："当我周围的人都持有跟我一样的想法时，我就会认为我的想法是对的——真理在我这一边。我想要的更多是得到别人的肯定而非事实本身。我从来没有从过去的失败恋情中总结任何教训，因为我从不敢真实地面对发生在我身上的一切。不能犯错的想法一直掩盖着我对于遭受批评的恐惧感和耻辱感。"

很多时候，我们根本没有必要去说服朋友同意我们的想法。珍妮弗与前男友分分合合恋爱6年。每次当她认为那段感情要结束的时候，她的热心朋友就会极力支持她。"我的朋友——我的粉丝——总是很容易被我的想法左右。'是的，他确实是个浑蛋。他根本配不上你。'每次听到他们这样说，我都感觉很舒服，但是之后我又会发现他们说的不是真话，而且对我也没有什么真正意义上的帮助，只会阻止我认清事实的真相。他们都是好意，但是这并不能让我看得更明白。"

为了让自己始终处于"正确"的位置，拉瑞和珍妮弗逃避他们深刻认清事实真相所必须承受的痛苦；而这种痛苦是他们想要从伤痛中恢复和成长所必须要面对的。

第二章 面对背叛的常见反应

受害情节带来的安慰

很多时候我们都会把自己放在一个受害者的位置，以此来得到一点若有似无的自我安慰。散文家谢尔比·斯蒂尔一针见血地指出"受害者的身份会让你多几分清白。"作家约翰·泰勒进一步指出："处于受害者的位置不仅可以让人们觉得自己是清白无辜的，同时也让他们得以推卸自己的责任。"因此那些"受害者"就可以借助这个身份来指责对方，而不去反思自己的过错。

当前这种逃避自身责任的社会趋势来源于人们对社会不公（如种族歧视）、身体或精神暴行（如虐童和强奸）的合法拒绝。然而不幸的是，社会情感的主要进步往往都被那些看不清事实真相的人所利用，连约翰·泰勒都这样评价道：

> 起初本来是善意地去肯定那些之前被忽略的受害者的困境，可是最后这种做法却自成势头了。当大家都纷纷来区分不同种类的受害者时，律师和治疗师们都极力推崇人们愤世嫉俗地逃避个人责任……因为近几年人们花了许多精力去治疗一种叫作"责备受害者"的症状，人们很少关注另一种症状，这种症状叫作"不要责备我，我是受害者"。

我们面临的真正挑战是去肆意地责备自己和他人，而不论责备哪一方都只是一枚硬币的正反面而已。如果责任和责备在我们心里都融合在一起，我们就会本能地想要逃避责任。然而，自轻自贱式的责备与自我鼓励式的责任是完全不同的。停止自责会让我们更加冷静清醒地看清楚自己该如何对自己的选择和行为负责。只有那时我们才会变得更睿智、更强大；只有那时我们才会在情感和精神方面得到成长。

批判思维的积极影响

对于某些人来说，如果运用得当，对他人的批判也有一些积极作用。看到别人的缺点会让他们平等地看待自己，也会让他们发现自己确实是值得被爱的；合理的自责可以免去那些破坏性的自我批判，因为他们明白别人也不是十全十美的。在悉数列举别人真正的或想象中的缺点时，他们会更容易接受自己的缺点——尤其是每次遭受背叛，感觉自己尊严全无之后。有一位女士这样说到自己的感受："通过历数他的缺点，我明白了错不全在我，他也有责任。以往我只会一味责怪自己，但其实我们两个都有盲点。"

批判他人让我们学会将自己的信仰和价值观与别人的区分开来，让我们进一步认识自己，看清人与人之间的界限。此外，之前的一些背叛经历也会帮助我们看清对方身上的很多我们忽略了或看错了的特点。更确切的讲，这样的认识与

第二章 面对背叛的常见反应

其说是批判不如说是洞察。花时间去体会到底是什么让我们的爱情走向死亡，不单单会让我们更了解对方，也会更了解自己。

也许我们会发现自己曾经忽视了对方隐藏起来的敏感面；我们会发现原来对方从来没有真正关注过我们所关心的事情；我们会发现其实我们很久以前就已经放弃了这段关系。另外我们也有可能会意识到自己其实一直都在刻意忽略很多微妙的欺骗——小小的背叛，直到性的背叛最终将我们分开。虽然对于这些我们往往是后知后觉的，但是这些痛苦的认识却可以让我们在以后的恋爱当中受益匪浅。

批判思维的负面影响是会让我们变得自以为是，始终认为自己是正确的、正直的、光荣的。另外我们也可能会一味地坚持对他人的批判，以此来逃避自己的责任或者自我感觉更高尚一点。只有在指责对方的同时也不忘反省自己，我们才能做到吃一堑长一智。这样慢慢地我们就能够慧眼识人，而不只会贬低别人。

要想治疗背叛带来的伤痛，我们就要正确地向自己提问。什么可以帮助我们抚平伤口？我们必须从中吸取什么教训才能在以后的生活中减少遭受背叛的概率？我们如何能让自己在这样的经历中变得更成熟一些，以便做出更加明智的选择、学会有效沟通？是什么趋使我们在面对背叛时做出那样的反应？当我们一时冲动想要报复对方的时候，我们能不能做到三思而后行？

三思而后行

有些被抛弃的人特别容易陷入自己的第一反应而无法自拔，比如那些不堪羞辱、勃然大怒甚至自责不已的人。他们本来就认为自己缺乏魅力，而对方的背叛进一步证明了这一点。或者因为自己被别人残忍地抛弃，只有不断地发泄自己内心的敌意与愤怒，他们心里才能平衡一些。他们会把以牙还牙的报复行为当作是"关心自己"的做法。甚至会认为报复对方是为了"给他们一个教训"，而且把对他人的辱骂当成是"实话实说"。

我再次强调一下，这样的反应并不是错误的，也不应该受到谴责。这只是正常的伤心过程；这是学会接受并找到解决办法的必经之路。然而，如果我们过分沉溺于这样的反应而不愿深入思考，我们就很难走出痛苦，并从中吸取教训。

那些深感耻辱的人会把自己看得一无是处，以此来得到一些心理满足，他们会通过自暴自弃来换取一些扭曲的心理慰藉。

还有的人会对背叛自己的那个人大发雷霆、肆意辱骂，借此找到些许心理平衡。他们会对自己说："是他/她先对不起我的，我是忠贞不二的，我是全心全意来对待我们的婚姻的！"这些人认为自己是诚心诚意、值得信赖又成熟稳重的，但是背叛了他们的那个人却是卑鄙无耻、不可信赖且幼稚可笑的。

你可能见过一些人，在离婚或分手多年以后，每次提起之前的那个人时，感觉一切都发生在昨天似的。他们的生活一直停滞不前，令人惋惜。他们的心依然停留在过去，因此而背叛了自己，从此不能让自己找到更美好的爱情，得到更多的快乐和智慧。

认为自己是无辜而正直的那一方会让我们得到一点安慰，但是在莎士比亚戏剧《尤利乌斯·凯撒》当中，凯撒的妻子凯尔弗妮娅提醒他说："自信会蒙蔽你的慧眼。"我们的自以为是和目光短浅会阻止我们看清事实真相，而一味坚持自己的傲慢自大。

不去追究谁对谁错、孰是孰非，我们才能得到更深层次的成长。毕竟，就算我们是对的，我们还是会伤心。即使我们是无辜受害，如果一直活在怨恨当中，活在过去的阴影里，还要自欺欺人地说"我很好"，我们就仍然是那个备受折磨的人。

我们到底正确与否已经无关紧要。如果我们固执地坚持自己的想法，就像抓住救命稻草不敢松手一样以此来寻求心灵庇护的话，我们就会陷入一种思维怪圈，很难走出伤痛的过去，并走向成熟。作为正确而无辜的一方没有太大意义，只有正确地去探究问题,去认识自己,去发现真相,才能真正帮助我们摆脱痛苦,并吸取教训。

很多时候,我们都是那个受伤的人。生活有时看起来很不公平,即使如此我们也要学会拥抱伤痛,学会反省自己,在承受痛苦的同时也要学会总结得失。只有这样做才是更有意义的;只有这样做我们才能重拾自尊、缓解伤痛并且去迎接更为美好、更加可靠的爱情。

第三章

是什么决定了我们的常见反应？

没有人教过我们受伤以后该作何反应，才能安放好自己的心……我们学会了如何把自己从痛苦中抽离出来……我们与之保持一定的距离，并尽力去控制我们所不能接受的事实……有什么办法可以让我去善待那痛苦难耐的心情？

——Peter Campbell 与 Edwin McMahon

从背叛的痛苦中恢复过来之前，我们往往会经受打击、忍受耻辱、情绪低落、大发雷霆，同时不忘大肆地谴责对方，这些都属于常见表现。不幸的是，很多人会沉溺于其中而无法自拔。他们会躲在自己阴郁情绪的角落里，带着自己对事实的曲解，独自承受这种错误想法带来的痛苦。那些大发雷霆的人会认为自己的遭遇进一步证明了男人或女人都是不可信的；那些感到备受耻辱、万般失落的人会认为自己陷入了绝望的漩涡："再也不会找到真爱了。"

面对背叛，如果我们囿于上述的常见反应，我们就无法体会自己内心的潜在感受。对于未知的经历，我们选择逃避，可是如果我们想要真正抚平伤口、变得成熟，这个过程是我们必须要经历的。逃避就是拒绝一条未知的路。我们永远不知道前面的路通往何方，那里是否是我们想去的地方。一朝被蛇咬，十年怕井绳，我们更愿意躲在眼前的那扇看得见的安全门后面，但事实是只要我们再小心翼翼地向前走上几步，只要几步，我们就会看到所有的阴霾骤然消失，前方道路开阔，通向光明的未来。

为了从背叛的阴影中走出来，我们必须要明白到底是什

第三章 是什么决定了我们的常见反应？

么决定着、甚至驱使着我们做出那些反应。是什么驱使我们寻求报复？是什么让我们陷入耻辱的漩涡？是什么让我们一味地指责对方的过错？我们还能让生活回到正常的轨道上吗？我们还能在对的时间爱上一个对的人，而不会因为放弃生活、放弃爱情而背叛自己吗？

在遭受背叛的那一刹那，我们的反应往往是伤己又伤人的，而导致这些反应的因素是非常复杂的。我要重点讨论的因素包括：不现实的期待与浪漫的幻想、不愿面对的伤心和痛苦、害怕被抛弃以及失败的耻辱。第一大类涉及到一些认知性的因素——让我们的情感发生扭曲、行为发生改变的信念。其他几大类则与情感因素息息相关——在我们失去理智时左右着我们的那些情绪。

不现实的期待与浪漫的幻想

将个人信仰从外界文化强加给我们的信仰中分离出来犹如显微手术一样，是一项十分精细的任务。多年来我们与父母老师在一起时慢慢形成、慢慢内化的思想和价值观会成为我们内心"浑然天成"的一部分。

任何文化背景下长大的孩子都会受到这种文化适应与渗透的影响。在电视里我们会惊讶地看到，有些欠发达国家的孩子与生俱来的较强适应性让他们置身于狂热的民族主义游行当中，同时高唱政治歌曲来拥护他们的领袖。同样，我们的孩子也会受到他们所处社会的影响，只是不那么明显而已。

孩子通过与社会接触来形成自我意识。对于人类来说，再没有别的途径来形成最初的自我感。最终内化到我们思想里的大多数是令人费解的文化标准，以及让我们不断寻求被认可、寻求被爱的那些浪漫幻想。追求扭曲的爱情最终得到的只有痛苦和困惑。现实一点去寻找可能实现的目标才能让我们的生活更丰富、更圆满。

更难的一种生活艺术就是要不断地去评估我们的期待有没有超出合理的追求范围，有没有低估任何可能性的存在。过高的期待只会让我们在残酷的现实面前摔得头破血流，而期待过低又会让我们失去太多个人乐趣与幸福感。

在我看来，从中世纪的欧洲流行开来的浪漫爱情形式比起之前那1000年的想法是一种革命性的进步。原先个人的配偶都是由长辈来选择，婚姻就是一种责任和义务，而不是来满足个人的喜好。但是这次思想的进步也带来了很多扭曲现实的童话故事以及一些不切实际的幻想。当然这种想法可以激发人们的想象力，但同时也让我们的内心充满了各种异想天开、华而不实的期望。

从积极的一面来看，堂吉诃德式的神话和浪漫的幻想唤醒了我们对情色乐趣、崇高爱情的追求，并且开始努力让自己得到更深层次的满足。但是在我们的文化里，浪漫爱情总是以一种扭曲的、不现实的方式表现出来（不用奋斗、不用工作、没有痛苦），这让我们对爱情有了过高的、不切实际的期待。所以当我们囫囵吞枣、不分粗细地将迪斯尼式的童话统统套在自己的生活里面时，并没有意识到那些童话故事只是用来启发我们，给我们一些引导——它们只给我们提供了一点可能性而不是一张命运详解图，因此我们就会过分天真地认为得到一份美好的感情是一件很简单的事情。

在被这类童话故事曲解了的浪漫主义思想中，有一种观念就是在一生当中我们只会深深地爱上一个人，一旦与这个人结为夫妻，从此以后我们便会得到幸福。这种思想误导了我们，让我们以为只要找到那个对的人，就能走出苦海，得到幸福，而不是为自己、为了彼此之间的感情做一些正确的事情。或者我们还会认为如果一个人真心地爱着我们，他/她就会义不容辞地满足我们所有的需求，不管他们心里是怎么想的。如果我们总是在不断描绘着一幅浪漫简单爱情的美好画面，我们就会认为生气伤心就会让感情走向结束，而不懂得如何从痛苦和冲突中加深对自己和对方的了解，进而增进彼此的感情。

当我们对于浪漫爱情的追求不能得到满足时，背叛就成为了一种常见的反应。当凯蒂的婚姻状况进一步恶化的时候，她企图通过婚外情来得到浪漫拯救。她深深地爱上了另一个男人，在她看来这个男人是真心在乎她的，远胜于对她漠不关心的丈夫。但后来她慢慢发现,他们在一起只是为了得到身体上的愉悦。回想当初,她终于明白:"我那时就是在追求一种童话般的爱情,希望有一个人来关心我、照顾我。如果有一位白马王子对我说,'一切交给我来处理,你只管坐在那里,做一位美丽高贵的公主。'这是一件多么美好的事情啊!那个时候的我就是想找到那么一个人将我救出苦海,用他温柔的臂膀来为我遮风挡雨。"

看清童话终究只是童话是一回事,而放弃对爱情童话的追求则是另一件极难做到的事情。就像玩偶盒里的小丑一样,这些童话般的幻想总是会在不经意间探头出来诱惑着你。要想消除这些根深蒂固的观念,我们就应要求自己认清现实。然后我们就可以逐渐战胜这些思想,并用其他更加正确的想法来代替这些不切实际的幻想;那样或许我们心里会不太舒服,但是我们却会因此做好准备而走向那条坎坷的爱情之路。

纠正我们的浪漫主义思想

我们必须要用发自内心的深刻认识来代替那些不合时宜的假设,才能与别人建立真正有意义的爱情关系。比如,那些追求个人成长的人们认识到要想建立亲密关系,就必须学会表达自己的情感、接受彼此的不同之处,并且进行有效沟通。这样的目标至关重要,尽管过一段时间以后,它们就会显得很平淡。但是对于我们来说,从"知道"到真正"懂得"这些

第三章 是什么决定了我们的常见反应？

仍然是一个艰巨的任务，我们必须从身体到灵魂都完全体会到这一道理的价值，就像诗人叶芝所说的："用脊骨来思考。"

我们也许明白成熟的爱情可以抵挡负面情绪的影响；我们也许认识到表达自己的情感和需求对于双方关系的健康发展是至关重要的；我们也许发现自己应该尊重对方的感受、需求以及他们的底线。但是当我们被来源于浪漫幻想和过高期待的强烈欲望和情感冲动所驱使时，这一切听起来都如官样文章，毫无意义。我经常听到那些曾经失去理智的人这样讲："我那时简直不顾一切，整个人处于完全失控的状态。我陷得太深了。"

思想指导行为。当现实与我们内心根深蒂固的那种完美爱情形象不能吻合的时候，美好的浪漫幻象和不切实际的期待会让我们很容易背叛自己的另一半。当现实的日常生活未能展现出我们幻想中的诱人画面时，我们就剩两条路可走了：要么重新评估我们的思想，要么就像包法利夫人说的那样背叛你的另一半，然后继续寻找童话故事里的"完美"伴侣。不幸的是，我们当中的大多数都会选择后一条路，从一个爱情战场转战到另一个爱情战场，却根本不知道该如何去建立一种深厚而持久的亲密关系。

如我们真的想改变的话，仅仅去重新评估我们的思想观念是不够的。巨大的情感负荷已经融入到我们的浪漫主义思想当中，可是二者的"合金"仍然不是什么"可锻之金"。过去受过的伤害,以及由此带来的极大恐惧都会让我们那些不切实际的期待死灰复燃。在年少时,如果我们从来没有从别人那里得到足够的对自己的肯定,那么在之前的感情经历当中,我们也不可能体会到那种被认可、被喜爱的感觉。这样我们就很可能会期待拥有完美的、不惜为我们付出一切的母亲或父亲,因为这恰恰是我们所缺少的,而公主或王子般的感觉就会让我们觉得自己的确是独一无二、应该被珍惜的。

一旦我们发现了某个令我们心动的人,我们会时刻保持警醒,试图找到任何蛛丝马迹来证明这个人(或任何人)是不可靠而且也不容易理解的。当然,不管我们愿不愿意支持和理解别人都与我们曾经受过的伤以及那颗被忽略的孤芳自赏的心没有关系。但是现在的重点是当别人不能给予我们童话般完美爱情时,我们就会拒绝他们。

要想继续正常生活,我们就要勇于承认自己的恐惧,重新评估自己的思想,可能我们还要哀悼一下我们在童年时期因为信任缺失和关爱不足而失去的一切。否则我们将永远不能从痛苦的过去走出来,而总想从另一半身上得到父爱或者母爱,或者不知不觉地要求对方来扮演一个他或她根本不愿意扮演的角色,结果必然是令人失望的。当那个不可避免的结局最终到来时——当我们的希望破灭的时候,我们就会觉得对方背叛了我们,同时也会促使我们通过背叛来报复他们。而事实上,遭到背叛的仅仅是我们的恐惧和扭曲了的幻想。

我们当中的大多数都会「选择」
从一个爱情战场转战到另一个爱情战场
却根本不知道
该如何去建立
一种深厚而持久的「亲密关系」

由此而产生的失望会让我们更深刻地去认识现实，并且学会用我们企图从别人身上得到的同情心和同理心来拥抱自己的伤心和痛苦。除非我们把伤心和失望当作进一步认识自己和生活的动力，否则我们还会重蹈覆辙，我们还会反复强化那个错误的想法——我们总是那个不被疼爱的人。

不愿面对的伤心和痛苦

当我们被自己的另一半背叛的时候，对自己受伤的内心置之不理就相当于又一次的背叛。有时我们需要从伤痛的潮水中暂时抽离出来，但是有时我们必须接受自己的伤痛，如果我们真的想从背叛的阴影中走出来的话。

我们当中的很多人会发现让自己从痛苦中振作起来要比主动去拥抱痛苦来得更容易些。我们更倾向于指责别人的过失来逃避自己的痛苦，而不是以一种负责任的态度来面对自己的伤痛，并真正去抚慰那颗受伤的心。找出对方的错误总比分析自己的不足要来得痛快。粗暴地揭露对方的短处总比细心地为自己疗伤来得更方便。因为我们总是希望通过外部手段来得到心理安慰，所以根本无暇去关注自己内心真正的痛楚；我们的注意力全部都放到了别人身上，而从没想到来关注一下自己。与此同时，因为我们从来都不去理会自己那颗受伤的心，所以伤口不断恶化，我们的痛苦也与日俱增。就像我的一位患者所说的那样："我想尽一切办法来让自己忘记痛苦，但是痛苦却时时刻刻都在那里。我想是该去面对它的时候了。"

对伤痛的恐惧

遭受背叛难免伤心，这样的陈词滥调谁都懂，但是知道我们伤心了和允许自己去品尝所有伤心的苦楚是截然不同的。因为害怕面对因伤口一层层剥开而带来的痛苦，我们会努力去找到各种逃避的理由，或者想尽一切办法去分散自己的注意力。我们可能会屈从于这样的结局，我们也可能会通过仇恨来战胜自己内心的痛苦，就像作家詹姆斯·鲍尔温所说的那样："在我看来，人们之所以死死握住仇恨的利剑不肯松手，是因为一旦放弃仇恨，他们就必须要面对自己内心的痛苦。"

人们拒绝面对自己受伤的心往往出于很多原因。对于有些人来说，面对伤痛会让他们想起儿时经历的那些难言的痛苦和孤独。还有些人认为一旦他们放任自己去体会自己的伤痛，他们必将泪流不止，甚至会疯掉。他们认为体验伤痛实在太痛苦了，那种痛苦足以彻底击垮他们。但事实上，如果他们想要释放自己内心的痛，就必须去接受和体会自己曾受过的伤；往更远了说，如果他们想要再次接受别人的爱，再次去信任别人的话，这是一个必须经历的过程。

我从来没见过一个人是因为正视自己的伤痛而疯掉的。相反我倒是遇到过很多人因为无法去感受内心的焦灼而深受影响。这些人因为逃避自己内心的伤痛而长期处于愤怒、自大、愁苦或抑郁的状态，可是不管怎么压制，那样的伤痛终究是挥之不去的。

还有一些人则认为感受自己的痛苦无异于自虐。尤其是男性，他们认为这种做法很变态。我经常听到一些男性来访者说："你说什么？让我去体会受伤的感觉？简直就是笑话！"他们选择让自己的心变得冷漠、固执，时刻用愤怒武装自己。另外一种人则会用积极思维以及肯定自己来体验痛苦。虽然这样的做法有时也会起到一些作用，但是如果我们不能同时去面对自己的真实感受的话，我们就永远触碰不到那个真正的自己。

有些人会错误地认为伤心就等于抑郁。事实上，抑郁和体验内心汹涌而来的痛苦与伤心是截然不同的。抑郁是因为没有任何感觉、对生活的态度变得麻木、灵魂开始枯萎。

让自己去体会所有的痛楚其实会让你的心情慢慢好起来。贝丝的前任伴侣抛弃了她而选择了一位比她更年轻的女子，当她勇敢面对自己的痛苦时，她发现："沉浸在令人窒息的痛苦之中我反而有一丝快感。我知道我是真的活过来了。我没有掩盖任何情绪。痛苦来得越猛烈，重生的感觉越强烈。"

自怜与自哀

有些伤心至极的人觉得任由悲伤的情绪蔓延而来只会让他们"为自己感到难过"。躲在扭曲的骄傲背后,他们坚持说自己不想"陷入"痛苦的泥沼。于是他们对自己的伤痛置之不理,自欺欺人地认为自己已经走出了痛苦。当然,痛苦并未结束,也从未离开。他们根本不明白由"背叛"这把利剑深深刺痛的心并不是过段时间就能自动愈合的。

自怜与自哀是截然不同的两种概念。自哀是为自己感到伤心,而自怜却是在伤心的同时也去疼惜自己;自哀是置身事外冷眼旁观自己的悲惨处境,而自怜则是深入内心拥抱自己的悲伤——悲伤也是生活的一部分;自哀会让我们陷入绝望的深渊,而对我们的悲伤表示怜爱与同情会让我们走出痛苦,最终让我们得到拯救。

总之,自哀让我们以恐惧和评判的姿态拒绝痛苦,但自怜却让我们用爱来拥抱痛苦。

我们为什么要逃避自己的伤痛

有些人会因为不想与其他人不一样而逃避自己的悲伤。他们认为全世界除了自己都沉浸在成功的喜悦之中,生活充满了幸福的阳光。而事实上,大多数人都习惯于隐藏自己的过错、烦恼和不满,认为软弱和伤心都是不光彩的,会让人觉得他们不够完美。他们告诉自己"要把这些不完美的地方都剔除出去"。他们想尽一切办法来逃避痛苦与不适，并且不让任何人察觉出来。

当然，如果我们觉得伤心很丢人的话，我们就不会去理会心头的伤口。为自己的痛苦负责和对自己的伤痛做出回应是两码事。如果我们仅仅认为自己当初太愚蠢，所以要为之负责的话，我们就真的封闭了自己的情感，因为那样的心理负担是难以承受的。我们也许还会选择大肆指责别人来推卸自己的责任。拥有足够的力量和理智来放弃自责可以让我们认识并接受自己的痛苦，而不需责己怨人。接受了自己的痛苦，我们就可以做真正的自己。

可能在我们的文化里，男人更喜欢隐藏自己的伤痛。经历了分手的巨大打击之后，我经常听到女性一方会说："他好像什么事儿都没有发生似的。我想跟他谈谈，让大家心里好受一点，但是他却说自己已经想开了！"

还有些伤心男子为了减轻自己内心的痛苦，会不惜一切恳求对方和好，而另一些则会更愿意像女性一方一样让自己去体验那种撕心裂肺的痛苦。

所有"现实的"男性和女性都认为体验受伤的感觉不会为他们带来任何积极影响。他们满心怀疑地问："感受痛苦有什么好处？"他们固执地认为伤痛终究是伤，他们会坚决抵制这种感觉。他们会通过做很多"更有意义的事情"来分散自己的精力，比如工作、个人爱好、电视剧。一方面他们要让自己尽力不去关注自己的痛苦，另一方面他们又会劝自己"笑对"新生活，或者"去看阳光的一面"。有的时候，我们可能需要从永不止息的痛苦中得到些许安慰，但是当逃避和否认成为一种习惯时，我们就背叛了自己。

有些人会出于傲慢与固执而逃避背叛的伤痛："我才不会如他所愿，让他知道我很伤心呢！"他们企图通过掩藏自己的痛苦来让别人不好受，可最终只会让自己更孤独、更难受，甚至那种久被压抑的痛也变成了一种模糊的麻木。

转移痛苦

很多人会因为自己在过去受伤太深而不敢再让那种痛苦的感觉浮出水面。儿时因为哭泣而被老师惩罚、因为软弱而被老师嘲笑，那时体验的痛苦是他们无从选择的。然而后来他们没有去通过勇敢地面对自己的伤痛来找到新的力量，开始新的生活；反而习惯于怨天尤人。

这样的人迟早有一天会将心底的怨恨爆发出来以报复世界，或者确切地说是通过伤害那些无辜的人来报复整个世界。长期以来他们对自己内心的痛苦置之不理，正是这些痛苦点燃了他们的怒火，并一路烧向那些无辜的受害者。他们没有意识到，通过伤害别人，自己不愿意面对的痛苦都在不知不觉中转嫁到了别人身上。

客体关系治疗师把这种动力称之为投射性认同,在它的驱使下,人们会下意识地把自己不喜欢的情感转移给别人。就像心理治疗师谢尔登·卡什丹所说的那样:"那些有投射行为的人根本没有意识到,其实那些无辜的受害者已经变成了他们的出气筒。他们在强迫别人扮演他们心中的那个真正的自己、让他们跟他一样来承受痛苦。"这样的人会引诱别人也来体验自己所厌恶和害怕的情感。如果他们继续指责别人、埋怨别人,让别人承受自己不想承受的一切,而不是选择接受并拥抱那些让自己极度害怕的伤痛,他们就永远不能真正成熟起来。

如果这类让痛苦蔓延的背叛反应可以得到妥善处理的话,我们就不需要去考虑伤害所带来的变革性的力量了。当我们让自己放手去体会一些伤痛,我们就可能会从伤痛的深处发现一颗熠熠生辉的珍珠。

害怕被抛弃

另外一个趋使我们对背叛做出某些反应的因素就是在我们的潜意识里都害怕被抛弃。被抛弃就意味着被放弃、被甩了;意味着整个世界只剩下自己一个人,徘徊在孤独与空虚之间。这种对孤独的恐惧类似于我们对失望的恐惧,当我们即将离世时,或者在某些不可名状的情况下,我们的内心就会产生

第三章 是什么决定了我们的常见反应?

这样的恐惧。

对于每一个无助的婴儿来说,他们最害怕的就是被抛弃。在妈妈长时间的陪伴和关爱下,他们意识到自己在这个世界上并不是孤独的,然后这样的恐惧感才会慢慢平息。如果婴儿在饿的时候有人喂,受惊的时候有人爱抚,困的时候有人哄他们睡觉,他们会觉得整个世界变得友好起来。当婴儿感受到妈妈的不离不弃时,他们就会觉得世界是安全的,然后才会开始相信世界。

如果我们没有在婴儿时期得到足够的行动上的安慰,我们就搞不清楚自己的价值和需求是什么。当我们开始怀疑自己的价值和是否被爱时,成人之间的关系就会遇到麻烦。当我们开始一段感情,并且开始体验自己一直都渴望拥有的那种被认可的感觉时,我们就会异常害怕被抛弃或者被背叛。

背叛和抛弃是两个相互关联的概念,但是二者的含义却有细微的区别。背叛是对信任的破坏。当别人背叛了我们的时候,我们对他们的信任也就荡然无存。而抛弃的含义要更广义一些。就算没有背叛,我们也可能遭到抛弃。比如,一个朋友决定搬到另一个州去。再比如,当一个男人发现自己的另一半与别人发生关系,他就会有一种被抛弃的感觉,即使当初他们说好不遵守一夫一妻制。在以上两种情况下,他们都因为深感被抛弃而伤心,但是这里却没有背叛也没有食言。

敌对和愤怒的情绪都是我们遭受背叛时做出的常见反应，但是这种反应的产生在某种程度上是因为我们害怕被抛弃、害怕孤独。比如，我们大发雷霆可能是为了让对方继续留在我们身边，或者是出于害怕被抛弃。通过认识这种恐惧带来的影响，我们可以更好地了解自己内心真正的想法是什么。然后我们就会去应对自己最重要的对孤独的恐惧，而不是让自己迷失在一些没有多大意义的对背叛的各种疯狂反应中无法自拔。

我们之所以总是企图用欺骗和各种操纵手段来控制别人，就是出于对孤独的恐惧。比如，我们会通过秘密的"信任小测验"来检验别人对我们是否是真心的，或者我们还会阴谋设计别人，让他们完全依赖我们。就好比一个男人会鼓励他的另一半把工作辞掉，或者他保留决定权，经常批评女方，这样就会给女方一种先入为主的印象：事事都要先征得他的同意。另外女性也可能在自己没心情的时候提出与男方做爱，或者避而不谈可能与他相反的意见，以此来讨好对方。这种因为害怕被抛弃而产生的种种欺骗和操纵行为会慢慢地减少信任而增加矛盾，最终就可能会导致背叛。

失败的耻辱

人们倾向于把失败和痛苦联系在一起，这也是我们会尽

第三章 是什么决定了我们的常见反应？

力减少受伤、拒绝痛苦的一个主要原因。当别人背叛我们以后，我们就会认为自己很失败、不够优秀。尼尔是一名典型的成功男士，但是当妻子离开他以后，他说："我很难接受那种失败的感觉，我不敢相信婚姻居然被我搞砸了。我不想就此结束，可是我束手无策。"在他通往成功的事业道路上，他曾经遇到过很多挑战，他一路披荆斩棘过来了；可婚姻的问题却让他无能为力，这一点让他很难接受。

如果我们总是把背叛的痛苦和失败联系在一起的话，我们很难去体会我们的痛苦。我们会产生一种扭曲的想法：如果我们可以消除痛苦，那么我们就不是真正意义上的失败者。然后，我们就会百般抱怨、寻找各种借口，甚至变得刻薄孤僻，而不是去真正地面对我们那颗失望的心。

当背叛让我们的自我价值发生动摇时，失败的耻辱感就会让我们瞬间变得软弱无力。我们可能无法将耻辱看成每个人身上都有的正常心理。我们可能会认为感到耻辱是不对的，或者我们担心一旦让那种受辱的感觉蔓延开来，我们就会永远困于其中而走不出来。在我们看来，一旦卸下防备，让耻辱的感觉如洪水般袭来，我们必将崩溃。但是假如我们允许自己去体验这种耻辱感，而不会为我们所受的耻辱感到丢人的话，我们就能用这样的情绪来进一步丰富我们的自我感觉。这会让我们感觉自己更完整、更安全，就像一位来访者所说的那样："慢慢的我觉得感受耻辱、感受恐惧以及感受自己的痛苦都变成了自然而然的事情,我明白自己只是一个普通人。我变得越来越坚强,但是那种让我内心强大的力量与我之前想象的并不相同。"

当我们总是认为自己应该有能力掌控一些事情的时候,耻辱感和恐惧感就会挥之不去;但是生活却不断地让我们明白有些事情是我们无法掌控的。如果事与愿违,我们还是一意孤行地想去控制局势就等于自取其辱了。安妮·威尔森·谢弗曾说:"当我们认为我们有能力也有理由去控制世界的时候,现实就会告诉我们一个相反的答案,这时我们就会尝到失败的滋味。"

如果我们可以慢慢意识到感情或事业的失败并不代表我们就是失败者,而只是通过一些惨痛的教训让我们变得更睿智,进而取得更大的成功,这时我们的心就将得到解脱了。就像破产往往是创业成功前的常见步骤一样,离婚也可以让我们找到另一段更美好的感情。

让自己体验耻辱和失败的感觉没什么见不得人的。就算我们失败了,我们也不是一个失败者。我的办公室有一块铭牌,上面写着:"如果你认为人们是通过成功走向成功的话就大错特错了,他们往往都是走出失败才获得成功的。"艺术家尼古拉德斯告诉我们:"早一天犯下你人生中的前5000个错误,你就可以早一天改正它们。"如果我们可以早一天停止妄自菲薄,早一天让自己摆脱耻辱和痛苦的纠缠,我们就会早一天走出

第三章 是什么决定了我们的常见反应?

背叛的阴影。如果我们能够学会接受自己的悲伤和痛苦,这样的心情终究有一天都会过去,但是我们的心会变得更轻松,我们的心智会更成熟,这样我们才能做出更理智的选择。

第四章 善待我们的悲伤

你能承受多少痛苦,就能得到多少快乐……当你悲伤时,请再次审视你的心,你会发现曾经让你痛苦的,已经变成了你的快乐。

——Kahlil Gibran

很多人都会去努力避免一些不良情绪,因为过去的一些痛苦经历压得他们喘不过气来。恐惧太多了反而让他们感觉不到自己的恐惧,受伤太深了反而让他们意识不到自己早已被痛苦麻痹了神经。我经常听到来访者说:"我受的伤够多了!"从小到大经历了各种各样的伤害之后,他们再也不要让自己受伤了。因为那样会再次让他们想起曾经的无助与痛苦。

很多人拒绝承认自己的伤心和痛苦,而是给自己戴上一张很冷酷或很活泼,又或者时而冷酷时而活泼的假面。他们会强颜欢笑来掩饰内心的不悦。还有一些人则很少将自己的心情表露在外,除了参加周日足球赛或者买了一部新车,他们不会对任何事物表现出一丝热情。

如果我们成长的环境里面到处充斥的都是来自父母、兄妹、同伴或老师的各种嘲笑和羞辱,我们就会去努力抵制被嘲笑的羞辱、被拒绝的恐惧以及被批评、被控制的痛苦,通过抵制这一切,我们才能活下去。这种习惯在那时似乎是一种必要的武装,可是如果现在还继续这样的话,我们就永远都不能触碰到那个真实的自己。因为在我们不断地规避痛苦的时候，我们呈现给大家的就永远是一个不真实的自己，那个自己永远都在努力避免与别人发生直接或潜在的不愉快的接触；同时，我们也拒绝自己去体验由背叛带来的那种伤心和痛苦。

避免受伤的社会阴谋论

每个人只要活着就注定会受伤，可是当我们想尽一切办法去避免受伤时，我们的行为会降低我们对伤痛的敏感度。为了填补灵魂的空虚，我们往往会反应过度。我们通过酒精和药物带来的快感来代替内心的不悦；我们会在咖啡的刺激下保持一整天的兴奋状态；我们会通过从事其他活动来分散自己的注意力，比如，看电视、加班、买彩票或者炒股。更微妙的是，我们甚至会编织一套精密的思维来假想自己很棒、很重要、很正确，而别人都不值一提，以此来让自己感觉好受一些。

各种活动也好，刺激性的物质也罢，甚至包括假想其实都是在掩盖我们的痛苦，让痛苦更好承受一些而已。这些做法已经成为人们在现代生活中的普遍嗜好，这些嗜好看起来似乎很自然，因为几乎每一个人都认为在当今社会这样做事很正常，也是很有必要的。然而在这种假象的背后，我们依然在承受着情感的痛苦。看似聪明地避开了痛苦，实际上我们却为此付出了惨痛的代价，因为我们背叛了自己。

在这里我想对那些不愿意去感受痛苦的人们说：其实他们的选择很明了——长痛不如短痛。他们越早去拥抱自己的痛苦，就越早获得平静。越是拖着不去面对自己所受的伤，到最后伤口就会疼得越厉害。

心理治疗师玛吉·克莱恩对痛苦和煎熬做了一个很好的区分。在她看来，我们只有在真正面对痛苦的时候才能彻底释放痛苦；释放了痛苦，我们就可以去感受快乐。而长期的情感煎熬就是因为我们不去真正地面对我们的痛苦。这是一种自我折磨，因为我们逃避各种不舒服的感觉，而这些不舒服的感觉恰恰是我们在情感和精神成长过程中必须要经历的。总之，敞开心扉去接受我们的痛苦，最终会让我们摆脱痛苦；而逃避痛苦只能无限期地延长它。

妄想得到无忧无虑的生活

这个社会总是在给人们洗脑，让大家觉得自己生来就不应该受伤。这种想法很诱人，它为我们描绘了一种无忧无虑的生活。我们内心深处对于痛苦的恐惧（或关于遭受痛苦的耻辱）让我们更愿意相信世界上一定有治愈痛苦的良药。所以我们会服用阿司匹林或安眠药甚至更烈性的药物，可是与此同时我们也忽略了这种丰富情感所要表达的重要信息：活着是多么美好的事情。

第四章 善待我们的悲伤

医药公司每年都会投资上百亿美元用于研究新药,让人们摆脱"生命的痛苦"。他们甚至投资更多来让消费者们明白,当他们感到痛苦的时候,现代化学总有办法帮他们摆脱痛苦。这里并不是说我们不应该通过有选择地用药来减轻人类的痛苦,我只是想揭露一个文化上的心理现象,在这种心理的趋势下,每次在生活中遇到一点伤心事,我们就会冲进药店、酒行或者冲向冰箱,借以逃避。

这个社会一直在引导我们排斥生活里面本来就存在的那些痛苦,让我们以为任何不适都是不正常的、不必要的。于是我们就企图通过科技手段来消灭自然"赋予"我们的痛苦。我们在家里、办公室以及车里都装了空调,这样我们就不会觉得太热或太冷;我们在耗电量巨大的冰箱或冰柜内储存食物;我们会使用微波炉来立刻满足我们的食欲;我们依赖于汽车、飞机来穿行于世界各地;我们的后代甚至会为21世纪以前的人感到遗憾,因为他们那时既没有传真机,也没有自动门,更没有人造卫星可以让我们收看120多个娱乐频道。

我们企图去控制自己的痛苦,而不是利用痛苦去发现更深层次的自己或者去唤醒生命中某些需要被关注的部分,这样的心理让我们的灵魂发生了分裂。全球蔓延的用户至上主义就体现了这种空虚而破碎的生活状态。

舒适背后的代价

在我们一味地追求生活安逸时,往往会忽略自己将为此付出的长期成本。通过盲目追求舒适和便捷,我们正在迅速地毁灭这个世界。如果我们继续以这种唯我独尊的做法去掠夺和背叛而不是去善待大自然——我们破坏臭氧层、我们大量排放温室气体、我们任意砍伐热带雨林,最终我们会为自己无休止地追求快乐而逃避痛苦的欲望集体埋单。我们会因为拒绝面对自己的个人痛苦而承受更多折磨;同样,很多人(更不用说其他无辜的物种)也因为越来越多的富人们追求一时的舒适而丧命。

我们对纯粹的物质享受有多么依赖?我们对人造生活有多么依赖?这一点在停电时的抱怨声中就可见一斑。我们与贫穷国家之间有多么隔绝?或者说我们与周围穷人之间的隔膜有多么厚?而他们甚至也需要公益组织来消除痛苦。

当我们对自己的痛都变得麻木不仁的时候,又如何去怜悯别人的痛苦?如果我们始终想要征服或控制痛苦,我们永远都不会从痛苦中汲取到让我们成长的养分。

说这些不是劝我们去幽居茅屋、临河浣衣,也不是让我们去自找痛苦(因为不管你是否做好了准备,痛苦终究会找上门来),而是要让我们明白痛苦是生活的一部分,如果我们总是极端地想要消灭痛苦,最终失去的就是人性和同情心

第四章 善待我们的悲伤

（我会在稍后详细解释）。要想活着，要想去爱，就必须要面对痛苦。

当我们一再抵制身体传达给我们的信息时，身体就会以一种更激烈的方式把这种信息表达出来。当我们试图统治大自然的时候，最终会遭到它重重的反击。同样，当我们在盲目操纵自己的内心时，深藏于我们身体内部的那个大自然也会表示反抗。我们想尽一切办法去压制的个人痛苦最终都会无一例外再次浮出水面，让我们头疼、紧张，让我们一天天变得心力交瘁。

如果我们继续对动物的哀鸣充耳不闻、对植物的灭绝视而不见，就永远不能阻止生态灾难的到来；同样如果我们忽略了自己的痛苦，就永远不会明白到底是什么让我们这么不开心。一味地消灭痛苦只会阻止我们接受生活要我们明白的道理。即使我们想尽一切办法去消灭痛苦、抗拒现实，不管是让自己分散注意力还是百般抵制，痛苦的针尖终究会刺破一切赫然出现在我们眼前。

痛苦就是天性的召唤。当我们感到难过的时候，就说明有些东西需要引起我们的注意了。如果我们接受那些来自身体内部的声音，并学会去破解其中的深意，我们的生活就可以继续向前。我们可以走出背叛并让自己得到成长；我们可以从中获得更多智慧、从此去迎接更美好的爱情，但是要想做到这些，我们必须要去面对、去倾听。如果我们忽略了生活的声音进而背叛了自己,最终等待我们的将是它汹涌而来的报复。就像一位男士讲述的那样:"最后我不得不去真正审视自己。我无法再拖延下去了,因为我的生活质量正因此急速下降。"

消除对受伤的恐惧

面对生活中的伤心事,我们天生具有自我调节的能力。孩子对于别人的辱骂所做出的反应就是这种能力的很好例证。受到别人辱骂时,孩子天生的反应就是哭。他们通过这种生理正常反应释放了大量的痛苦,同时也可以得到大人的支持。我们中的很多人已经忘记如何去哭了,因此我们排解痛苦的能力也严重下降。

当我们对伤心和悲痛失去敏感时,我们并没有消除它们,我们只是将这样的负面情绪推到了内心的某个黑暗的角落,它们依然在那里慢慢发酵。有时候,这些情绪看起来好像已经被遏制了,但事实是,就像有毒废料终究会泄漏一样,堆积在身体里面的"情绪垃圾"终有一天也会喷涌而出。

强忍悲痛所带来的负面影响

压制负面情绪会让我们的内心发生混乱,进而导致情感疏离、强颜欢笑、精神紧张、易怒、焦虑、抑郁甚至会产生

第四章 善待我们的悲伤

敌对心理。这些症状会让我们与别人的关系变得紧张。当我们试图让自己远离负面情绪时，恐惧与焦虑也会随之产生；但是我们通常不会注意到这种情绪的存在，可是它却会干扰到我们身边的人。尽管有些人不知道我们情绪紧张，但是跟我们在一起时，他们总是会感到不舒服，这正是因为我们的整个内心都是支离破碎的。正是我们拒绝面对的痛苦在不断地控制和影响着我们。

另一种由压抑痛苦带来的负面影响就是我们可能在不知不觉中让身体患上某种疾病。研究表明，如果悲伤的情绪因受到压抑而不能通过哭泣来得以释放的话，这些情绪就会演变成一些与压力有关的疾病，比如，结肠炎、溃疡、高血压。生化分析结果表明，哭泣是情感压力的化学释放。当我们哭的时候，身体会释放出一种名为亮氨酸脑啡肽的化学物质，这是大脑在缓解痛苦时会合成的一种天然镇静剂。

关注悲伤让我们获得安慰和力量

今天我在这里告诉人们受伤没什么大不了的，这种说法几乎有些反社会了。很多人会问，如果可以避免，我为什么要让自己受伤？我为什么要明知会受伤而不去避免？为什么要让别人在伤害了我之后转身离去？

走出背叛的关键就是要让自己去体会那些我们一直都在刻意回避的痛苦。内心的痛苦需要我们去关注它，这种关注就是心理治疗师彼得·坎贝尔与天主教神父麦克马洪所说的"关爱的感觉"。就像一个受伤的小孩需要关心一样，我们那颗受伤的心和纠结的胃也需要我们给予关爱才能慢慢恢复，这种关爱就是持续的、温柔的、不带任何批判的关注。

正视自己的悲伤会让我们对自己和别人的认识发生一种微妙但巨大的变化。当我们脆弱的心开始解冻时，我们就会感受到自己或悲或喜的内心世界。当我们不再排斥自己的悲伤时，起初动荡不安的心境也会随之慢慢平静下来。

如果我们的生活始终被受伤的恐惧环绕着，我们就永远都不能拥有真正的自尊与自主。当我们消除这种恐惧的时候，我们的生活就会变得更加和谐；我们的内心会更加平和，不再像原来那样时时防备。因为内心对于受伤的恐惧减少了，我们会发现别人对我们造成的干扰也少了。

当我们知道如何去拥抱悲伤时，悲伤就不能再刺痛我们了。当一个受伤的小孩被一双关爱的手臂紧紧抱着的时候，他会慢慢停止哭泣；当我们关爱并理解自己的时候，悲伤也会慢慢消失。我们的内心会慢慢变得平静并充满活力，那是一种由内而外的平和；在我们接受了自己无法掌控的事实之后，我们会更真切地体会到这种平和。再多悲伤也不会对我们造成巨大困扰，因为我们明白悲伤不是要摧毁我们，而是要让我们变得更坚强，让我们用一颗更加开放的心去感受生活。

第四章　善待我们的悲伤

发现悲伤和痛苦的意义

当我们开始关注痛苦的本质时，我们就会慢慢了解隐藏在其中的意义。只有当我们耐心地去关注痛苦时，我们才能体会到它特殊的意义。只有当痛苦真正受到热情的欢迎，它才会渐渐发出智慧的光芒，或者会让我们明白自己在上一段爱情当中到底失去了什么、忽略了什么。

当我们开始关注背叛的痛苦时，我们可能会触景生情，想起从前曾经失去的（这样的事情之前也发生过）。甚至连回忆一些快乐时光都是令人伤感的，因为一切都已成为过去（"我想念我们一起度过的每一个假期，想念我们在一起的每一个特殊时刻"）；我们会留恋每一寸亲热甜蜜的时光（"我好怀念和他温存的感觉，他是那样的柔情似水"）；我们会因为没有及时察觉彼此之间存在的问题而备感失望（"我真不敢相信自己当初居然没有意识到问题的严重性"）；我们会后悔自己没有更积极地与对方沟通，没有更加善解人意（"我以为我们一直都沟通得很好"）。当初以为真爱近在咫尺，到头来却发现自己被冷冷地欺骗或拒绝，想到这里伤感之情又油然而生。（"假如我那时就明白的话，一切就不会发生了；那时的生活多么美好呀！"）。曾经的我们是多么的亲密，而如今却不得不分道扬镳，曾经的他/她是多么在乎我，如今却对我不闻不问甚至故意伤害，想到这些又会备感伤心。一位悲痛欲绝的来访者曾经这样说:"我们之间确实有很多问题,可是不管怎么说我们曾一起度过那么多日日夜夜。如今的她变得非常冷漠、处处算计。我真想知道她到底有没有爱过我。"在我们体会与自己有关的各种痛苦与悲伤时(有时一些在乎我们的人也会来分担我们的伤痛),我们就进一步将自己从背叛的悲痛中解放了出来。

生活要我们去充分品味人生的各种味道,既有胜利的甜美也有失望的苦楚。要想品尝爱的甜蜜,就要敢于体验伤的痛楚。当我们在追求爱与被爱的过程中受到挫折时,伤心是自然的。如果我们一味地压抑痛苦,我们就很难意识到自己也是需要付出和得到关爱的,我们就永远不会明白自己的灵魂是多么渴望与另一个灵魂拥有爱的交融。

悲伤能让我们更了解自己,并且让我们找到新的方向。明白了悲伤的特殊意义,我们也就知道自己到底需要得到什么才能快乐。除非我们懂得让悲伤和痛苦为我们带路,否则我们永远都找不到通往新生活的出口。

悲伤是自然的

一旦学会了体验悲伤和痛苦,我们也就放下了旧日的包袱;从此以后我们不用再效忠于过去;从此以后我们可以开始新的生活。与爱人离世给我们带来的痛苦相似,背叛带给我

第四章 善待我们的悲伤

们的悲伤只是身体的自然反应，它要我们学会放手、学会适应。因为失去，所以痛苦，不管这种失去对我们意味着什么，体会痛苦最终会让我们走出痛苦。当然抚平背叛的创伤是需要时间的，通常需要一年、两年或者更久，这主要取决于我们失去了多少，我们受过多少伤，我们是否有能力应对自己失去的一切，我们是否会因不必要的接触而反复受伤。

当我们所爱的人背叛了我们，生活将在一瞬间发生巨大改变，虽然我们不想改变。发现那个人是个骗子、发现那个人背信弃义、发现那个人抛弃了我们，这一切都会让我们痛不欲生。在电影《星际迷航》中，斯波克企图通过理智地接受现实来抚平伤口并适应新的生活，但是仅仅做到这一点是远远不够的。只有当我们用心去关注由背叛和失去带来的伤痛时，我们才能真正做到接受现实。

当我们开始设想接下来的生活会发生怎样的巨变时，心里便会产生各种情绪。其中恐惧会让我们体会到真实或假想的危险，而愤怒则会让我们去保护自己或采取行动。这些情绪都为我们适应接下来的变化做好了准备。

痛苦和悲伤更多的是情绪的宣泄。当我们去体验或者倾听这样的情绪时，我们就开始慢慢地摆脱痛苦而走出过去了。如果我们可以用一种关爱和理解的方式来体验我们所失去的一切和我们所承受的痛苦，我们就能学会接受现实，并开始崭新的生活。

个人和社会的进步都要求我们明白痛苦是一种自然的生理反应。如果我们不懂得如何有效排解因失去而带来的痛苦，我们将永远纠缠于过去，最终得到的仍然是失望与抛弃。

那样我们将失去向前的勇气，不敢向别人诉说我们的感受，不敢去争取我们想要的，也不敢付出全部的真心。我们不敢做真实的自己，而是把虚假的一面呈现给别人。我们不敢去继续寻找美好的爱情，而是委曲求全于眼前那份死水一般让人备受折磨的感情当中。我们宁愿让别人利用我们，甚至虐待我们，也不愿意去承受失恋带来的短暂痛苦。

除非我们能够用温暖和爱来抚平自己的伤口，进而从中得到成长；否则我们将永远都会不断地伤害自己也伤害别人，总是怨天尤人或者我们还会试图去改变别人，让他们服从我们的意愿。总之我们总是想着去主宰外部世界，而不去关注自己的内心世界。

专注：拥抱伤痛的一种方式

有很多方法可以引导我们去正确地去面对伤痛。其中由芝加哥大学的尤金·简德林发明的一种教育方法叫作专注法，这种方法是到目前为止我能找到的，可以帮助人们全面认识和接受自身感受的最直接也最有效的方法。专注法为我们提供了一个整体构架，支持我们去勇敢面对自己的忧虑、无名的恐惧、不确定的痛苦和悲伤，而事实上我们往往会通过某些自欺欺人的"积极态度"来逃避这些消极情绪。在专注法的指导下,我们不断练习专注于自己的真实感受,这样我们就不会总想着自责,总想着改变自己,而是慢慢地从一个新的角度和方向去看待问题;这之后我们就具备了发现真实自我的能力。

与我们通常用于解决问题的纯粹心理方法不同,我们通过专注法来培养一种开放的态度,这种态度正是冥想的核心所在。但是我们并不会低估也不会夸大我们所遇到的问题,我们会用温暖和关爱将它们"包围"起来。我们会问一些相关的问题,并让这些问题在我们的内心深处不断孵化,直到我们形成新的认识,找到新的慰藉或者明白新生活该如何开始。

更确切一点,我们会想象自己面对着一个受伤的小孩,以此来学会同情自己的伤痛。我们会尝试把手放在自己身上感觉到伤痛、悲哀以及恐惧的地方。或者我们还会有意识地提醒自己要去温柔地爱抚我们那颗受伤的心。

然而再有效的方法都有不足,它们并不是万灵丹药。它们只能帮助我们去认识问题。它们可以让我们明白如何让自己抚平伤口并得到成长,但却不能保证我们一定会做到。

那些帮助我们发现自己的真实感受、真正需求和根本动机的方法并不是灵丹妙药,在使用这些方法的同时,我们还需要鼓起勇气去拥抱那些真实的却可能会令你难过的内心感受。刚开始发现更多问题的真相时，我们会感到犹豫不安，因为这些真相可能会改变我们的现状。专注法可以在更加认清真相的基础上，引导我们重新找到内心的平衡。托马斯·莫尔在其畅销书《心灵的关怀》中鼓励我们通过滋养自己的心灵来增加日常生活的深刻性和精神性。他建议："到最后我们会发现所有的情绪，所有的人类活动以及生活的各个层面都源于我们神秘的心灵深处，因此这一切都是那么神圣。"专注法以一种温和而关爱的方式引导并提醒我们去感受我们面对不同的境遇而产生的各种感觉、情绪以及直觉。在内心深处建立一个"神圣空间"或"安全空间"来安放我们的悲伤和快乐，其实就是对心灵的关怀，我们所做的就是灵魂的工作。

当莱斯特的恋人与她分手之后，她感到很受伤也很迷茫。当我引导她慢慢去关注自己的伤痛——温柔地、真心实意地去关注自己的伤痛，她开始逐渐认识并接受了自己一直都在排斥的内心感受。她在自己的心里找到了一处温暖的空间来安放自己的悲伤，而不是一直告诉自己"从现在开始我要忘记这一切"或者"我才不会为他伤心"。她慢慢地找到了跟自己对话的勇气，并开始同情自己，"伤心难过都是正常的；我要勇于面对自己的痛苦，我知道再大的痛苦都不会将我击倒。"通过一次次地去拥抱自己的伤痛，她的眼泪慢慢舒缓了内心的痛苦。当她开始面对自己的真实感受时，她变得越来越坚强，越来越充满活力，内心也越来越平静了。

我们并不会低估也不会夸大所遇到的问题,会用温暖和关爱△△△△将它们"包围"起来。

独自一人从背叛的阴影中走出来是一件很困难的事情。为了让自己拥有更多的安全感,我们需要真正关心我们的人陪在身边,因为他们会同情我们,并且接受我们因为害怕而排斥的所有内心感受。背叛意味着我们受到了别人的伤害,这时我们需要其他人来分担我们的痛苦,而不是通过背叛自己——从此心门紧闭,发誓再也不要相信任何人,再也不会去爱任何人——来继续加深背叛的痛苦。向一位值得信任的、会用心聆听并且能理解我们的心理咨询师、精神导师或良师益友倾诉自己苦楚,会让我们保持更加人性的一面,同时也贴近现实生活。当我们感觉没那么孤独的时候,我们就会获得巨大的力量。我们从外界的支持和理解当中吸收了大量养分之后就能更好地把自己美好的愿望和高尚的想法付诸实践。

当我们可以用一种友好的方式来理解自己的时候,我们就开始用自我接受来代替自我批评了,而这一转变非常关键。从此以后我们就会慢慢接受自己本来的样子,我们开始明白受伤并不代表我们外表丑陋,并不代表我们有缺陷或者讨人嫌。当我们温柔地对待自己的伤痛时,内心潜藏的同情心就会被唤醒;当我们以这样更为实际的方式来爱自己时,我们的防备心理就会慢慢放松下来。我们会重新找回内心的平静,并逐渐抚平伤口、走出痛苦。

第四章 善待我们的悲伤

化悲痛为力量

当我们开始一点点感受自己的伤痛时，我们会对自己和别人充满同情；当我们更愿意面对自己的痛苦时，我们会变得更完整、更有爱，我们会变得更有人情味；我们会相信当我们去深切体会自己的伤痛时，生活就会呈现出新的方向。对于即将开始的新征程，我们要相信自己，相信生活，相信会有更多前进的力量。

愿意承受，我们才能抓住每一天让自己获得成长和快乐的机会；学会伤心，我们才能具备健康完整的灵魂；人类的整体进化需要我们理智地承担风险，要敢于创新，也勇于开拓。如果我们不愿意面对潜在的失败，我们就会因为害怕失望而错过新的机遇。就像一位患者说的那样："如果我不去冒险，也就不用承受失败，保持中立会更安全妥当一点。"当我们有足够的信心去体验伤心和痛苦而不会被它们击倒时，我们就为自己的成长打下了坚实的基础。

因为害怕失败，我们就会羞于全面地表达自己的想法；我们就会忽略那些潜藏于内心的感受与想法，因为我们害怕将其表达出来会遭到别人的谴责。我们蜷缩在自己的世界里，不敢把真实的自己全面展示出来，因此我们也错过了真正与别人进行深入交往的机会。因为害怕失败、害怕被拒绝，我们掩藏了自己那颗渴望与别人产生共鸣的心。

当我们愿意并且有能力去承受痛苦的时候，我们就能更加灵活自如地应对生活以及人与人之间的关系，相反，如果失去了这种能力，在失败面前我们就会变得不堪一击；当生活不如意时，我们会很容易崩溃；当我们接受自己的悲伤时，内心深处的痛苦也就得到了释放，保持了内心的柔软与灵活。

接受了悲伤就会释放痛苦。感受合理的痛苦就是放下痛苦。这样的伤心过程会让我们重新找回自尊，就算不能像从前那样坚强，也会让我们的内心变得充实、完整且充满活力。当我们明白即使被拒绝或者被抛弃，伤痛也不可能摧毁我们时，我们就会更乐意做一个真正的自己。

面对心魔的勇气

当汽车在冰面上失控打滑时，要想控制汽车就要将方向盘顺着打滑的方向转动。但是我们的第一反应往往是与之相反的，而那样只会让汽车打滑得更厉害。同样的道理，只有当我们顺着痛苦的方向，真实地去感受它的时候——既不夸大也不缩小，我们才能慢慢摆脱它的控制。当我们直面痛苦的魔鬼时，我们就会发现原来它并不是那么可怕，也没那么强大。然后我们便可以挣脱它的束缚，继续自己的正常生活。

我们当中的一些人本身也想去正视自己的痛苦，但是却很难做到。我们深受恐惧感与耻辱感的羁绊，很难真正迈出那一步。这个时候，找知心朋友或心理咨询师倾吐心里的苦

第四章 善待我们的悲伤

水就显得尤为有效。把自己的心事说出来可以帮助发泄内心的苦闷；有了别人的分担，痛苦就会减少很多。

一个关心我们的人会帮助我们发现真实的自己。此外，接受一些心理疏导，甚至参加一些体育活动都可以帮助我们卸下浑身的防备，学会逐渐面对各种不舒服的内心感受；但是最重要的是我们自己敢于持久地面对让自己害怕且并不熟悉的各种现实。

奇怪的是，我们越是不想面对背叛带来的痛苦，受伤的感觉就越是挥之不去。除非我们认清自己内心的潜在动机、不愿承认的痛苦感受以及各种毫无意义的想法，否则我们将永远重复着一种破坏性的生活，因为这些都会让我们的感情进一步恶化。从某种角度来说，生活希望我们善待自己的伤痛，并且从痛苦的经历中吸取教训，为我们日后的生活与爱情积累更多智慧。

如果我们可以用一种关爱和理解的方式去对待伤痛，那么我们所受的伤就会让我们的生活进入一种神圣的精神境界。有位女士在5年前经历过一次令她悲痛欲绝的背叛，之后她这样描述那段经历："在我与痛苦较量的过程中，丈夫的背叛一下子让我的思想上升了一个境界。他固然有他的问题，但是他也促成了我的蜕变。"在她最初经历背叛时，她十分气恼也痛苦万分。接下来的几个月她每晚只睡4个小时，整天以泪洗面。幸运的是，她愿意直面自己的痛苦，让伤口慢慢愈合，并最终明白:"原来分手是明智的选择。当我能够真正面对痛苦的时候,我的灵魂得到了一次意想不到的升华。"

拥抱痛苦可以让我们获得更多生命力,让我们找到新的力量源泉。当我们不容易受到痛苦的困扰时,我们就可以更加真实地活在这个世界上,无须使用谎言和伪装来阻止我们受到伤害。当痛苦不再是一种可怕的灾难时,我们就可以更加自信、更加自在地面对自己和他人了。从此以后我们可以抓住更多的机会,我们可以活得更勇敢、更坚定、更从容也更自信。

敞开心扉直面背叛的痛苦不会让你立刻摆脱痛苦。伤心和痛苦的感觉还是会时不时地搅乱我们的心境,比如在约会或者工作的时候。有一位非常缺乏耐性的男士这样描述自己被他的恋人背叛以后的感受:"我以为自己已经走出了背叛的痛苦,可是为什么痛苦还是会一次次卷土重来?"

如果伤口很深,我们就需要以一种循序渐进的方式让自己去接受并体验痛苦的滋味。当我们有信心和勇气去接受事实的时候,痛苦的感觉就会慢慢得到舒缓,我们就更能够接受真实的一切。

拥抱悲伤:找回快乐

愿意去面对并承受失去并不意味着我们就有能力去拥抱痛苦了。敢于面对失去只能说明当我们被拒绝时,我们有能力去解决这种问题并继续前进。但是如果我们连面对失去的勇气都没有,我们就会想尽办法去避开一切让自己遭受背叛的可能,殊不知我们同时避开的还有让生活更美好更快乐的机会。

奇怪的是,体验伤痛也会让我们找到一种满足感。去感受而不是去排斥真实的自己——这让我们感到舒服。当我们全面地接受痛苦时,我们会在苦涩中品尝到一丝甜意,这时我们就会明白,生活本来就是苦乐参半的。一位最终走出背叛痛苦的女士这样说:"苦尽,甘才会来。你能承受得了多大的痛苦,才能体会得到多大的快乐。"福兮祸所伏,祸兮福所倚,人生之路大抵如此。

拥抱痛苦:通往心灵

勇敢做自己是通向灵性境界的一种能力。我们让自己卸下防备、做一个率性的、多层次多维度的自己,而不是把自己装在世俗的套子里,这样我们才真正获得了精神上的成长。这种成长有时就是去品味生活的快乐,有时却要我们去体验自己的痛苦和悲伤。我们可以像孩子一样勇敢地尝试痛苦的滋味,并慢慢培养成人的智慧与洞察力。不管世事如何变迁,我们都可以优雅地随风轻舞。

"灵性"这个词在拉丁语里面的意思是"生命的气息"。真正的灵性与我们的生命力紧密相连，跃动的生命也让我们的灵性充满活力。不幸的是，几个世纪以来，很多宗教都把灵性与肉体区别对待，认为灵性是纯洁而美好的，而身体的愉悦却遭到怀疑甚至备受轻视。

我们当中很多看重灵性的人都坚持认为它是神圣而美好的，不应该掺杂任何情感的内容。有一位男士形象地描述了这种割裂的感觉："我一直认为拥有灵性，就是去除个人情感，远离时间的悲伤与痛苦。"如果我们总是将自己的情感与恐惧、耻辱以及痛苦割裂开来，那么我们不管付出多少努力都无法让内心获得持久的平静。敞开心扉去接受我们所受过的伤，接受这个世界的痛会让我们的灵魂得到升华，会拉近我们与其他人及其他生物之间的距离。

感受我们的个人情感不是要我们轻易表露自己的内心，也不是叫我们把情感当成个人成长的唯一目标。顺应情感的变化表明我们并不是在不经意间受到它们的影响和控制。当我们可以更加妥善地处理情感生活时——当我们可以承受情感的风浪时，情感的任何变化都不会像以前那样狂暴得令我们心神不宁。当一切波动平息之后，我们会发现自己的内心是多么的阳光明媚而安静平和，那里包含了所有的美好，比如爱、美丽、力量以及快乐。

第四章 善待我们的悲伤

实在的灵性

很多人试图通过帮助别人、参加各种宗教仪式或者和蔼可亲来让自己在精神上达到灵性境界。还有很多人会在自己身边到处摆满水晶球，整天礼佛诵经。这些做法可以提升我们的自我意识或正念，但是它们并不一定能够让我们获得灵性。

一些新世纪风潮的支持者致力于追求"一步登天"的灵性道路。他们关注星座，追求更高的脉轮，而不是去拓宽自己的情感意识好为追求灵性打下坚实基础。他们追求的是一种超然存在的灵性，而不是实在的灵性。没有情感意识充当其广泛的基础，很多灵性的追求者都会暗暗地因为自己以及他人身上拥有人的情感而感到耻辱，他们认为那就是悟性不够的表现。这种耻辱感积累到一定程度就会演变成对人性的背叛。在这样的压力驱使下，带着单纯的想法，他们在不知不觉中树立起了一种充满灵性的自我形象。但他们没有能力获得真正的、实在的灵性，这样的灵性应该体现在对人性的怜悯与同情以及对环境和其他生物的保护与关爱当中。

作为一位心理咨询师，我们常常鼓励人们用一种接受和关心的态度去体会自己的各种情感，比如恐惧、耻辱和愤怒。我发现当我们大方地拥抱这些情感时，原本潜藏着的悲哀、痛苦与忧伤就会浮现出来。人们常常喜欢用"悲痛"来形容这种复杂的情感。当人们可以真正拥抱这些痛苦的感觉时，伤口愈合与自我转变也就指日可待。

伤心和痛苦本身是无灵性可言的，只有当我们去靠近和触碰这些深层次的情感时，我们才有可能发现灵性的存在。对待悲伤和痛苦的方式将最终决定我们是会深陷其中无法自拔，还是会让自己的生命更美好、更完整。

拥抱情感而不是忽略情感

我并不是在暗示人们可以为了触碰到自己的痛处而忽略其他重要的情感。更确切地说，那些忍受虐待的人往往需要体验一些激烈的情感波动（如激动与愤怒），这样才能帮助他们建立自己的个人底线。但是如果他们总是依靠怒火舒缓伤痛的话，他们将永远得不到内心的安宁。如果想要伤口愈合，并让自己得到成长，他们最终还是要敞开心扉去接受自己内心深处的伤痛，否则就只能在愤怒与伤心之间徘徊不已。

很多人都会硬撑着不去理会自己的内心深处的痛苦，但是很少有人会支持和鼓励我们去拥抱痛苦。朋友会帮我们分散注意力；那些连自己的痛苦都不敢去面对的心理治疗师只会在不知不觉中背叛我们而"鼓励"我们去逃避痛苦。要想引导别人去这样做，首先需要自己深刻地认识到不加掩饰地拥抱痛苦会带来多大的积极作用。这样的个人成长不是心理学专业的毕业答辩，也不是咨询牌照的申请条件。这是只有

第四章 善待我们的悲伤

在生活这所学校里才能学到的。心理学家弗朗西斯·韦勒一针见血地指出:"我们要有足够的自信才有勇气去拥抱自己的痛苦。"

我们必须要尊重自己,给自己足够的尊严来慰藉自己的伤痛。我们必须鼓起勇气并且肯定自己的价值来体会内心的痛苦。如果我们的自我价值已经因为多年来备受嘲笑与冷落而消磨殆尽的话,直面痛苦就会让我们重拾信心。

从如何合理应对背叛这个课题来看,心理学仍处于初级阶段。传统的心理学观点往往会把背叛视为人生当中我们必须要应对的遗憾悲剧,而不是个人成长的关键点。那些依然畏惧痛苦的精神科医师与心理治疗师没有能力指导人们通过接受自己内心深处的情感来获得个人成长,他们认为自己的使命就是防止人们受伤。他们只会迅速开出一个药方,把药物当作摆脱痛苦的救星,而没有发现其实痛苦本身就具备强大的变革性力量。不以药物为主的心理治疗师则会建议患者通过参加别的活动或者结交更多朋友来分散注意力,而不是去进行自我反思以进一步了解自己。

如果心理治疗师还不敢面对自己的脆弱,他们就不会有足够的同理心去鼓励患者大胆地体验自己的深刻情感。因为没有意识到痛苦的救赎作用,于是他们只会使用一些老套的方法让患者远离自己柔软的心。殊不知那里既是脆弱的来源,也是灵性的所在。

如果处理得当,背叛可能会为我们带来巨大的改变,詹姆斯·希尔曼专门就这一点做了以下论述:"作为分析家,我们并未完全认识背叛对我们的情感发展产生的影响,仿佛背叛本身就是一个终点,不再会有重生的希望。"带着对背叛的片面认识,我们将自己一直囚禁在一个冷嘲热讽的世界里。正如希尔曼所说的那样,这种认识阻止了我们去发现背叛的积极作用:"对自己冷嘲热讽,其实是对自身理想的背叛,是对自己最高追求的背叛。"

背叛带给我们的悲哀、痛苦和忧伤为我们提供了一个独特的机会,让我们去了解自己更深层次的情感世界。在这些情感的指引下,我们会触碰到自己内心更深、更柔软的地方。当我们真心实意去接受痛苦时,所有的伪装、防备、苦涩以及固执都会被软化。对自身变化的感知以及对自我形象的保护最终都只是让我们对自己有了更深入而全面的认识。总之,悲伤和痛苦变成了我们实现自我转变的途径。

第五章

了解背叛的本质

> 为了拥有一段忠诚的爱情，双方都必须先认同一件事：没有什么是可以打包票的。
>
> ——Susan Campbell

人们为什么会违背诺言？为什么所有的山盟海誓到头来都是空头支票？为什么人们会有欺骗、会有私情、会突然离开？是什么导致了人们或有意或无意地破坏信用？

背叛——对信用的破坏，是由存在于人类内心以及人与人之间的诸多因素导致的，对于如何应对这种爱情关系的破裂，每一种心理学派都有自己的说法。有些咨询方法仿效的是弗列兹·波尔斯的完形疗法："我活着不是为了满足你的期待，你活着也不是为了满足我的要求。"那些提倡情感发泄的心理疗法会鼓励我们去尽情地向那个背叛我们的人发泄心中的怒火，或者用网球拍使劲拍打枕头来泄愤。他们希望我们能以这种方式来释放压力并重新获得力量。精神分析学家和客体关系治疗师可能会帮助我们从童年的经历中寻找问题的根源，让我们明白是童年的什么经历导致了今天的悲剧重演。以来访者为中心的咨询师可能会给予我们同情与理解，并且鼓励我们去体会背叛带给我们的所有心理感受。荣格分析家们可能会去研究你的自我中缺失的那部分：你按照自己心底隐藏的期待把它投射到伴侣身上，然后对方再把你需要整合的这部分特征回馈给你。从这个角度来看，我们就会把背叛

第五章 了解背叛的本质

当作自己进一步成长与个性化的动力。

没有一种观点可以全面解释人类在面对背叛时做出的复杂多变的反应。但是以上每一种学术观点都有各自的可取之处，接下来我想对多种观点进行一个整合。

几乎没有任何背叛是精心规划、苦心经营的结果。当然，我们不排除有些人会利用欺骗手段把别人变成自己的忠实奴仆。他们不知道做真实的自己也可以得到个人满足感，而故意通过操纵别人来获得权力并助长别人对他们的依赖。他们的背叛是有意的，但却并不理智。他们知道这样会伤害别人，但还是一意孤行，并且找很多自私的理由为自己开脱（"他伤害我在前，我以其人之道还治其人之身也是合情合理"或者"她永远都不会发现我和别人有私情"）。他们专门以那些感情真挚的、会被爱情蒙蔽双眼的人为猎物。这些蓄谋已久的操纵者们一旦发现他们的另一半不像当初那样顺从，就立刻开始大肆诋毁对方，甚至弃他们而去（但很多时候都是不动声色的）。

但不管人们表现得多么冷酷，其实大多数人都不会有意作恶的；他们不会故意伤害别人。因为对自己的认识太过消极，他们根本不知道自己会对别人造成多大的影响。他们沉浸在自己的忧虑中，根本就不懂得从别人的角度来看问题，体会不到别人的感受和需求。

在现实生活当中，往往是那种有意无意的欺骗自己和他人最终导致了背叛。有时为了得到别人的爱与接受，我们会采用一些看似无辜的小手段。比如，在恋爱初期，我们会表现出一副从容自若的模样；我们会把想要与对方亲热的想法掩藏起来；我们会假装霸道来掩饰内心的恐惧和软弱；我们会在本来可以讲真话的时候撒一些小谎；我们会掩藏自己身上的缺点和短处；我们会掩饰自己的不满、假装一切都很合心意。当这些欺骗别人的小伎俩成为我们生活的一部分时，我们很难意识到自己在情感上的不诚实，最多只会意识到一点点而已。但这些小小的背叛会带来严重的伤害，最终导致更大的背叛。

当我们的另一半意识到他们被严重欺骗时，更大的背叛也就不远了。当欺骗、谎言和虚伪的面纱被揭开的时候，受骗的一方可能会选择愤然离开。这种"小背叛"也会让我们慢慢做出更大、更具杀伤力的背叛举动，因为在多次背叛小动作成功得手之后，尝试更严重的背叛也不会让我们感到太过愧疚。正如30岁的会计师马克所说的那样："她容忍了我的很多行为。我知道如果她发现我有私情的话一定会很不高兴，但我想她应该是可以容忍的。"

首先，背叛倾向与童年经历息息相关。此外，背叛也会因为我们做出不切实际的承诺而产生，尤其是在我们无法战胜矛盾情绪又缺乏控制力的时候。当我们不能全身心地投入到爱情的过程中时，所有的希望都会跟着一起发酵。这个过程非常关键，它让我们的爱情升温、并且亲近彼此。最后，背叛也会因为我们没办法真正面对自己的内心并与之进行平等沟通而间接产生。

当然，导致背叛的因素是极其复杂的。以下的讨论并不能涵盖所有引起背叛的根源。

童年后遗症

一个人是否会背叛他人往往与其童年经历有千丝万缕的联系。同样，童年的影响也会在我们身上留下一些容易让自己遭到背叛的性格特征。通过分析一些与童年经历有关的想法、情感和行为，可以帮助我们更好地了解某些导致背叛的心理因素。当我们明白了过去对现在的影响，我们就能更好地给自己定位，并让自己走向一个积极的未来。

在阅读以下内容的时候，你会发现其中有些是你所经历过的，有些则不是。但不管怎么样，请带着一种同情的态度去看待自己的过去。当你明白过去的经历是如何让你远离幸福爱情时，请不要自责，这不是你的错。

未能满足的需求和羞耻带来的伤口

根据客体关系理论（目前非常流行的一种心理学理论），3岁以前的生活对我们成年以后是否能建立持久美好的爱情关系有着至关重要的影响。这个时期受到的情感伤害会影响我们对他人的信任与亲近。

为了让自己感到相对安全一些，孩子必须要在身体上和情感上与母亲进行亲密接触。当婴儿感到不舒服的时候，母亲给予的任何安慰都会减少他们的焦虑与恐慌——不管是温暖的乳房，还是温热的奶瓶，抑或是身体的接触。这种舒适与安全的感觉让婴儿平稳地进入更为复杂的心理发育阶段。尤其是在孩子出生后的第一年，母亲在肢体上的爱抚、言语上的安慰以及各种体恤和关怀都是至关重要的。

可是，即使最尽职的母亲也很难满足婴儿的所有要求。有时，我们不去理会婴儿因饥饿、身体不适或孤独而发出的哭声，但是如果从整体上来说母亲对孩子是细心呵护、关怀备至的（如果她能像D.W.温尼科特说的那样给予孩子"足够好的母爱"），孩子就可以在那个关键的发育阶段建立心理分析学家埃里克·埃里克森所说的基本信任。

如果我们得到的关爱不够，或者说妈妈没能与我们建立起足够亲密的关系，我们就很难对别人产生信任。我们的内心会充满焦虑，时刻处于防备和孤立的状态。因为没有得到足够的爱，所以我们也没有能力去付出爱。如果我们没有勇气跨出一步，去相信自己、相信别人、相信生活，我们就永远都有可能会背叛他人。

假如我们在童年和青少年时期受到了过分的保护和溺爱，

第五章　了解背叛的本质

那么长大以后我们会很难处理好成人之间的亲密关系，虽然这一点可能更不容易被发觉。如果父母对我们始终都是有求必应的话，我们将很难让自己拥有内在的独立和坚强，因为这些都要靠自己去付出大量的努力。更重要的是，当我们的真正需求得不到满足的时候，我们仍然会感到隐隐的精神匮乏。库尔特是一名律师，但是他的理想是去从政。优秀的学业成绩、众多的体育奖项以及杰出的音乐天赋让他的生活充满了掌声，然而这一切只满足了父母的需求（向人们炫耀一下自己的"天才"儿子），而他的个人兴趣并没有得到足够的支持。

马乔里是一名房地产代理商，父母给予她的支持和爱一直都是片面的。从小接受良好教育的她得到了父母在物质上的极大鼓励，但是他们从来没有告诉过她，其实自己不一定要很特别、很优秀或者很完美才会讨人喜欢。她一直以为要想得到爱，就要努力去做一些事情（取得好成绩、去参加歌唱训练），而非去展示自己本来就有的品质（仅仅通过做自己来得到别人的爱）。这导致她永远都不愿意接受可能会带来失败的挑战，因为失败会减少父母对她的认同，而这种认同在潜意识里为她提供了动力。为了满足父母的期待，成为一位优秀而完美的女性，她错过了人生重要的一课——生活本来就有很多局限，她也不例外。即使她会失败、会迷茫、会受伤且也会生气，但她仍然是值得被爱的。

因为一直受到父母的宠爱（同时她也因此而失去了很多），马乔里已经习惯了来自外界的源源不断的奖励，因此她甚至期待全世界的人都可以给予她自己不能也不愿意给予自己的生活和爱，只要稍有不满，她便满腹怨言。当生活（或父母）不能满足她的欲望时，对于挫折、限制与冲突的低承受能力就会引起她的批判、逃避和背叛。

有趣的是，这种幼稚任性的想法却很好地诠释了在里根－布什年代达到顶峰的嬉皮士心态，那正是个融资收购、企业并购和投机倒把大行其道的时候。根据主流经济学家的观点，20世纪80年代美国人的放纵情绪——不想对社会做出任何贡献唯愿一夜暴富的想法，直接导致了90年代的经济萧条。当个人的野心与物质财富的积累取代了灵魂的渴望时，我们忽略了自己更深层次的需求，因此也进一步背叛了自己，同时我们也背叛了那些真正开拓进取的人，并且为子孙后代留下了一个烂摊子——失去控制的财政赤字和严重恶化的生态环境。

在我们的童年时期，如果父母总是对我们呼来喝去、冷嘲热讽、不理不睬甚至强力压制的话，成人以后我们就很难处理好男女之间的亲密关系。如果孩子得不到父母的爱护，而是由祖父母、老师或朋友的父母来照看的话，这一点就体现得尤为明显。如果未能从家庭、家族乃至社区获得关爱，我们就会认为自己是不被人喜欢和接受的。由于被拒绝和被虐待而产生的恐惧和焦虑阻止了我们成为一个完整、自信而且成熟的人,一个可以应对任何挑战、承受任何失败的人;因此,我们的世界就是不安全的、充满敌意的。因为对真实的自己缺乏信心,所以我们就会表现出一个虚假的自己,企图借此获得自己想要的舒适生活以及人与人之间的有效联结。

预期被拒绝

童年的后遗症还可能让我们始终认为自己会被批评、被拒绝。我们总是为最坏的结果做好准备,即使是在相处融洽的恋爱关系中亦是。我们会暗暗地试探别人的忠诚度,就像在说:"你必须要向我证明你和别人不一样。"或者"你必须一直要让我看到,在你心里我是与众不同的。"我们对任何被拒绝的信号都保持高度警觉。我们时刻都处于戒备状态,随时准备离开那些让我们没有安全感的人,不管是真实的还是想象中的。

当我们的内心失去自信与平静的时候,我们与他人的爱情就不会平稳,别人也很难让我们满意,不管他们做多少努力都不能让我们满足。其实对于矛盾的预期恰恰带来了我们不敢面对的矛盾,不管是通过与别人发生私情还是无情地抛弃对方,我们最终都会背叛那些不能让我们的需求得到满足的人。

相反的,我们也会因为脾气暴躁、愤世嫉俗并且疑神疑鬼而被别人背叛，同时因为我们不懂得如何去爱、如何去得到别人的爱，而令身边的人讨厌我们。有一位男士因为总喜欢指责自己的妻子，而最终导致对方离他而去，现在他终于认清了问题的根源："我现在才发现，那时的自己不论和谁在一起都不开心。我当时根本没有意识到，其实在很多方面我都把她当成妈妈来看待，我希望她来照顾我的一切，而事实上我应该学会自己照顾自己！"

活在童年的阴影中，我们会长期脱离那个真实自然的自己。这种自我疏离会让我们排斥自己的真实感受以及真实的需求和欲望，然后我们就会产生毫无根据的怀疑和担心。我们的心情也会因此而变化无常；我们与他人之间的恋爱关系也会变得紧张而短命；我们会因为缺乏自尊而显得非常自大；看到别人因我们而伤心时，我们几乎不会有一点的懊悔与愧疚之情。因为总想着自己的需求，所以我们从不愿付出，也很少去同情别人。因为从小没有得到足够的爱护与重视，所以我们难以做到轻松自然地去关怀、理解和欣赏别人。我们不敢与别人走得太近，因为害怕自己还会像过去一样被拒绝。带着情感上的伤痛（不管是有意的还是无意的），我们再也不想对别人好了。

假想敌

童年带给我们的影响，使得我们总是不停地去追求一些确定的、可预测的东西，这会让我们永远都无法明白其实生活本来就是复杂多变的。因此我们会一直以孩子的思维方式来认识自己和他人。每当生活不如意时，我们就会表现出一副自以为是的模样。我们会用很绝对的语气来讲话，只以黑白好坏的简单标准来区分事物："你要么就支持我，要么就反对我！要么爱我，要么就不爱我！"我们没有耐心去理解各种意思的细微区别，也不能容忍别人的不同个性。生活对于我们来说是竞争、是战场，我们的目标很单纯——要赢、要证明自己是对的，或者至少要让自己活下来。

作为受过伤的成年人，即使取得了世俗意义上的成功，我们还是不能很好地处理恋爱中遇到的矛盾和分歧。每当我们因为别人而感到伤心、尴尬或者害怕的时候，我们就会从心底里想要保护自己，不让自己再次承受以前经历过的痛苦。对于那些让我们感到尊严受损、缺乏安全感的人，从此以后我们甚至都不会把他们当人看待。当别人都被妖魔化之后，我们就很难再发现他们的闪光之处。这距离伤害或者背叛他们其实只有一步之遥，而我们却丝毫没有怀疑过自己，也不会有任何愧疚感。

有些人会利用宗教来剥夺他人尊严，而歌颂自己的美德。他们会振振有词地说是上帝让女人服侍男人的，或者他们还会鼓吹任何人在任何情况下都没有离婚的权利。梭罗曾说过："没有比善良走了味更难闻的气味了！"

从国际政治角度来看的话，背叛是显而易见的。世界历史的主角就是那些本身无法和平解决矛盾冲突的国家。他们把其他国家或民族都视为自己的敌人，并且用妖魔化的语言来贬损他们。当敌人都被我们打上邪恶的标签时，我们就会很容易将炸弹投向他们。一旦所有的公关活动都向我们证明这是个邪恶的帝国或者那里的人民正在承受暴政统治时，我们就会全力支持对其进行毁灭。同样的道理，当我们背叛了自己的另一半时，为了掩饰自己的良心不安，我们就会诋毁对方是毒蛇、是疯子、是虐待狂。

信任受损

我们当中的大多数人会因童年经历的影响而对别人缺乏足够的信任。即使当初父母也是用心良苦，传统的抚育子女的方式还是会令我们或多或少地感到耻辱和恐惧。即使在家里很少有人羞辱我们，但在学校里受到的羞辱却是我们所无法承受的。如果我们总是被拒绝、被嘲弄——不管是有心的还是无意的，最终都会让我们很难再去相信、去爱。当被爱与被接受取决于我们的优异成绩或表现时，我们就会认为要想得到别人的爱，就要去满足他们对我们的期望（或者要让自己完美），而不是去做真正的自己。心一旦受伤，我们将很难再去相信别人。童年时期别人对我们的忽视和背叛会让我们在成年后变得更易怒、更敏感。当爱与被爱的渴望始终无法满足时，我们就会变得敏感易怒，对他人充满敌意；然后我们就会通过背叛和伤害别人来释放内心的痛苦，而我们却没有意识到是自己那颗破碎的心驱使着我们做出了这一切。当然，不断地受伤更增添了我们对世界的不满，而我们发出的各种不满之辞无异于自我毁灭，它们只会让我们变得更加与世隔绝。最后等着我们的就只有伤害与被伤害、背叛与被背叛的恶性循环。

作为成人，当我们拒绝或者背叛某个稍有过错或不够体谅我们的人时，积藏于内心的愤怒就会得到某种发泄。因为总认为别人会怠慢我们，我们总认为别人有什么黑暗动机。即使今天我们确实被人嘲弄、误解或批评，我们现在所受的伤也会因为过去的伤害而被放大，进而做出一些过激反应。当我们连一点点小小的背叛都不能忍受时，我们就会通过情感上的退缩和放弃来背叛自己的另一半。

旧日的伤痛会导致性背叛

有些人，因为从小到大都缺乏自信，所以他们就会选择通过不断发展新恋情来获得对自己的肯定，进而弥补自己多年来受到的忽视。比如，有些伤心男子会同时与多名女性发生关系，以此来证明自己是有魅力的、受欢迎的。很多女性也会通过婚外情来获得别人的喜欢和肯定，而这种喜欢与肯定的感觉是她们从来没有从父亲或丈夫那里得到过的。

长期以来的自我疏离使得他们更容易与别人发生私情。当另一半不能让他们消除内心的空虚和自卑感时,他们就会用通奸来填补这片空白。他们会不断发展性伴侣,以此来体现自我价值,保证自己不再孤独。"那时的我总是想尽一切办法找人来填补内心的空洞——那种空虚的感觉。"路易斯如是说。她今年38岁,是一位秘书,因为无法忍受空虚和寂寞,她通过与别人发生性行为来换取暂时的充实,让自己找到一点价值感和存在感。杰夫是一名41岁的销售代表,当谈及自己的风流韵事时,他也表达了类似的想法:"那样会让我自我感觉良好,让我感觉自己是被需要的,我的存在是很有意义的。"

因为缺乏自信,也不知道该怎么爱自己,我们就会通过各种方式来背叛自己的另一半,而不是以一种负责任的态度去解决矛盾;我们会一个接一个地去背叛,让我们的恋人或爱人承担他们永远都演不好的角色,比如像父母一样照顾我们;我们还会在不知不觉中引来别人的背叛。要想避免这样的悲剧,我们就必须学会相信自己、相信他人、相信生活,最终达到内心平静。

不切实际的承诺

如果搞不清承诺的含义,等待我们的就是背叛的痛苦。

第五章 了解背叛的本质

错误的承诺最终带给我们的是本想避免的背叛。

我们之所以做出承诺就是为了让彼此更信任对方。婚姻的承诺更是要给彼此的心找到一个安全的避风港,但是在现实生活中,承诺又给了我们多少安全感和信任感呢?

人们为什么要违背自己的海誓山盟?为什么现在美国的离婚率高达50%?还有很多夫妻,虽然没离婚,但是却对自己的婚姻有诸多不满。这一切到底是为什么?

几百年来,婚姻的承诺保证了整个社会的安定。如果父亲离家弃子,那么母亲与孩子的生活将陷入困境,她会失去经济保障。如今,离婚也会给全家人的生活带来痛苦的变化,但是这种变化却不会像过去那样影响巨大。

婚姻的承诺对于不同的人来说具有不同的意义。对很多人来说,它代表着稳定的感情和美好的愿望;它表明双方都愿意给予对方爱与呵护;它是对生命奇迹的尊敬,也是共同抚养后代的决心;它为夫妻双方提供了一个吵架的容器,即便有争吵也会让他们拥有更多的安全感。

但是对于某些人来说,结婚更多是出于恐惧而非爱情。对于他们来说,结婚就意味着自己不用再被孤立、不用再被拒绝。婚姻让他们有希望建立一个自己不曾拥有过的幸福家庭。婚姻让他们不用害怕自己成为失败者,不用担心自己孤独终老。我们当中的大多数人对于婚姻都是既有恐惧又有爱。

不管自己的动机有多高尚，我们还是有可能在许下承诺的同时却并没有深刻理解承诺的本质含义。我们所说的承诺可能只是基于恐惧的坚持或共生的需求。这样做出的承诺不但不会让我们得到一生挚爱，反而会加重我们的失望。

对于承诺的幼稚看法

大多数人在许下一生承诺的时候根本不知道前路如何。沉醉在美好的爱情当中，他们会理所当然地认为以后的生活一定是幸福而和睦的。他们甚至认为只要找到那个对的人，就可以得到美满的婚姻，根本不需要去努力获得自己内心的满足以及双方的满足。当婚姻成为一种目的时，他们就会认为对于终身大事的承诺是让自己得到爱的大前提。

社会一直在诱使人们坠入爱河并走向婚姻，但是不论学校还是其他社会机构都不会指导我们如何去维持和滋养我们的爱情和婚姻，并最终过上幸福和谐的生活。婚姻登记处可以为我们注册结婚，却不会告诉我们如何去应对婚姻中双方因需求和理想不同而不可避免的分歧。没有人会告诉这些年轻的夫妇们，随着他们逐渐加深对彼此的了解，随着生活中的不如意慢慢渗透到婚姻里，他们盲目的热情必将冷却下来。即使有人告诉他们了，被激素冲昏了头脑的人们也只会客套地忽略掉这些警告，坚持他们对婚姻的扭曲视角。

"只有死亡才能将我们分开"的结婚誓言是很有感染力的。

它是摆脱孤独的捷径,它可以让那颗在童年或之前的爱情中受过伤害的心得到极大的安慰。我们甚至会对自己说:"从此以后再也不会有人背叛我们了。"

寻求生活的保护

我们最庄严的宣誓并不能为我们提供生活的保障。我们无法预测未来的自己以及对方想要什么,也无法预知我们之中的一方会不会发生根本性的变化。我们不知道彼此的人生会不会一直通往同一个方向。为什么很多夫妻离婚时都会说:"我们的人生方向发生了分歧。"当无法预知的外界因素让对方违背了自己的诺言时,我们就会认为对方背叛了我们。

没有人愿意承认谁都无法决定一段爱情的寿命。爱情与婚姻关系中存在着太多的变数,还有很多生活的外因也是我们所无法掌控的,但是没有几个人可以平静地接受这一事实。人类自我意识当中对失败与分离的恐惧会让它紧紧抓住任何可以增加安全感的东西;同时当安全感受到威胁时,我们的自我意识也会受到重大的冲击。

说到过去失败经历的影响,传统婚姻誓言在某种程度上可能是人们出于恐惧与不安的一种恳求:恳求得到一生一世的爱。寻求和给予这样的保证是非常符合人性的,希望得到长久的关爱也是无可厚非的,但是我们能保证自己不管在什么情况下都给予别人这样的爱与关怀吗？即使我们的伴侣承诺要陪伴我们一辈子，或许时间可以保证，可是谁又能保证质量呢？我们又怎么知道将来的生活是什么样子呢？这样的推测是不是正好说明我们不了解爱情与生活的本质呢？

有些东西本来是可以自己给予自己的，当我们期待从对方那里得到时，我们就是在欺骗自己。如果我们真的以为只要发誓永远在一起就可以战胜一切外因对二人关系的影响，我们就会在不知不觉中欺骗彼此，而且有可能会背叛自己。这类外界因素——不管是一方的死亡，还是失业，不管是信仰的改变，还是爱上了别人，或是对自己有了新的发现，只要以一种成熟有爱的方式来处理，都可以加深我们的爱情，巩固我们的关系。然而，这些挑战同样也可能会影响到我们的自尊，进而造成婚姻危机。双方在信仰、价值观或生活方式上面存在的一些意想不到的冲突也会降低我们永远在一起的可能性。

这个社会可以创造神话，但却不鼓励我们去了解自己。它背叛了我们，因为它引诱我们相信婚姻是浪漫的。婚姻家庭咨询师达芙妮·罗丝·金玛指出：

> 从一开始我们就在心里渲染了一个"永远"的神话。当我们的感情已经经历了各种变故的时候，我们对它的认识却没有变化。因此那么多人在遭受分

手的打击时，内心都充满了愧疚、愤怒、自责，甚至连自尊也会受到极大伤害。

个人成长过程中的一个重要内容就是搞清楚哪些是我们自己愿意做出的承诺，而哪些是社会和媒体诱导我们做出的。然后面对婚姻时，我们要承诺的不是永远在一起的结果，而是在一起时的坦诚相对和全心投入的过程，这样我们才能有机会获得持久的爱情。

忍受矛盾与缺乏控制

为什么我们要求婚姻长久？承诺长久的婚姻一部分是为了排除背叛的可能性；但这里还存在着一个有趣的矛盾，那就是真正的信任本身就包括这一可能性。心理学家詹姆斯·希尔曼对此做出了很好的阐述：

> 我们必须清楚，想要在一个让你时刻安心，没有伤心，没有失望，所有的承诺都会兑现的美好世界中生活并享受爱情，其实是完全不现实的。如果一个人向另一个人承诺自己永远不会变，那么他所付出的一切又体现在哪里呢？如果每次跳下去都会有一双臂膀将你牢牢接住，那就不是真正的纵身一

跃，因为所有下降带来的风险都不复存在。

为了得到所谓的稳定性与确定性，那些不能忍受生活固有矛盾和不可预知性的人们就会想尽一切办法诱骗或强迫别人。然而，只有明智地承担信任的风险并持续肯定这种信任，而不是期待得到什么保证，婚姻的双方才能保持彼此间的亲密、爱恋及幸福。希尔曼说："这种近乎偏执的要求——爱情不可以有背叛，并不是基于信任的，而是为了排除风险的一种约定。与其说它是一种爱，不如说它是一种权力。它所能约定的关系，是通过语言而非真爱来维持的。"越想要别人发誓永远忠实于我们，就越会破坏爱情，越会增加失望甚至背叛的可能。

这并不是说我们永远都不可能建立令自己满意的稳定关系，也不是说我们永远都不能相信对方是爱我们的。这里仅仅是想告诉大家，只有当我们放弃因恐惧而想要控制最终结果的欲望时，我们才更有可能得到我们想要的幸福。信任与爱情正好站在了控制与操纵的对立面。当我们抱着热爱生活、坦诚相待、温柔体贴与认真负责的态度来对待我们的伴侣关系时，真爱与信任就会随之而来。

忠于自己

我们的社会常常鼓吹长久的婚姻就是通往稳定幸福生

活的船票。但是那么多人都背叛婚姻的誓言，不禁让我们开始怀疑：到底是做出承诺的人不够真诚，还是誓言本身不够真实。如果我们不能像世俗和宗教宣扬的那样得到他们所承诺给我们的保护，这样的承诺最终只能是充满遗憾与痛苦的骗局。

如果伴侣经常在精神上或身体上虐待我们，那么我们要忍受多久呢？如果我们发现另一半有了婚外情，我们有权放弃这段被玷污了的婚姻吗？如果我们的爱人整天只知道对着电视，精神空虚且性冷淡，却不去想办法改变现状，我们该怎么办？如果夫妻双方都注重个人成长的话，出现这种情形的可能性就会降低，但是问题仍然存在：如果对方不再忠实于自己的幸福和发展，我们对他/她的忠诚又该保持多久呢？当我们在名存实亡的爱情里苟延残喘时，我们在多大程度上背叛了自己呢？从什么时候开始我们对自己的忠诚超过了对他人的忠诚呢？

桑德拉在结婚3年后选择结束那段婚姻，她的描述形象地告诉我们，选择自己是何等艰难。当时的她虽然很看重丈夫的经济实力，但是她的心从来都没有真正靠近过他。刚开始的时候她还是可以感觉得到丈夫对自己的关心，但是当对方的要求一再加码时，她便慢慢失去了自由与自主："我丈夫不准我见我的朋友。一个接一个的，我与那些对他造成威胁的朋友断绝了来往，而且为了腾出时间来照顾他，我放弃了自己的很多兴趣和爱好。突然有一天，我感觉自己好像大梦初醒一般，我对自己说：'我好久没有见到我的女性朋友了，我好久都没画画、没跳舞，也没听音乐了。'我明白那不是我要的生活，我不能再继续那样过下去了，我简直就像行尸走肉一般。我跟丈夫谈了好多次，告诉他我不喜欢那样的生活，但他从来不听。我就像一棵被修剪过的树。我曾经多次问他是否愿意做点什么事情，但是他却丝毫不感兴趣，最终我只能放弃。那时的我伤心不已，躺在床上的时候心里想的也都是那些不开心的事情，甚至有时候一个人开车总想找一棵树撞死算了，似乎只有死亡才可以把我救出苦海！当我发现那些想法始终都萦绕在心头的时候，我终于下定决心走出那个牢笼。"

即使是那些最真诚的人也不能保证自己可以真正信守婚姻的诺言。因为一方要求另一方为自己提供一个避风港，而这种避风港其实只有自己或生活本身才能给予。在这种情况下，一生一世永不分开的诺言最终只会成为一种背叛。如果我们为了从对方那里找到安全感与幸福感而进行无谓挣扎，最终我们都会精疲力竭。

我们还要考虑到的一点是现在的人们寿命普遍都比过去长很多。以前人的平均寿命为50岁，而现在人们可以活到75岁甚至更久。要在一段残破的婚姻中生活50多年，简直就是无期徒刑。

第五章 了解背叛的本质

虽然我很想一直和你生活在一起,但是连我自己也不清楚到底什么才是对我、对你或者对孩子最有利的选择。谁都不知道10年之后的我们是否还保持着同样的人生方向。到那时我们之间的差距将再度拉大,甚至连人生轨迹都会出现分歧。可能到了将来的某一天,我们会发现彼此虽然相爱,但是继续生活在一起只会影响各自的发展。那时的我们其实是非常不幸福的。

当我们发现彼此不能再继续包容对方的时候,剩下的就只有内心的不安。我们会从这段关系中吸取很多重要的教训,但是总有一天我们要在痛定思痛之后让生活继续。如果我们可以理智地、充满关爱地、经双方同意后和平分手的话,我们之间就不会有任何背叛成分了。如果只是其中一方决定分开的话,另一方就可能要承受背叛带来的伤痛;但是不管怎么说,这样的选择总比背叛自己所受到的道德谴责更少一些。

或许当我们清醒大胆地走近婚姻的真相时,我们其实正在解放婚姻、激励婚姻,同时也解放了婚姻中的自己,我们并不应该为此感到震惊;或许婚姻的变化并不是毁灭性的;或许在某种程度上,婚姻正在变得更深刻、更丰富,这一点是我们不曾想到的。

承诺过程：替代浪漫的海誓山盟

从现实的角度来看，我们到底能给彼此带来什么？我们可以承诺彼此的心心相印、不分彼此，这样的承诺虽说不太浪漫，却更加可信。

在《亲密接触》(*Being Intimate*)那本书中，我们提出了让大家真正去认识承诺的本质和意义。我们建议读者用更实际的"承诺过程"来代替脱离实际的传统承诺。这种观点起初会令人沮丧或迷惑不解，但是当你发现它可以对建立长久关系产生多么微妙且强大的作用时，你就会真正理解它的含义了。

忠于过程而不是忠于结果——这种理念在一开始的时候会让大家感到无比恐惧：害怕变化、害怕被抛弃、害怕孤独。这些都是我们所要面对的人类内心最深处的恐惧，它们反映的是人类内心最重要的问题。他们直接触碰到了我们最关心的问题——自己是否被爱以及是否值得被爱，是否能够找到幸福以及世界到底是不是友善的。几百年来，这些问题一直都困扰着人类社会。

宣称自己将永远保持一段婚姻并不是消除这种恐惧的最明智方式。我们想要的安全与稳定，并不是将自己与另一个像父母一样关爱我们的人捆绑在一起就能够得到的；但是如果我们可以与自己建立起稳定的亲密关系，那么这个过程就更有利于成就一生的爱。

忠实于支撑爱情的条件

那么忠于过程到底是什么意思呢？对过程做出承诺的第一步就是将我的注意力从保持我与伴侣的关系转到保持我与自己的关系上来。我要关注自己的生命过程，在这个过程中创造一切可以增进彼此感情、拉近彼此关系的条件。我所在乎的不是一辈子在一起的承诺，而是如何去创造让彼此不离不弃的条件。

我要怎么表达对创造这种条件所做出的承诺呢？我会保证一直跟自己的内心进行对话；我会直接但又不带任何指责色彩地将自己的真实感受袒露出来；我会认真对待自己的个人成长，这样越来越多的语言和行动就会表现出我内心的平静与清醒；我会尊重对方的感受和需求，并且尽量站在她的角度来考虑问题；我会努力找到并消除那些会让我们变得疏远、缺乏信任进而导致背叛的盲点；我会利用我们之间的伴侣关系去更多地了解自己、了解生活；我会忍受自己感到困惑、沮丧和不舒服的时候，并且坚强地走过困难时期。我们不应该低估这些对于过程做出的承诺，它们可以加深彼此的感情，还可以让双方变得更加亲密，这一点是其他任何做法都不能比的。

如果我对自己诚实,即使有一点不满,也会消除在萌芽状态,不会任其恶化泛滥,进而影响到双方感情。如果我始终愿意让你知道我的真实想法,我就不太可能有突然的情感爆发或做出什么见不得人的事情来。如果我愿意倾听你的心声,而不是总想着以各种理由来反驳你,这样我们就能真正理解你了。如果我们可以努力解决我们的差异,我们就会找到真正的共同之处,并以此来解决各种矛盾和冲突。如果我们可以忠实于自己,我就可以让你得到一个真实的我,我们之间才能做到真正意义上的"亲密接触"。我们的真诚与坦荡最终会为我们之间的关系带来一种活力,它是彼此更深一层次的联系,而且这种联系会不断得到更新、不断注入新的能量。

适应冲突的承诺

当我们能够让别人放心地去体验和表达自己的人性情感时,我们就更有希望建立彼此之间的重要关系。这包括认真严肃与嬉笑玩闹、恐惧与渴望、快乐与悲伤。每对情侣都有彼此看不惯的地方,但是除非我们去鼓励对方做真实的自己,并且不去贬损任何真实的表现;否则我们永远都不会得到完整的爱和真正的亲密。

从最根本上来讲,对过程的承诺就是敢于面对因坚持做自己而引起的各种冲突(按照我们刚刚学会的那样来做自己)。它并不是让我们时刻为困难做好准备,也不是让我们时刻都

第五章 了解背叛的本质

做好最坏的打算。它只是叫我们明白任何一对情侣都会有矛盾和分歧，而我们要做的就是去包容和适应彼此在需求、欲望和观点方面存在的各种矛盾，而不是去抵制它们。

抵制矛盾只会激化矛盾，或者只能让矛盾藏在心里，慢慢发酵，最终演变成一场激烈的争吵。维持双方关系的最好方式就是要允许矛盾产生，并且要耐心地解决矛盾，而不是通过逃避、生气或者自圆其说来暂时把矛盾推开。

安德鲁当时已经结婚10年了，那时他每周都要经常去打牌、打网球，借此来避开自己的妻子。妻子要求他花一些时间陪自己；可是他从来都不以为然，坚持说自己需要自由。一天妻子告诉他有一位男士向她表达了爱慕之情，而她也很想接受。他大发雷霆，并且一同去做了婚姻咨询。在咨询师的引导下，他们慢慢袒露了彼此在过去给对方带来的伤害，那些都是他们从来没有谈论过的：他对以前的恋人依然难以忘怀，并且偶尔还会见面；她则嫌弃他赚钱不够多。虽然把这些矛盾拿到台面上来说会很痛苦，但是安德鲁却感觉自己与妻子的关系在不知不觉中被拉近了："我以前特别不愿意面对问题，也不愿意就这些问题与她进行沟通。我感觉我们之间从来没有像现在那么亲近过。我再也不会像以前那样将所有问题都憋在心里、只知道互相指责了。"就是因为一直将以前的伤痛闷在心里而拒绝沟通，他与妻子之间的关系才会越来越疏远。

如果我会因为担心你嘲笑我、拒绝我或抛弃我就把一些不开心的事情（过去或现在受到的伤害、个人感受或需求）都藏在心里，从此以后我们之间的信任就会逐渐减少。是我自己给自己带来了背叛的恐惧（安德鲁差一点就遭到了背叛）。不是因为我向你袒露了那个令人不安的真相，而是因为我对你隐瞒了真相，这对你是一种侮辱。如果我可以一直忠实于婚姻的过程，对你以诚相待的话，那么你我的相处也会是真实的；但是假如我欺骗或者误导了你，甚至一直都在刻意地避开你，你就会感觉我背叛了你，因为我一直都在隐瞒真相。

我一直都躲在事实的背后（直到最近才有勇气面对），看起来我好像并不能决定我们的结果，但事实上，如果我不再企图去控制最终结果，而是忠于整个过程，不去管结果如何，这样我们的关系才有可能维持下去。忠于过程才能让婚姻，让感情充满活力。

我们当中的很多人可能会认为，如果有人愿意给我们一段长久的婚姻，我们就会更安心地去做真实的自己；我们就用不着想尽办法取悦对方，让他/她忠于我们。但是在我们希望婚姻稳定长久的同时，新的问题又出现了——为了保证夫妻和睦，我们需要不惜一切代价（尤其是当我们不能完全忠实于自己的成长和变化时）。

如果我们最在乎的是婚姻的稳定，那么我们就会去避免一切可能引起婚姻破裂的矛盾冲突。如果我们认为夫妻之间只要有矛盾就可能有背叛,我们就会按照自己的判断来解决矛盾,或者接受对方的判决(一种妥协政策),而不是双方耐心地坐下来、开诚布公地沟通交流之后,共同寻找解决办法。我们可能会试图把自己的另一半改造成另一个自己,因为我们害怕如果有很多明显的不同点的话,这些不同点会让婚姻走向终结。我们逃避困难,是因为我们害怕解决困难的过程会为我们的关系带来更多危险因素,让彼此陷入痛苦。这样我们最终能够得到的可能只有在长期苟且和逃避中培养出来的伪装能力;而非在正面解决矛盾中形成的真正具有活力的稳定婚姻,以及更加坚强的婚姻双方。

有些人会认为一旦结婚就是木已成舟,从此以后就可以不用对他/她那么好了,不管我们如何虐待他/她,终究都是煮熟的鸭子,只能一辈子认命。突然有一天对方忍无可忍的时候,他们反而会恼羞成怒,恶人先告状:"是你对婚姻不忠!"

坚定不移地忠实于婚姻的过程,会为我们讨论敏感话题打下坚实基础;而这类敏感话题对那些只求安稳的夫妻来说都是讳莫如深的。比如:忠于婚姻的过程可能会包括承诺坚持一夫一妻制,但是我们却不能承诺自己永远不会被别人吸引。我们可以同意即使心动也不会有所行动,但是之后我们就必须要去应对自己在人生道路上遇到的各种诱惑。

将小背叛发生率降到最低

遵守对过程的承诺并不是一件容易的事情。同样感情与生活都是不容易处理好的,但是要想将任何爱情中都会出现的小背叛减到最少,据我所知,忠实于过程是最好、最有效的方法。做出这样的选择需要我们去实践、去坚持、还要敢于犯错,并且从错误中吸取教训。

对于过程的承诺可以从我第一次见到一个人并想进一步交往开始,一直持续到我离开人世的那一天。当我忠实于对自己的认识,并且愿意将我们的真实想法与对方分享的话,想要跟我走下去的那个人也可以有机会认真考虑要不要接受一个像我这样的人。通过坦诚相待,我就能够避免因欺骗或一味操纵而背叛对方;当我们承诺要尊重对方,并关心对方的需求和感受时,我就可以避免因羞辱她或耽搁她的需求而背叛她;当我履行自己的承诺,让她了解我的欲望、缺陷、喜好、不满以及快乐的时候,说明我真正投入到了我们的关系当中,这样我就能够避免因为对她隐藏自己而背叛她。这样的承诺会让我更有可能真正了解她,让我们的关系变得更加牢固。当我们勇于面对小背叛时,出现大背叛的可能性就会减小;如果我们对小背叛置之不理,日积月累只会对我们之间的关系造成更大的影响。如此一来,我们就能在不知不觉中增进对彼此的感情。

加深感情的过程

忠实于一个相互尊重、以诚相待的相处过程，会让我们的感情不断加深，关系更加亲密，那种亲密的程度甚至是我们从来都未曾想到过的。当我们坚持做真实的自己，将自己的想法与对方分享，不断加深对彼此的了解，并且尊重彼此的不同点时，我们的感情就进入了一个新的境界。因为有了彼此的陪伴，我们内心的某些新的充满生命力的品质被逐渐唤醒。不断沟通加深了双方的信任和理解。我们会一直关注对方内心深处的幸福感，并不断地去滋养他们的内心。我们会有一种相互融合的感觉，但同时也可以接纳彼此的不同。

如果我们拥有坚实的感情基础，那么我就不太可能与你分手，因为跟你在一起时，我不但愿意做自己，而且也乐于做自己。通过我们之间的接触，我更加懂得自己也更加懂得生活。

当我一次次冒险在你面前表现出真我时，你对我的接受与欣赏深深地打动了我；当你一次次尝试把一个真实的你呈现在我面前时，我感觉自己离你的心好近好近，我对你的爱与欣赏也自然地流露出来。我真的希望你得到幸福。我愿意尽我所能帮你进一步成长。这些都是让我们永远在一起的强有力的理由。

真正的婚姻不仅仅是一纸婚书，而是一种从内到外的相互融合，这种融合让我们感觉自己真的"结合"了——在自己与自己以及自己与爱人之间建立起一种深刻而神秘的联系。我们将携手探索生命的神圣与博大。我们能够感受到彼此内心深刻而柔和的共鸣。为了继续加深彼此之间的联系，我们会情不自禁地做出婚姻的承诺。这个承诺是自由选择的结果，而不是迫于压力和义务的决定。总之，这时的承诺变成了一种快乐，而不是义务；这时的我们心甘情愿地拉着彼此的手踏上了人生的下一段征程。

许下新的誓言

新的结婚誓言可以包括以下内容："我们之间有这么多爱恋与关怀，同时还有对彼此的喜欢。我们在很多重要方面都有许多相似点，同时也有诸多互补的不同点。一直以来我们都能勇敢面对并解决任何困难。我们在一起感觉如此快乐而美好。我们想彼此更亲密，并且进一步接近自己的内心和生活。不论前面有再多的风雨坎坷，我们都会共同面对，这让我们倍感幸运并心存感激。我们会为彼此在一起的每一天做出承诺。成熟的我们知道人生之路并不平坦，我们的感情也不会永远保持不变；但是我们会尽自己最大的努力去解决我们的问题，同时在需要时向别人求助。"

这样就意味着婚姻会长久吗？看上去我们的生活已经牢

第五章 了解背叛的本质

牢地与彼此连在了一起,我们都感觉自己会用余下的生命去爱对方,去陪伴彼此。但是,作为成熟的个体,我们也明白这种感觉不会永远一成不变的。虽然现在我们的爱情看上去似乎坚不可摧,但到头来却又可能会变成苏珊·坎贝尔所说的"爱的学习"——经过这样的学习之后,我们为日后更加完整而丰满的爱情做好了准备。

虽然对过程的承诺要求我们有认真的想法和高度的安全感,但也不能保证我们一定能得到天长地久的爱情。然而,假如我们许下的承诺是我们永远不可能实现的,对于彼此来说,那才是更加残酷的背叛。当我们相信了彼此做出的虽然充满诱惑但却极其可疑的承诺时,我们就是在等待背叛的到来。

那些不能理解"过程承诺"的严肃本质的人们可能会认为它所表达的善意与忠诚大打折扣、无实质可言。他们会认为做出这样承诺的人是自私的,甚至认为这是一种无能、没有担当、害怕约束、不敢真正承诺的表现。

然而,一旦我们决定了要相守,不论形式是同居还是婚姻,有什么能比"过程承诺"更充分地表达我们心中的爱和善意呢?对过程的承诺需要人们具备高度的自我觉察力,以及完善的品格。它需要我们严谨地调用自己的意志和智力;需要我们理智地尊重我们自身情感所携带的惊人力量;需要我们细致入微地观察自己的内心世界,让丰沛的情感和需求得以

当我们
相信了彼此
作出的虽然充满诱惑
但却极其可疑的承诺时
我们就是在等待
背叛的到来。

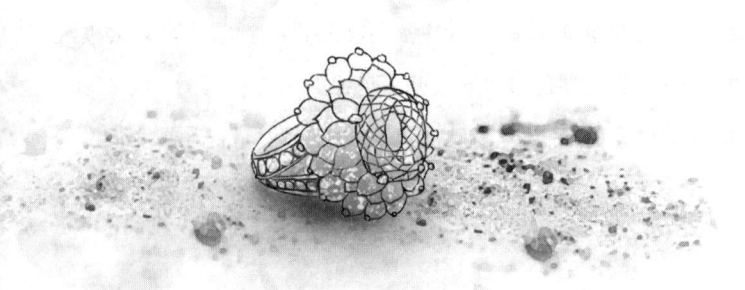

滋养爱情，而不是在无意识中毁掉我们的关系。这其中没有任何自私自利。对过程的承诺，意味着我们清醒地认识到我们必须克服虚假的满足感，为了美满的爱情毫不畏惧地完成所有内心和外在所必须的工作。

承诺接受并理解彼此的不同点

当相爱的两个人真正开始亲密接触的时候，彼此原先的盲点和真实的缺陷就会变得一览无余。对过程做出承诺就表明我们愿意面对任何问题。这意味着我们要鼓起勇气直面自己的内心体验，即使真相是令人不安甚至令人痛苦的。如果没有这样的承诺，在相处过程中，我们就很难真正面对自己的内心。一旦结婚，我们就以为从此便可高枕无忧，于是全面放松警惕；可是当我们打瞌睡的时候，婚姻的快车就会发生碰撞。

很多夫妻即使彼此早已变得陌生，也仍然保持着婚姻关系。当婚姻双方因沟通不当甚至潜在的欺骗或不尊重而失去对彼此的了解时，那样的关系更像一对糟糕的舍友，而不是真正的婚姻。这样的情形之所以会继续下去，就在于夫妻二人的固执，或者更确切地说，是因为彼此受伤太深，而再也不愿意将语言攻击变成真诚的沟通了。他们都太自以为是，甚至由于伤得太重，根本无法真正敞开心扉去聆听对方的心声。

还有的时候，可能婚姻的一方会一直真心地向对方伸出友好的双手，而对方却始终不愿或者不能找到一种自我肯定、不带指责的方式来予以回应。一位沮丧不已的女士这样描述了她婚姻后期的状况："不管我说什么，不管我如何表达我的心意，我所做的一切只能让他更加否定我。人开始变得不可理喻。我简直就像在跟一个醉鬼讲话。"除非两个人能够成熟理智地承诺解决所有冲突，否则彼此的关系将最终走向崩溃，然后分别去找寻新的忠实伴侣。

最近有研究显示，很多矛盾的激化都是由男人和女人的沟通方式不同而引起的。语言学家及著名作家黛博拉·谭妮把这种表现在习惯用语上的区别叫作性别语言差异。两性之间的错误沟通和矛盾冲突在某种程度上都很可能是由男性与女性对世界的认识方式不同而导致的，无论是生理差异还是社会制约尽皆如此。但是如果我们双方可以向彼此承诺去努力看清实情并且理解对方的话，我们就能克服很多差异。

对过程的承诺能让我们不断发现彼此的差异，明白这些差异会带来的影响，而不用因为总认为自己是对的、对方的想法和需求甚至沟通方式都是错的，而互相责备乃至产生敌意(虽然我们明白某些沟通方式确实比其他方式更有效)。要想做到这一点，我们必须努力让自己走进对方的世界里。如果不是真心实意地想去了解对方，如果没有这样的承诺和善意帮助我们清楚地认识彼此，我们就会失信于自己的伴侣。

第五章 了解背叛的本质

我们就不再心甘情愿地跟对方一起走完人生之路。等待我们的悲惨结局必将是由痛苦引发的两性战争。

作家亚伦·基普尼斯与伊丽莎白·辛斯顿一直都在组织两性和解研讨会,鼓励男性和女性珍惜彼此不同的经历和体验,并且真正用心去聆听彼此的心声,以此来了解并欣赏对方的看法:"我们当中有很多人都担心:如果听取了别人的意见,就会减少自己的发言权和主动权,甚至动摇我们的地位。这种恐惧一直让我们处于一种对抗情绪当中,始终抱着批评和疏远的态度。同理心的严重缺乏直接导致了对异性想法的贬低与不认可。"

事实上,一味坚持对异性的批判也是一种对自己的背叛。因为那样的话,我们就放弃了丰富并联结自己内心世界的机会,而这正是我们心灵深处所渴望得到的。

承诺与负责任的自由

同样,当我清楚地认识到某段感情已经不能让我继续成长,甚至对我造成伤害,而我还继续浪费彼此的时间时,我也背叛了自己;如果一段感情扼杀了我的灵魂,剥夺了我的幸福,而我还在其中徘徊不已时,我就放弃了让自己的精神和情感得到进一步成长的可能性。这实际上就等同于放弃了自己对生命的承诺。

当我把与伴侣生活在一起当作一种义务压在自己身上时,

那么我发自内心的对自由和成长的渴望就会极力反抗这种外来的束缚。如果我可以毫无压力地跟对方在一起，我就可以真正去体会我们在一起的点点滴滴：什么是我喜欢的，什么是我不喜欢的，哪些因素影响了我们的幸福。

很多人都特别害怕失去自由，因此他们从来不敢在感情当中投入太多、陷得太深。他们害怕一旦深陷其中就无路可逃。这种害怕被"套牢"的想法让很多人站在爱情的门口踟蹰不前，不敢尽力一试。从一段失败的感情当中抽身出来之后，他们就会感觉如释重负，再也不用承受自己给自己施加的（或别人施加的）压力了。但是假如他们所追求的是一种负责任的自由，这些人便会更有勇气去进行合理的尝试。

同样，这里并不是要告诉大家在感情中稍有不满就立刻放弃，或者一有更好人选出现我们就要马上"更新换代"。游走于一段又一段的感情之间，只能说明情感上的障碍及目光的短浅阻止了我们在感情上有更深入的发展。就算换了一位新人，我们仍然是从一开始的浪漫完美主义慢慢走向幻想的破灭，然后再开始另一段感情。

克服情感障碍，了解自己的内心

每一段感情都有让双方感到乏味无趣的时候，这时，我们会误以为是这段感情令我们深感不满，而对不满情绪的错误认识就会让我们通过背叛来寻找过分浪漫化的幻想。

第五章 了解背叛的本质

我们真正要做的是以一种全新的、更加深刻的方式去认识自己,而不是去责怪我们的另一半,或者把一切归咎于这段感情。也许我们隐藏了一些令人不安的事实,而正是这些隐瞒与逃避让我们的感情一步步走向了死亡。也许我们期待另一半能让生活充满乐趣与生机,而与此同时我们却不懂得滋养自己的内心,让自己的心先生动起来。对于我们来说,当务之急不是草率分手,而是去找到感情之外的生活,不管是去创业,还是进行个人发展训练,不论是去追求事业的成功,还是去参加志愿活动,或者结交一些知心朋友。当我们从生活中汲取到更多养分的时候,我们能给予对方的也就更多了,这样我们之间的距离也会随之拉近。充分享受生活会让我们变得迷人而有趣。

当一段感情让我们产生一些难以面对和理解的情绪时,我们当中的一些人就会选择背叛。乔治是我的一名来访者,当他的爱人表现出自己"脆弱"的一面时,他就会很生气(比如谈论工作中遇到的一些挫折,或者对事业发展感到迷茫等)。他对此表现出的愤怒情绪其实反映了他对自己表现不够强大和束手无策而感到耻辱不堪。在内心深处,乔治觉得自己有责任帮爱人排忧解难,他非常希望自己有能力照顾好她,在他看来这是男人的"天职"。因为自己帮不上忙而在内心不断积聚的负罪感和挫折感慢慢转变为一种自卑心理,同时他也因为自己"不够有能力"解决爱人的问题而十分恼怒。奇怪的是，每次生气发火都可以让他立刻摆脱心里那种痛苦难耐的感觉。越是希望自己可以像无所不能的英雄一样给予爱人足够的关爱与保护，自己给自己的压力就越大（这也是来自全社会的压力），而巨大的压力只会让我们付出的爱更少。

这段感情映射出了真实的自己，当乔治认识到这一点的时候，他终于明白，一直以来他都不允许自己感到脆弱无助或犹豫不决，这给他的生活带来了巨大的压力和痛苦。如果他允许自己有这样的情绪，他也就更容易把同样的权利给予自己的另一半，让她也可以感受一下自己的脆弱，而不用总是逃避。这样的做法要求他不断提醒自己（他要求爱人也要提醒他）对自己多一些关怀和同情，同时他还要反复告诉自己不要总想着去解决那些问题。当他明白接受并拥抱自己脆弱的一面不失为一种智慧时，他们之间的感情也随之加深了。总之，乔治从中学到了一些真正深刻的东西。要想避免因冲突而破坏彼此感情，那么无论男人还是女人都应该把握一条准则：当彼此之间发生的事情导致二人发生一些心理变化时，夫妻双方都必须负责搞清楚这些变化是什么。

乔治学会了真实面对自己的内心情感，这也为他的感情生活注入了新的活力。就像他说的那样："当我明白原来自己没有必要解决她所有的问题时，我突然有一种如释重负的感觉。原来很多时候我只要以一种关爱的方式认真听她讲话就好，不用总想着去做些什么。我只要在那里陪着她就好，而不用绞尽脑汁想解决办法，这样我就会感觉更轻松自在了。"

婚姻当中的"过程承诺"

对过程的承诺与婚姻并不是对立的，与之对立的是保证"一生一世在一起"，是只想通过婚姻为自己找到最终归宿，而忽略了婚姻的过程。对婚姻过程的忽略可能是所有背叛形式中最严重的一种，因为它是其他背叛的根源。

对婚姻过程的承诺能让夫妻双方学会利用婚姻来解决所有影响夫妻感情及个人成长的所有问题。对于大多数人来说，婚姻为他们解决个人及双方面临的困难提供了一个良好的环境。

如果有了对过程的承诺，当初在所有人面前许下的婚礼誓言就会成为我们对爱的表达和庆祝，其中可能也会有对于白头偕老的期待。总之，我们会努力解决所有矛盾和问题，不会过分害怕自己的爱人会因为意料之外的压力和不快而突然离开我们。

履行生命的约定

人们心灵的发展总是优先于那些为了方便自己、保护自己而做出的承诺。在我们心底里有一种神秘的知觉，它一直在驱使我们让自己得到最大化的发展。当我们的爱情是以相互尊重、善意真诚和持续的相互理解为基础时，这种发展就会进一步提速。可是即使我们抱着成熟的态度、付出了不懈的努力，可还是不能解决我们之间长期存在的那些矛盾和冲突的话，我们就需要分开了——和平分手，相互尊重（如果我们足够睿智和幸运的话）。这样我们就可以自由自在地去做那个真正完整的自己了。这是一种更加神圣的、对生命的承诺。

感受我们的内心体验并与之对话

大的背叛总是看似突然地降临到我们头上，但实际上一切已经酝酿很久了。如果我们可以回顾一下感情的发展过程，就会清楚地发现希望的微弱光芒如何变成了失望的暗夜。

在爱情的初始阶段，人们很少遇到问题。我们迫切地想要取悦彼此来给对方留下美好印象。我们如胶似漆、难舍难分，很少有矛盾出现，一切都是那么美好。因为彼此亲近而带来的喜悦会促使我们立刻同居或结婚，这样我们就可以从感情中得到更多快乐。

慢慢地，几乎是在不知不觉中，所有不可避免的问题就出现了。彼此的缺点逐渐显露出来、双方的不同点也变得一目了然。曾经共同期待过的美好画面都变成了痴人说梦。我们不再抱有那么多的浪漫幻想，情欲也开始慢慢消退。这时的我们再也不是生活在伊甸园里的痴情男女。

大多数感情都要经历一段关键的磨合期。在这段时间，

第五章 了解背叛的本质

热恋时并不明显的个体差异突然变成了矛盾的重点。继续深造还是生儿育女成了她最纠结的问题；岳父岳母的介入以及经济上的负担成了他最头疼的事情。脏乱的厨房越来越让他感到心烦；她则开始抱怨他呆在家里的时间太少。

当不断积聚的失望情绪演变成了对彼此的敌意和怀疑时，我们开始互相指责、恶语相向。慢慢地我们开始不再彼此尊重，开始鄙视诋毁对方，而不是去想办法搞清楚到底发生了什么事情，然后诚心诚意地坐下来沟通交流。我们甚至会认为指责和羞辱自己的爱人变成了一件理所当然的事情。当生活让我们越来越失望的时候，我们开始把所有的不开心都归咎于另一半，把他们当成自己的"敌人"一样看待。这样我们对他/她的负面看法就会越来越多（自私自利、难以忍受、顽固不化），同时也使得我们更加肆无忌惮地对他/她进行恶毒的谩骂，根本不管这样做对他们的伤害有多深。随着双方变得越来越疏远，我们甚至会故意去伤害对方。卡拉刚刚结束一段长达两年的感情，她这样描述了当时的情形："一旦他不能满足我的要求，我就会故意叫他伤心。我用各种恶毒的语言去刺伤他的心，但其实那样对他根本就是不公平的。"

随着时间的推移，会有更多理想破灭。曾经那么性感的身体如今在我们眼里变得令人乏味；曾经觉得很可爱的习惯现在也变得讨厌无比。我们会讨厌他/她打呼噜、煲电话粥、大手大脚等。

当我们的另一半感到困扰或受冷落时，他/她就会越来越想到外面去和朋友聚会或者培养其他方面的兴趣，这时的我们就会感到更加空虚和寂寞。当我们发现自己再也不是对方生活里唯一的宝贝时，心头又会增添几分伤感。当我们发现爱人的需求、欲望以及性格都与我们大相径庭时，我们手足无措，不知该如何是好。卡拉对这一点深有体会："这听起来可能有些奇怪，但是我很难相信我们居然是两个世界的人。我真的无法理解这一点——尤其是当我想从他那里得到什么的时候。我有时会把他看成我的一部分延续，而不是一个有不同的经历和不同需求的'陌生人'"。

对个人觉醒的认真承诺

好在矛盾冲突以及权力斗争并不一定会给我们的感情带来灾难般的破坏。正如我在前面曾经建议过的，只有一直忠诚于整个过程，真诚地面对自己和别人，才能解决感情生活中普遍存在的矛盾。如果我们带着智慧和关爱去解决这些矛盾的话，它们反而会变成沟通的桥梁，让双方增进了解，加深感情，而不会成为背叛和抛弃的导火索。

要想守护我们的爱情，要想避免遭受背叛的痛苦，双方就都必须忠实于个人的成长。只有当我们做出认真的承诺去加深对自己以及别人的了解，曾经将我们紧紧连在一起的爱情才能得到滋养并持续健康成长。要想为孩子创设一个健康的成长环境——建立所谓的"家庭价值观",最重要的就是去追求个人成长。如果做不到这一点,我们在自己所爱的人面前就只会不断重复那些令他们痛苦烦恼的习惯和行为。

"个人成长"这个词听来可能已属老生常谈,我们早已看不到它的重要性。因此我们需要一些新鲜说法来定义每个人的成熟过程,这样我们才能不断从新的视角来看待这个瞬息万变的现实世界。"个人发展"、"实现真我"、"自我实现"、"个性化发展"、"获得自主性"以及"变得完整",这些说法的含义都是更全面地了解自己——不断地增强自己的能力去拥抱自己的各种感受,同时去体会幸福、快乐、爱情、亲密、幽默、活力以及感激之情。

要想实现这一切,我们必须增强自我觉察,即要有能力去关注自己内心深处更加微妙的感受。我们把这样的能力叫做"个人觉醒"——对自身存在的各个方面都变得敏感,同时对自己周围的一切充满同理心,包括他人的需求和当今的社会及环境需求。

意识到自己的内心感受

不管我们采用哪种说法来表达这种非凡智慧、个人深度以及与他人之间更加成熟的关系,不管我们采取哪种方式去达到那样的境界,都有一点是不可或缺的:感受内心体验的能力。仅仅靠"头脑知识",我们不可能变得更睿智、更成熟,虽然这样的知识也很有价值。要想发展一段令人满意的感情，我们需要具备一种微妙的智慧——能够意识到自己丰富的内心感受。

这样的感受包括对人性的感知。字典上对"感知"的定义是"感受的能力……仅指感觉，不包括思想。"换句话说，我们不要仅仅用大脑来生活，我们还要与自己的身体和心灵建立联系。要想实现个人成长，我们所面临的主要挑战就是要去与自己身上这些长久被忽略、被遗忘、被丢弃的东西重新建立联系。

如果我们听不到自己内心的呼唤——我们内心的丰富情感、欲望和动机，我们就会去折磨与我们最亲近的人。如果不清楚自己的内心到底在发生怎样的变化，我们就无法真正与自己的心进行沟通，真正去了解自己的内心世界（我们的恐惧、痛苦、希望和快乐），而只会在沉默中心神不安，只会继续保持麻木；或者我们只会冲动发火、口不择言，而不能去和自己进行更深层、更全面的沟通。就像我的一位来访者所说的那样："每次我脱口而出的话都只会让事情变得更糟糕。"

如果我们的认识总是受到常见看法、常规立场和情绪的影响，我们就不但剥夺了深刻认识自己的机会，也阻止了别人清楚地了解我们的内心世界——这种认识是建立信任和增进感情所必须的；而对于过程的承诺会让我们永远忠实于自己，去探知自己的真实感受、需求、思想，以及动机，不管

第五章 了解背叛的本质

这种自我揭露的过程有多么痛苦。不去触碰自己的内心感受，不去表达自己的真实想法，最终只会在我们与他人之间造成很多困惑与误解，进而变成各种背叛的温床。

要想合理地解决矛盾与冲突，我们首先要意识到我们正在经历冲突，然后去体会我们在面对冲突时的内心体验。这次矛盾是以什么形式表现出来的？与之有关的心理感受是什么？我们真正需要或想要的是什么？我们的哪些希望和目标被破坏了？这次冲突的本质是什么？了解自己的内心感受能引导我们对这些问题做出更深层次的回应，而这些回应潜藏在我们的第一反应以及让每个人都感到痛苦的错误理解之下。只有当我们真正去面对自己的内心时，我们才可以做到真正意义上的沟通。

安德莉亚40岁，是一名教师，她自认为自己的婚姻很幸福，但她却因被一位男士吸引并发生了婚外情而备受困扰："他好像对我施了魔咒一样，让我不由自主地被他吸引。我想继续保持现有的婚姻，可是我离不开他。"在我们试图搞清楚她的婚姻到底缺少了什么的时候，她读了自己日记里面的一段话："我需要他更多地看看我的眼睛；我需要他用心听我讲话；我需要他单纯地抱抱我，而不只是为了做爱。"我问她有没有对丈夫讲过自己的这些需求，她说她不想向丈夫提要求，而是希望他能主动做到这些。但是当我们从更深的角度分析时，她终于切中了问题的要害："如果我告诉他真实的想法，我害怕他会拒绝我。我害怕他会在一段时间内满足我的需求，过一段时间又抛诸脑后。那样的话，我会很难过的，我会感觉他根本不重视我。"因为被种种恐惧牵绊着，她再也不想从丈夫那里得到什么了。可是当她被另一个男人吸引的时候，她的渴望再一次浮出了水面，因为这个男人愿意给予她一直想要得到的爱。慢慢地，她对自己的内心感受有了越来越多的认识——她不为人知的恐惧和沉睡中的心理需求。这时她也更愿意敞开心扉与丈夫进行一次真正的对话了。

当我们的内心因为不被理会而逐渐荒芜时，我们就与自己失去了联系。我们就很容易与别人发生私情、很容易突然提出分手，或者发生其他类型的背叛。搞清楚自己内心的真实感受，我们就不会被内在与外在的冲突所迷惑。在理智地解决所有冲突的同时，我们就有机会加深对彼此的了解，并增进彼此的感情。当我们之间的关系更紧密、感情基础更坚固时，我们就更有能力应对冲突和解决矛盾了，背叛的可能性也就随之减小了。

没有人能够时时刻刻去关注自己内心的微妙变化，再说也没有人愿意那样做。过分关注自我就会变成自恋，会阻碍我们学会放下并回归正常生活。此外，日常生活的压力也让我们很难做到完全的坦诚和全面细致。但是，对过程的承诺要求我们必须拿出一定的时间来关注自己的内心世界，这样我们的感情之花就不会因疏于打理而日渐枯萎。每一个人以

第五章　了解背叛的本质

及每一对夫妻都要找到适合自己的那个平衡点。

因为我们做不到时时刻刻去关注自己、关心他人，有时我们就会不可避免地伤害到彼此；但是我们完全有能力处理好这些小的伤痛和小的拒绝，不让它们演变成杀伤力巨大的背叛行为。我们为感情所织的安全网越大，我们就越容易在摔倒以后重新找回平衡。

基于内心感受的沟通

人与人之间的大多数矛盾都源于缺乏对自己内心真实感受的认识。我们往往不会与自己的内心对话，而只会对他人发号施令。我们固步自封于自己的想法当中；自以为是地去理解别人的感受，而不是真正去倾听他们的心声。我们告诉他们该做什么，该怎么想、想什么。戴尔是一名45岁的计算机技术员，他的说法恰到好处地诠释了这一点："我越不了解自己，就越专横。我不知道自己的真实感受是什么，即使我认为我在表达我的内心感受。"

很多时候，我们所表达的"感受"其实只是自己的某些评判和概念，根本不是自己当时的真实想法。这些评判还会掺杂一些情绪，但却不能真正触碰并表达出我们内心深处的真实变化。情绪化——冲动地发泄自己的情绪，与真情流露是完全不同的两种概念。当我们情绪失控或者大发雷霆的时候，更多的是在咆哮恐吓、虚张声势，而不是与别人进行心灵的沟通。就像戴尔经常会大喊："你太傲慢、太自我了！"但是当他多给自己一点时间仔细想一想，或许就会这样说："每当你打断我说话的时候，我就会很生气、很难受。在我向你诉说一些很难表达出来的想法时，我真的希望你能认真倾听，不要打断我。"这样说就会更加清楚地表达出他对爱人的看法和要求。当他用自我剖白代替激动情绪时，爱人也给了他更温暖的回应。

只有当我们开始全面体会自己的内心感受时，我们才能真正了解自己，别人才能正确认识我们。否则我们只能疯狂地批判别人，只能通过发火或者发泄表面情绪来进行沟通。如果连自己都不去触碰内心的深层感受，我们的爱人又怎么会知道我们在想什么？如果我们不去表达自己的真实需求，我们的爱人又怎么会明白如何去满足我们呢？如果我们不了解也不能把自己的底线说清楚，我们的爱人又怎么会知道哪些行为会伤害到我们呢？

对自己的期待、希望以及目标认识不切实际，也很容易引起冲突。如果我们不知道自己其实期待的太多，我们的另一半就会很痛苦，因为不管他们怎么做都不能让我们得到满足。反过来，如果我们放弃了让自己追求幸福的权利，就永远不可能从真正的爱情中体会到生活的美好。如果我们不明白自己的目标或者放弃了自己追求它们的权利，我们的渴望就会受到压制，这样的做法可能会引起情绪抑郁或者愤怒。

这时我们就容易做出一些具有破坏性的事情，比如发生婚外情，或者背着爱人大把花钱。

有时候别人给我们的回应并不是我们想要的，这可能是因为他们不愿意或者他们根本做不到，但更可悲的是因为我们没有清楚地表达自己的想法而导致别人对我们的拒绝或忽视。我们或许未能全面而敏锐地去关注并显露自己的内心世界；我们可能也不相信分享我们的内心感受会拉近我们与他人的距离，会让别人更了解、更欣赏我们。因为我们没有将自己的想法准确地传达给对方，我们最终变成了最亲密的陌生人。"我从来都不了解我的爱人"成了很多夫妻的痛苦哀叹。

如果我们开始去认识自己的内心世界，并把自己的想法表达出来，我们就能够在自己与他人之间建起一座沟通的桥梁。在这样的氛围中，我们可以用真诚的理解和心灵的沟通代替所有的背叛来应对一切矛盾和挫折。

由自我认识产生的诚实正直

我们当中的很多人都认为自己在人际交往中是诚实而正直的，然而，要想彼此和谐相处并能相互信任，光做到诚实是不够的。如果不能同时袒露自己的内心感受，我们的诚实几乎是没有什么意义的。

只有当我们能够清楚地认识自己的时候，我们才能真正做到诚实。表面的诚实与在了解自己内心深一层的感受基础上表现出来的诚实是完全不同的，而这种深层的感受可以让我们学会如何以一种温柔关爱的态度去面对心里的伤痛、恐惧和那些柔软的角落。对内心的温柔关怀不但会让我们对自己的认识更深刻，而且也会触动爱人心中最柔软的部分，进而让彼此因换位思考而产生共鸣。当我们开始关注自己的真实想法时，我们的另一半也会因此而受到鼓舞，有勇气展示自己内心不为人知的敏感面。

很多人只关注诚实的做法。比如，他们会随意发泄自己的怒火，或者告诉对方自己不喜欢他们的那些方面。他们急切地想要发表自己"诚实"的意见，不管这样做会对他人造成怎样的影响，也不管这种做法是否适用于当时的场合。在这样的情形下，所谓的诚实其实是一种无情，是伪装的攻击。当我们打着"诚实"的旗号去攻击别人时，诚实的意义也就贬值了。实际上我们就是通过责备和批判别人来让自己得到情感上的满足而已，之所以说自己"诚实"只是为了美化这种残忍的行径罢了。

成熟的诚实是有深度的，并且要求我们具备深厚的责任感和正义感。它要求我们关注自己的内心，去探知自己的心理感受，而不是眼睛只盯着别人，告诉他们哪里不对。要想做到情感上的诚实，我们就要与别人分享自己更深一层的感受和情绪，而不是以自己的表面看法和固执的评判来挖苦别人。发现并说出别人的错误（不管是真实的还是假想的）总是比看清楚别人的言行对自己产生的影响来得更容易些。当别人在我们心里只有一个黑暗而邪恶的形象时，我们就更容易背叛他们。

感知微妙的心理体验

在向别人袒露自己的内心感受之前，我们首先要去真正感知自己的内心世界。这意味着我们要去面对更多脆弱的地方——模糊的恐惧、伤痛、怀疑和不安，这些都是我们所厌恶的，而且每次有什么人或事勾起这些情感时，我们都会本能地回避。有深度的诚实要求我们慢慢去体会那些让我们害怕或者尴尬的心理感受。当我们可以安心地面对这些微妙的情感时，我们就会更容易表露自己这些脆弱的情绪，先面向自己，然后再面向别人。

如果我们不去探究自己内心更深层、更关键的感受，小的伤害就会积少成多，而这些微妙的内心感受有可能会让我们对之前的争吵产生新的认知。矛盾与伤害不断继续而我们始终找不到解决的办法，当其中一方再也无法忍受下去的时候，任何一次无伤大雅的事件都有可能为彼此脆弱的感情带来毁灭性的打击。虽然冰冻三尺非一日之寒，但是被抛弃的一方还是会有一种被突然背叛的感觉，而背叛的一方却认为自己为了挽救这段感情已经尽了最大的努力。

在我处理过的很多案例当中，那些首先提出分手的人往往并没有清楚地表达过自己的想法,也没有与对方进行足够的沟通。他们可能以一些模糊的方式或者非语言的行为暗示过,比如情绪孤僻或性冷淡,也有可能曾经因此而大发雷霆,但是却没有真正表达出自己内心的不满。除了这些表现以外,他们并没有清楚地告诉过对方,自己已经很不开心了,再有一两根不满的稻草就会将这匹不堪重负的"感情骆驼"压垮了。这些人会感觉自己承受的情感压力太大了,根本不可能平静清晰地把自己心里所想的表达出来。我经常听到人们说:"我们有太多缺乏沟通的地方,我根本就理不出头绪来。我们根本都不清楚我们之间到底发生了什么。"

交换我们的深层感受

要想感情稳定发展,我们就必须去发现自己的不满,并且明白我们到底是因为什么而感到不满,还要学会如何以一种负责任而非责备的方式表达出自己的想法。有些读者可能会说:"我知道我到底为什么不开心,我也会常常把自己的不开心告诉我爱人!"可是我已经不止一次地发现大多数人根本不会表达自己最深层的感受,他们只是告诉对方事情应该是什么样的,或者对方不应该变成什么样子。他们不会说出自己的伤心之处,而只会喋喋不休抱怨不止;不管说什么都是批评的语气、攻击的方式和羞辱的态度,真正要表达的内容都被充满敌意的表达方式掩盖掉了。

第五章 了解背叛的本质

我们当中的很多人都是在发泄自己的情绪，而不是在沟通自己的想法。我们发火，其实是因为我们害怕；我们用恶毒的语言侮辱对方，都是因为我们伤心和嫉妒；我们会用夸张的行为表现自己的情绪，而不是用负责任的语言表达自己的心情。这一切最后换来的是对方的排斥和抵制，而不是真正倾听我们的伤痛和忧虑。因为我们不明白自己的真实想法，再加上缺乏沟通，只能让我们受伤更多，迷惑更多，最后只好走向背叛。

如果我们不是去改变别人，而是改变自己——真正体会自己的内心感受，并且让别人知道我们的感受，至少说明我们是信任这段感情的。冒险表达自己的真实想法，至少可以让我们之间有更多的信任，让我们的关系变得更亲密一些。

当我们低估了自己的烦躁情绪，或者当我们不清楚是什么让我们心情烦躁时，内心的不满就会滋长。当这些不满情绪与日俱增时，我们可能会忽略它们，可能会认为爱人永远都无法理解我们，而不会去想办法消除这些不满情绪。事实上，我们有时根本不知道自己的真正想法，不知道自己到底想要什么。就像我的一位男性来访者说的那样："连我自己都不了解自己，又怎么期待她来了解我呢？"

每当朱迪要求杰德多陪陪她的时候，他总是抱怨说自己太累了，想看会儿报纸。有时他还会生气地朝她大喊："能不能别烦我？让我一个人呆一会儿好不好？你太黏人了！"当他去剖析自己的真实想法时，他发现自己不愿意陪朱迪是因为害怕被对方指责。和很多现代男人一样，杰德小的时候也经常挨骂，因此总想着要表现好，"要把事情做对"。而与朱迪安静地呆着是他很有可能做不好的一件事情。当然，朱迪也有朝他发火的时候，这就使得杰德更加不愿意陪在她身边。

最后杰德终于意识到，原来他之所以会避开朱迪，就是出于这种对失败的恐惧，并为自己的不完美而感到耻辱，而且他的这种想法根深蒂固："我不知道这对我的影响有多深，我一直以为自己需要很多独立的私人空间。这些年来我并不清楚到底是什么在驱使我去这样做。"明白了自己深层的恐惧，他就更加清楚地认识到自己不愿意与朱迪沟通的原因了。

当他把自己长期以来承受的恐惧与伤痛都告诉朱迪之后，朱迪终于明白为什么他对别人的指责总是那么敏感了："我一直不知道他原来那么伤心，我眼中的他就像一堵砖墙一样。当他把自己的恐惧和伤痛告诉我以后，我就更愿意去听他讲话，对他也更有耐心了。当我相信他会去试着理解自己，并把自己的真实想法告诉我时，跟他在一起的感觉比以前好多了。"

对于杰德来说，能够把这些说出来是他为消除双方的隔阂迈出的重要一步。这样真诚的谈话，杰德的勇气加上朱迪的耐心大大地拉近了彼此的距离，而这一点也是他们都渴望得到的。

如果我们搞不清事情的真相，矛盾便会频繁发生。我们不去反思自己，而只看到对方的不足，还以为自己那些愤世嫉俗的想法都是对的，这样的做法只能加深双方的误解，无异于相互虐待。我们会坚持说是对方变了，而不去真正反省自己做了什么引起了双方的矛盾。如果能够早一点学会去面对自己的真实感受，了解自己的忧虑和恐惧，共同寻找解决方法的话，我们就可以避免很多矛盾和误会了。

如果我们以一种负责任的态度来面对自己的内心感受，并且将这种感受告诉自己的爱人，让他/她感受到你的真诚和信任，这时你们的感情会很快从背叛的边缘弹回到正常的状态。如果有一方愿意去反省自己在互相指责的冷战和情感疏远中做错了什么，那么彼此之间的伤害和怨恨也会慢慢减少。只要有一个人愿意低头认错，争吵就不会再继续了，因为另一方也会更愿意去反省自己，而不再纠缠于权力之争。"既然她愿意以诚相待，"一位来访者说，"我要是继续带着面具就是神经病了。其实，如果她对我少一点控制和批判，我就会很容易卸下防备。"

向别人展示一个更加真实的自己

学着去体会自己的内心感受，这听起来似乎有点神秘，但做起来其实很简单。然而不难做到并不意味着不难承受。我们首先要让自己杂乱的内心平静下来，因为那样只会让我们在心理上多一道防线（将在下一章中详细讨论）。我们必须要对自己感觉良好，然后才能正确评价自己内心感受。我们必须克服不称职感和长期的自我批判，这样才能听到来自心灵深处的轻声呼唤。

这使我们做好准备耐心温柔地关注自己的内在感觉和暗示，也就是我们常说的内心感受或者内心体验。当我们开始关注自己心里这些微妙的感觉时，我们对自己的认识也会随之加深，然后我们就可以让别人看到一个更加完整的自己——一个更真实、更脆弱的自己。如果对方能够接受这样的我们，并且与我们分享自己的感受，信任便由此产生。如果他们还是继续保持疏远和冷漠，我们就可以考虑去寻找那个真正欣赏我们的人了。

要想学会体会并分享自己的内心感受是需要时间来不断练习的——往往需要大量的时间和练习，还要有从失败中吸取教训的决心。很多人会急匆匆地闯入这个个人成长的世界中，可是最终却越来越沮丧，甚至直接放弃，因为他们发现自己惯用的那种获得掌控权的方法渐渐失效，却不敢确定自己到底能不能找到一种更有效的替代方法。在自我觉醒的过程中，几乎没有什么即时的满足，这完全不同于我们已经习惯了的计算机辅助的"洁净"生活。

缺乏对内心感受的认识和体会，也不知道如何让别人明白我们的真实想法，是导致背叛自己和背叛别人的主要因素。

第五章　了解背叛的本质

如果要实现自己的诺言——拥有美好的爱情、美满的婚姻，我们就必须要有耐心，多练习、多坚持。否则，一旦我们感到困惑、艰难或者痛苦，我们有可能会退缩，会重新回到以前的老路上，而不是坚持去攻下那些难题。虽然我们也知道老路会让我们继续以前的错误，继续承受我们不想面对的痛苦，可这就像战争结束很久之后，士兵还要继续挤在沙坑里一样：我们宁愿坚守着扭曲的舒适感与安全感，也不愿冒险去寻找新的可能性。

第六章

背叛之后的生活

经历孤独能使人们发现未触及的能力和资源并以全新的方式认识自己。那会是全新的体验,却会让人痛苦和恐惧;那也是一种非常糟糕的体验,但能让你重新发现自我、发现美、发现人类的慈悲,并珍惜生命的每一分钟。

——Clark Moustakas

背叛使人受伤。没有什么神奇的方法或技能使我们能迅速走出背叛的痛苦。然而,当我们经历了最初的打击和失望之后,可能会有比较好的结果等着我们。背叛后的几个星期至几个月是我们深入了解自己和生活的好时机。对生活的最新发现往往发生在我们最感伤痛或最脆弱的时候。

背叛带给我们每个人的全新认知和理解都是不一样的。然而,我观察了那些冷静并理智处理了背叛的实例,却发现有些教训是显而易见的;但是其他的就显得和背叛没有任何关系了——这一点也许是因为我们一直在抗拒自己最需要得到的教训。

背叛带给我们的启示或新的认识是深入思想和灵魂的。我们可能会认识到我们可以独自生活,认识到除了爱人伴侣以外,我们还需要其他人的支持,认识到自己在背叛中扮演的角色,并且明白自己需要提高沟通和对话的技能。

拥抱独处

在我们不知疲倦地寻觅那个能够照顾我们或者可以将我

第六章 背叛之后的生活

们救出苦海的人时，我们已经走入了误区。当我们急切地渴望找到那个集情人魅力、朋友陪伴和亲人关爱于一身的完美人选却不断遭到挫败时，我们只能重新回来反思自己。或许再也没有其他方法了。我们疯狂地在周遭搜索却最终又回归自我，尽管会有很多碰撞和争吵。那些否认孤独的人在经历背叛后最终会发现我们就是独自生活在世上的。

当我们被伴侣遗弃时，我们必须再次面对独自生活的现实。此时许多人通过对生活坚决说"不"来对抗背叛。我们用冷嘲的思想、过分的敌意和不情愿的退缩来隐藏伤痛；我们得出了一个残酷的结论："爱情不适合我。"我们诋毁异性："男人都靠不住"或"所有的女人都喜欢掌控一切"。我们做出重大决定："我不会再让任何人接近我了。现在我要做的就是照顾好自己。"

还有一些人在背叛之后闪电般地开始一段新感情。我们开始了大冒险般的浪漫之旅，尽管我们都知道结果。我们不断参加社交活动让自己没有时间感受孤独。我们拼命工作或疯狂购物以远离孤独（"我买故我在"）。我们努力让自己忙起来以消除分离带来的伤痛。

如果我们想从背叛的阴影中走出来，而不是忽视自己，那么我们必须学会拥抱孤独。背叛后的这段时间让我们有机会去体验生活和发现独处时的自我。等我们准备好重新放开自己接受别人时，在新一段感情中出现的将是一个全新的自己。我们会更加清楚一份感情能给我们什么，不能给我们什么，并且知道如何培养一段充满爱和信任的关系。

一年前突然被抛弃的琼这样表达了自己需要独处的想法："我意识到自己还没有准备好敞开心扉去接纳另一个人。如果再被抛弃会很受伤害。我偶尔也会约会，但是并没有对谁动心。我想再过不久，我就会好起来的。现在我要一个人生活并努力学习任何必须学习的东西，不让这种事情再次发生在我身上。"

要想和别人建立美好的亲密关系，我们首先要对自己好。独处时会产生新的强大的自我意识，这被心理学家克拉克·莫斯提卡斯描述为"强烈永恒的自我意识时期，全新的情感和意识的开始。"矛盾的是，新的联结和亲密感可能就在我们面对和享受分手时燃起。当我们逐渐学会面对并且开始习惯孤独时，亲密却会在心灵最深处出现。

拥抱孤独

许多人说他们喜欢独处，但是他们并不能像我说的那样去拥抱独处的感觉。他们喜欢独处是因为他们可以追求自己的爱好、看电视或喝酒。事实上，拥抱孤独不能通过娱乐或忙碌的方式。更大程度上，它是指孤独时仍有一个积极的热爱生活的心态。拥抱孤独包括享受那个远离外界干扰、与内心世界建立联结的创造性过程。

第六章 背叛之后的生活

这样的独处不仅能帮助我们建立与自己的联结,还能帮助我们与别人建立更多的联结。就像作家林白夫人说的那样:

> 我发现,如果一个人不了解自己,那么他/她也会疏远别人。如果一个人不去认识自己,那么他也不会认识别人……只有当他/她与自己的内心深处建立连接时,他/她才会了解别人。现在的我渐渐发现,只有在独处时我才能重新发现真正的自己。

学会独处并不是自己呆着一两次之后说我们已经接受了孤独就算完成了。我们可以从更深层次上去体会。

尽管这听起来太无聊且太过严肃,但是我们可以将这段特殊的时间用来享受自己对自己的陪伴从而发现新的自己。我发现了深入认识自我和生活的三种途径:冥想、自我探索和创造性的自我表达。

冥 想

冥想一直以来都是关注和发现自我的一个简单而古老的方法。冥想经常被误解为是一种神秘的技巧。事实上,它只不过是我们时不时都会体验到的一种人类本能。漫步于丛林、凝视我们的爱人、怜爱地看着我们的孩子、倾听动人的歌曲或音乐会——这些经历都会将美丽、神秘以及生命的奇迹展现在我们面前。在这些珍贵的瞬间，一切都停止了，我们的心也跟着静了。我们体验到了言语无法表达的存在，我们自己、他人或生命本身。

说得正式一点，冥想就是将注意力集中在每一次呼吸的感觉上。如此，我们就会变得平静而专注，减少注意力分散并摆脱"自我批评"带来的羞愧。内心的平静使我们变得强大。我们不再因遭遇背叛或其他时候的自我诋毁、冲动和痛苦而心事重重。当我们不再被外部因素干扰时，我们就会放松下来，并全神贯注于感受更深层次的自我——无论经受怎样的磨难，我们的灵魂都将存活下去并茁壮成长。斯图亚特的妻子有了外遇，他这样说道："冥想帮我找到了心灵深处释放孤独、发现自我的那一片净土。"

冥想不是逃避现实。当我们内心放松了，我们更能感受到藏匿在内心深处那些熟悉的感觉。医学专家韦恩·穆勒很好地诠释了冥想如何帮助我们拥抱痛苦：

> 静静地独处时，我们能更清楚地感受到内心的痛苦、破碎心灵的深处和眼中饱含的痛苦泪水。远离尘嚣的打扰，静静地，我们更接近自己的内心深处，或许第一次深刻地体会到痛苦的感受……当我们可以静静地清楚地倾听内心的酸楚时，或许我们才能

第六章 背叛之后的生活

真正地痊愈。或许我们不需要去表达、去注视,我们需要做的就是安静地、满怀爱意地聆听自己的内心和灵魂。

冥想教练约瑟夫·葛斯汀和杰克·康菲尔德是这样解释冥想好处的:

> 冥想能够帮助我们打开心扉、调整状态、发现真我……我们有太多时候都沉浸在思考、判断、幻想和白日梦当中……冥想不是固执也不是逃避,而是平静下来,将注意力集中到那一刻。这种心灵的平衡……使得我们与内心韵律建立联结成为可能……然而,这是需要付出努力的。努力专注并享受每一刻。

冥想对身心的好处是显而易见的,并已获得学术界和科学界认可。经常内省可以使我们远离烦躁和焦虑。在聆听内心时,我们就不会再疯狂地操控环境来证明我们是有价值的。经过不断的冥想练习,我们会摆脱掉一直困扰我们的自责、痛苦和困惑。我们会找到内心深处的平静与安宁,并让其越来越多地渗透到我们的生命中去。

在引人入胜的电影《与安德烈的晚餐》中,安德烈讲述着

他想通过环球旅行来使自己的人生更有意义、更精彩和充满活力。关于这一点他解释道:

> 那时的我不得不进行特定的训练来学习如何做一个人。我的意思是,那时的我对事物是什么看法?我喜欢什么?我真正想和什么样的人在一起?我并不知道……我能想到的找到这些答案的唯一方法就是远离喧嚣、停止活动,只是静静地倾听我的内心……我想,当你需要这么做的时候,时机就来了。现在,或许为了做到这一点,你必须去撒哈拉,或许在家也可以。但是无论在哪里,你都必须远离喧嚣。

冥想是去除烦躁倾听自我的最主要的方法。经常倾听内心——即使很短暂的时间——也可以让我们从喧嚣中振作起来。渐渐地,我们就能学会在内心深处这个可靠的避难所获得更长时间的愉悦。当我们的幸福感变得更强烈,我们会重拾对生活的信任。当我们更加了解自己时,我们也会更加清楚自己想要怎样的生活。当我们热衷于独处时,我们就不会再去背叛自己或惩罚别人了,这预示着我们将会在以后的日子里拥有令人满意的爱情。

停留在内心深处是对于惧怕被抛弃的最有效的解药。正如在第三章中讨论过的,当我们觉得被抛弃时(或被拒绝或被躲避），这种恐惧会触发愤怒。由于害怕被抛弃，所以我们会更想通过控制或操纵别人来满足自己，这会加速冲突和背叛的恶性循环。

越多地拥有自己，就越不害怕被抛弃或孤身一人。当然，被背叛或抛弃还是会让我们受伤，但是如果我们知道如何独处，痛苦就会少些。此外，我们不会过多关注自己从另一方那里得到了什么，而是我们能给予什么，或学着以更和谐的方式平衡付出与收获。我们越深入自己的内心，我们就需要付出越多。

除了能够帮助我们拥抱孤独，冥想还能为我们打下坚实的基础，对未来爱情的过程做出承诺。当我们能找到内心的平静，我们就更容易体会到内在的变化。越深入到内心深处，越会有更真实和本质的东西可以同朋友或爱人分享：我们真实的情感、渴望和需求。

而最重要的是，冥想是培养真实的存在来与人分享的主要方式：灵魂与灵魂、生命与生命的之间的生动连接。内心平和，心情愉悦——或许是用温柔的眼神凝视朋友或爱人，眼神的背后是我们温柔的心——那是奢华的灵魂营养。共存作为一件珍贵的礼物是给灵魂最稀有的盛宴。那是我们内心本质所渴望的更深入的亲密体验。这里需要的唯一的魔法就是使胡思乱想、自我责备和自我分析平静下来，这样更安静的生命节拍才能在我们自身和彼此之间敲响。

自我探索

自我探索的方法——可宽泛地称之为通向自我理解的道路，包括深刻地认识我们的感觉、思想和流经并激发我们的各种冲动。自我探索还包括更清楚地了解我们的价值观、目标和渴望。我们知道自己想要什么或者只是机械地自动地生活着吗？我们是不是已经丢失了生活的目标和个人的精神价值？我们如何处理那些前进路上的障碍？我们能将它们作为踏脚石来获得更清楚的认识和更多的智慧吗？当事情没有如我们所愿时，我们作何反应？

背叛让我们以一种新的方式向生活提出了基本的问题。如果我们能够学会带着这些问题去生活，用真诚的心和开放的思想来探究，那么我们的精神就会更加深刻，心胸会更加开阔。

背叛的严重影响可能会让我们失去对生活的信念。当我们的力量耗尽，就算不放弃生命，也可能放弃对幸福的追求，绝望、愤世、蔑视的情绪会占据上风。

丢弃对生活和爱情的原有看法其实是一大进步。当熟悉的方式屈服于未知的将来，我们所体会到的生疏和开放会迎来新鲜和魅力。如果我们能够温柔地欢迎和拥抱这些生疏的体验，一个全新的未知的生活将展现在我们面前，生活会因

第六章 背叛之后的生活

此而充满新鲜和惊喜。

当我们花费时间去感受并接受我们的弱点时，我们会产生一种全新的深层次的敏感——对自己、对他人及对生活。这种全新的感觉以一种温柔的方式让我们更了解自己。结果之一就是我们变得更容易被别人打动。贝丝的丈夫为了一个年轻的女人抛弃了她。然而，贝丝却以一种建设性的方式对待她所失去的。几个月后，贝丝的一个朋友赞美她说："你现在比以前放得开了。和你沟通变得容易了。现在的你有一种不一样的但是我喜欢的温柔。"

背叛的伤痛会带来全新的勇气和耐力。我曾经和许多人谈过，他们都惊讶于发现自己内在的力量和坚韧。

海琳的爱人突然抛弃了她并和另一个女人住在了一起，这对海琳的打击非常大："我突然间失去了一切。我不知道我是谁，我不再相信任何东西。我想过去死。但是就在我心碎了的时候，我忽然发现了深层次的自己。在那里，外壳包裹之下的实体——是我——真正的我，没有杂质。当我的心碎了，打开了，里面就是"没有杂质的自我"。我决定追寻它并探索我的本质。现在我认为那是一次关键的机会，一份真正的礼物。因为它让我清醒了——我必须重新审视自己是谁，并以更加清晰的角度来面对自己。"

通过独处——在海边散步、写日记、在家静修——海琳发现了自己新的一面："我发现原来我是很坚强的。如果有人想要打倒我，现在的我能够让自己重新站起来。"通过不断地自我探索，海琳认为背叛使自己变得更加坚强、智慧和善良了。

如果我们能够用力量和耐心来为灵魂的黑夜带去一丝亮光——如果我们能够有哪怕一点点微弱的决心继续生活下去——我们就不会再自我否定，而是开始自我探索和自我肯定。我们经历幻灭，然后开始发现真实。背叛使我们开始学习和成长。

自我探索的方法完全视个人偏好而定。例如，我们可能会独自反思、琢磨，也可能通过参加女性或男性支持团体、参加个人成长社团、阅读相关书籍、听讲座或者写日记来获得帮助。这些活动会使我们在生活中发现新的希望和方向。仔细聆听内心的跳动，我们会发现最适合自己的前进方式。

如果我们幸运地拥有可以信赖的朋友，他们会倾听我们的伤痛、愤怒和恐惧，却不对我们进行批判，那么这是一个增进我们之间珍贵情谊的好机会。如果没有支持我们的朋友，那么可以花时间去寻找那些好心的和我们有着相同经历的朋友。咨询师、神职人员或教育者都可以帮助我们发现自己在乎的事物并加深自我了解。通过这些帮助，我们可能会发现童年经历为成人关系带来了多少消极影响，或者会发现那些被我们忽略或压抑得更深的感情、需求和欲望。

痛苦的背叛会让我们明白其实我们并没有自己想象的那样了解自己，而且我们也并不像自己认为的那样了解自己的伴侣。背叛会引发我们对人生中的判断和选择的思考，也赋予我们机会来审视自己是否也该对这段关系的结束负责。我们会找到合适的方法来自我探索并更深入地了解自己，以免今后重蹈覆辙。

创造性表达

遭遇背叛后，以一种全新的方式去追求有意义的创造性的事物也可以让我们与自己重新建立联结。创造性地在孤单中寻找避难所，我们会发现从不知道的、只存在于自己最狂野的想象中的资产和能力。通过写作、日记、音乐或艺术的形式表达情感可以使伤痛转化为智慧和热情。说出伤痛，才能释然。著名流行音乐人斯汀在"60分钟"访谈节目中说他最好的作品缘于他的伤痛。很多最伟大的艺术、音乐或文学著作都是在亲身经历背叛的伤痛之后创作的。创造性地自我表达能够让我们重新认识自己并开始新的生活。

朱莉娅是一位具有创造性的勇敢的诗人，在被男朋友抛弃后，她在日记中写下了这些话语来表达她的伤痛："我倒在地上，再也站不起。/从心底发出的尖叫声比任何哭喊和眼泪都要惨凄。/我心灵最柔软的地方——他曾触碰过的，正在隐隐作痛，鲜血淋漓。/那里有他留下的痕迹，他的身影不请自来，久久不能抹去。"说出伤痛使她触到了灵魂深处。拥抱痛苦是一种全新的释放方式，这反而治愈了她。

当我们拥抱创造性的独处时间时，我们和自身会有更深的接触。我们会在内心深处找到力量和幸福的中心。在独处的深处放松，我们会发现自己更有能力找到自己想要的美满爱情——不是紧紧抓住亲密感，而是允许亲密感的流露。善用独处的时光，我们会变得更加完整，对于那些同样变得完整和真实的人，我们与他们之间的接触会更加简单。当内心找到一个舒适的港湾时，我们会发现自己与他人及生活本身的联系也变得更加紧密。

对支持型关系的需求

有别于拥抱健康的独处感，一些人选择孤立自己。受人际恐惧支配，我们也许会通过避免与人接触以求得慰藉，如杰德在上一章的所作所为。我们坚信自己喜欢孤独，或者认为自己是孤独者，以此来为我们孤立自己寻找借口。实际上，所谓的"独立"往往只是我们对拒绝的恐惧和失败的耻辱的反应，而并非健康的自主。

孤立自己具有保护功能。在人际交往中，我们可能会面对恐惧、羞辱和伤害，孤立自己则可以避免这些可怕的事情。然而，自我孤立同样会屏蔽那些我们在唤醒真实自我时所必需体验的情感；当我们任由部分自我被隔离在完整真我之外

第六章 背叛之后的生活

时,我们就是在背叛自己,部分自我仍然处于冬眠、受打压或是受约束的状态。人际交往则是释放自我的必由之路,而让自己远离他人却剥夺了我们参与人际交往的权利。

在我们的文化中,男性在受到伤害时将自己与人际交往隔绝的趋势更明显。作为男性,我们受到的教育是"要坚强",不要显露脆弱的一面。彼得是一位保险经纪人,人到中年,妻子离他而去。他如此表达了普通男性的情绪状态:"只不过是我得自己照顾自己了。我本来就不指望别人,所以我也从来不会失望。"这种鲁莽的逞能掩盖了更深的伤害和脆弱。

同样,很多女性也不轻易允许自己变得脆弱。波拉的丈夫丢下了她和孩子,波拉却说:"我已经不指望从别人那里获得什么。生命只有一次,孩子和我都会好好的。"我从波拉的声音里听出了冷漠,同时也注意到她不愿意分享——这也许是因为伤痛太过深刻。同许多男性相似,这种挥之不去的伤痛让人变得固执而冷淡。当然,治愈背叛的伤痛需要时间,也需要勇气和关爱自己的人分享自己的经历。

若对关心和支持置之不理,那么背叛留下的仅剩一片荒野。虽然独处有时是有益的,我们还是需要得到正确的支持。实际上,这些危机给了我们一个独一无二的机会来分辨谁是真正的朋友,谁能给我们带来温暖,谁能在我最需要和最脆弱的时候理解我们。在这些艰难时刻,我们也许会发现一个奇怪的悖论,即人生是一次单独旅行,我们却无法独自走下去。

寻找真正的朋友

也许我们会发现,在这些难捱的时间里,我们所认为的真朋友却没有在旁陪伴;在我们受到伤害后,也没有在情感上提供更多的支持和抚慰。也许是因为讨厌真情流露,在我们倾诉时,他们也许会很不舒服,结果,他们就改变了话题。他们也会逗乐我们,好让我们不去在意这些伤痛和脆弱。他们也许会重复那些老生常谈的论调,"你会挺过去的"或是"时间会治愈一切"这些话可能会有一点用,但它们并没有表达同情和理解,并不能帮助我们吸取教训走出阴影。

有些朋友也许会给予我们很多"帮助",但实际上这些"帮助"并没有真正地帮到我们。他们也许鼓励我们保持一个可怜的受害者形象。特蕾莎与丈夫分居了,在他们5年的婚姻里,每当她需要更多情感交流时,丈夫就会很生气。他"关上了情感之门",他说她"贪得无厌不可理喻"。最后在她离开他时,她得到了朋友的大力"支持",但其实大多数人并不知晓夫妻俩在交流上的复杂问题。正如她所说的,"很多人鼓励我保持受害者的形象。这很容易做到——虽然结果会更糟,但那样我就不用分析自己的原因了,只要可怜自己,并让别人可怜我就行了。朋友们总是说,'那个混蛋太配不上你了。你是鲜花插在了牛粪上。他从来不懂得珍惜你。'听到这些我往往会舒服很多。"

只有朋友迪恩给了她最大的帮助。特蕾莎说:"迪恩从不偏袒,这点我很感激。她知道我得自己越过这道坎。当我陷入受害者的角色中时,别人都偏向我,都来当我的保护神。可是如果他们能够告诉我真实的所见、所想、所感,那会有用得多。我觉得我本该要求其他朋友说出事实的。他们的看法也许能够帮助我更好地认清自我,认清我的处事方式,从积极和消极两方面,审视我自己和前夫为这段婚姻做了什么。"

采取新的方式让自己走出痛苦是有风险的,但也许我们会很开心地发现,这种新方式会让我们与之前从未真心沟通过的熟人发展出深厚的友谊。如果我们敢于冒险,和不同的人分享一些真实的经历,也许就会有积极回应的人。他们可能会讲述相似的经历,这让我们感到不是那么地孤单无助;他们可能会做出有益的评论,解释关系中的阴暗面;他们也许会用别的方式来表示他们的同情,使我们更加清楚地认识到自己的真实感觉。更重要的是,他们所展示的这种温暖的同理心能够触动我们的心弦。他们不会采取控制策略,而会让我们觉得,允许情感流露出来没有什么大不了的。他们不会支持我们抵制痛苦;而是会表示出对我们十足的信心,相信我们;认为我们足够坚强,终能走出困境和痛苦的过去,并得以成长。

平衡恋情和友谊

当我们步入一段刻骨铭心的恋情,我们也许会忽略其他人际关系。把恋人看成爱人、朋友和知己,我们就这样建起了世外桃源。也许我们把所有的注意力都放在了恋情上,再也没有心思去和其他人联系。我们的恋人也许会对我们施加压力,以吸引我们全部的注意力,这使我们与外界联系得更少了。

我们都希望和恋人能有更多独处的时间,特别是在恋情萌芽的时候,这是可以理解的。但是这会让我们忽视对友谊的维系(包括和那些单身朋友的友谊)。如此,给我们成长和支持的源泉也许就会枯竭。如果我们把所有的时间和精力都投入到了恋情上,那么当爱情枯萎时,我们能从外界得到的爱和支持便会少之又少。也许我们在修复友谊的同时还要结交新朋友。更糟糕的是,如果没有和他人的充分接触,我们的世界观就会变得狭窄而局限,一位男士在经历了痛苦的离婚后,发现自己没有了朋友。他说:"在我们的文化里,一个男人结婚后,和老友的关系就会变淡,而由女方负责维系夫妇二人的新朋友。我就是写照之一。"

友谊的局限性:选择帮助者

在遭遇背叛的时候,朋友总能给予我们支持和陪伴,但

第六章 背叛之后的生活

这些善意的帮助并不总是那么奏效，有时甚至是有害的。当朋友们想赢得我们的好感和感激时，他们会提供大量的建议和安慰，这样的做法会阻止我们进行深刻反省。如果我们要用更充满智慧和同理心的方式来对待自己和别人，以此帮助自己走出背叛的牢笼时，我们需要的可能是一只有力的手，指引我们去体会那些痛苦的感觉和认识。这种情况下，往往是一个不知道我们生活细节的人才能帮到我们——这个人不是我们的朋友，所以就无所谓友谊。

在消费市场上，有一大堆令人眼花缭乱的疗法和教育可以实现自我觉醒，每一种方法都有自己的理论定位和哲学观点，其中一些定位是相互补充和支撑的。在增加自主和亲密感的总体过程中，这些定位关注不同的环节。而另一些方法也许会让我们驶离真正的目标和价值。我们需要做出明智的选择。

比如，有些帮助个人成长的方法认为，情感和精神的成长是不可分离的。而其他哲学系统中却并不具备一种能够意识到生命精神维度的世界观。实际上，它们甚至可能将个体的"灵性"视为转移的性欲或将其贬低成为了强调自我重要性的自恋表现。因此，选择与自己所认可的哲学倾向相一致的成长方法是十分重要的，除非你想要暂停或重新审视自己的哲学定位。

我的哲学倾向是以各种人道主义、超个人、实验性及存在主义的心理学方法为基准的。这些及其他相类似的方法都尊重个人体验的重要性，主要帮助人们通过这种体验来建立与自己和他人的联结。这对于那些过分强调咨询师和帮助者能力与权威的方法来说构成了一种质疑。因为在以上方法中，权威是微不足道的。这样的方法不会让你形成对帮助者意见的依赖，或减少你对过程的认识，而是相信每个人都能体会自己的内心感受并发现自身存在的意义。这些方法会让人们明白自己就是命运的主宰者。

当你去拜访某位咨询师时，你可以直接问他们是否持有以上观点，但即便如此，你也需要利用直觉去判断对方是否适合你。最关键的一点：是这个人而非他所表达的哲学定位，将为你营造一种自我恢复和自我成长的有利环境。

认清自己在背叛中的角色

我们希望拥有那种充满爱意的生活，可是背叛却只会让希望破灭。正如前面所说，出于自尊，我们所受的伤害会转化为敌意或报复。分开的后果会让我们的内心充满强烈的恐惧，让我们把一切当成武器，做出无谓的防御来对抗无助。一旦这些举动被证明是无用的，也许内心的对话和悄然沸腾的病态意志就会折磨着我们。甚至在争吵结束、婚姻走向终点之后，自以为是的辩护和刺痛心扉的怨恨依然存在。我们

第六章 背叛之后的生活

可能不愿意放下"暴躁"的观点和立场去接受事实，同时内心秘密的自我怨恨可能也在蔓延。在未来几年里，我们也许会对爱情失去希望，会对生活失去信心，因而留给自己更多的苦涩和不快。

分离是痛苦的。更糟的是，爱人也许以极其平静甚至果断残忍的方式离开。也许对方品质中诚实和正直的缺口恰好证明了我们对幸福的全然无视。

虽然我们遭受着情感折磨，但是一个巴掌拍不响，背叛也是。最终，生命会呼吁我们审视自己在恋情终结中所扮演的角色。如果我们能够克服对失败的羞愧和犯错的恐惧，鼓起勇气来仔细倾听细心查看，我们会发现自己就是感情失败的共犯，不管是主动的还是下意识的。

当我们审视自己在背叛中所扮演的角色时，有一颗怜悯和原谅自己的心是十分重要的。我们也许为背叛的滋生提供了一个温床，不管是有意还是无意的，这些做法往往是源自于童年时学到的模式以及社会所规定的价值观。童年时期积累的恐惧和防御也许会影响到成年后的恋情。即便怀着真诚的心，根深蒂固的浪漫幻想和信念也会给我们拖后腿。由于缺少生活技巧方面的教育和具有影响力的榜样，我们也许从未学到足够的人际关系技巧，可以让我们妥善处理那些容易导致背叛发生的琐碎争执。正如吉恩所说："我的父母从来不会通过交流来处理双方的分歧。他们只会大吵大闹，或是冷战。"对于成长环境的不幸，我们没有理由责备自己。

每个人从背叛中学到的东西都是独一无二的。也许我们将会明白自己如何造成了彼此之间的怀疑和怨恨；也许我们深层次的恐惧使得我们试图操控一切——只有我们完全掌握权力时，我们才会相信自己是坚定而强大的；也许我们并没把伴侣的话里透露出的忧虑当回事，不管是因为我们加班到很晚，还是厨房很乱，或是情感交流很困难。一位患者说："我一直对我的丈夫说他应该更在乎我，可他只当是耳边风。"

或是因为我们自以为是地认为这些都是鸡毛蒜皮的小事，所以就不在意伴侣所关心的事情；或是因为我们感到自身的需求没有受到重视，从而忽视了伴侣的抱怨，或是因为我们的注意力被满心的怨恨所分散，所以我们根本没有认真倾听。我们也许在不断强化"自己是正确的"的观点，并认为伴侣必须改变。一位很难做到认真倾听的男士说，他的伴侣总是说："你把盘子丢在水槽里不是问题所在。等想明白真正的问题是什么以后再来告诉我！"深层次的问题已然显现：他并不在乎他的伴侣到底关心什么，导致了更多不信任和距离感。

不管具体的争执是什么，最终都会导致越来越多的不信任和距离感。在信任缺乏和沟通不畅的漩涡中，对方就会做出决定，再也不要忍受下去了。虽然我们觉得背叛是很突然的，但也许很久以来他/她都感觉自己受到了潜在的背叛，因为他/她的需求和幸福并没有得到满足和重视，也许双方都没

第六章 背叛之后的生活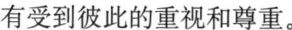

有受到彼此的重视和尊重。

从背叛中吸取教训

虽然结束一段恋情是很糟糕的——不管我们觉得伴侣对待自己是如何地冷漠和不公——如果我们能够从中吸取教训,那么这些不幸都将淡化。比如,我们也许会发现,必须重视对方的需求,因为这些东西对他们很重要,哪怕我们完全不理解;我们也许会学到,以牙还牙对双方都没有好处,因此我们需要找到更有效的新方式来表达愤怒;也许最重要的是,我们可能意识到,我们有责任了解无法释放的怨恨以及潜在的恐惧与伤害何时会产生,从而能够直接解决这些问题。简而言之,只有在全面的自我意识和自身觉醒基础上,一段愉悦和充满爱意的恋情才能得以维系。我们也许会更加透彻地意识到,经营感情的最佳方式就是自身的不断成长。这种认识都是思考正确的问题而得出的结果。

不幸的是,成长的过程常常伴随着醒悟和痛苦。或许这是成长的唯一途径,但是我们从这些痛苦经历中得到的教训可以用于下一段恋情中去:无论是帮助我们选择伴侣的类型还是指导我们在恋爱中扮演正确的角色。

工程师杰里就从他的痛苦中学到了很多。他的女友脚踏两条船,这本身就是有问题的。他天真地(也许是自大)相信,她最终会完全投入他的怀抱。但事实并非如此,杰里尝到了

我们也许会
更加透彻地意识到
　经营感情的**最佳方式**
就是自身
　　　的
　　　"不断成长"。

第六章 背叛之后的生活

背叛的苦涩：因为即使她说过现任伴侣的坏话，但她从未承诺要就此离开那个人。

一些旁观者认为，这位女性混乱而双重的信息害了杰里。但更重要的是，令杰里受害的是他的自以为是、自欺欺人和无效交流。如果他想知道她在想什么，他本可以问清楚。如果女友曾经表示她要离开那个男人而转向他，那么她一旦食言就会影响彼此的信任。但如果她的说法本身就前后矛盾，那么杰里就是自作自受或者没有尽力而为。

不管是好是坏，在信息不足的情况下做出决定往往会带来生命中最沉痛的教训。杰里终于明白向错误的人敞开心扉最终酿成了自己的苦酒。他学到了不管多纠结，感情还是会越陷越深："现在我明白了，虽然有些人的恋情一团糟——哪怕在我看来如此——但其中仍然会有对他们有意义的东西。"他也学到了，不要和他人的伴侣有性关系，这是明智的选择。因为一旦发生性关系，人们就会投入心思和感情。他现在知道要在恋爱萌芽之时便巧妙地打听好一些事情，好让自己明白别人的心意和忠诚度。如果对方的答复令人失望，他就得自己消化这种失望和伤痛，但同时也可以为自己有勇气去冒险而自我感觉良好。

尽管有些震撼，但这些教训让杰里很受用。杰里没有向"失败者"这个看法投降，而是学到了之前未意识到的关于自己和他人的哲学。如此一来，他从自己的伤痛中吸取了重要的教训，从而减轻了苦痛并加快了伤口的愈合。利用这些新的智慧，他更加清楚自己的抉择过程，知道了如何在未来的恋情中扮演好自己的角色。

32岁的希拉是一位管理咨询师。她对丈夫维克多一贯的冷漠和暴躁为他的离去埋下了伏笔。维克多说自己"在这段婚姻中如履薄冰"。每次当他告诉妻子自己是如何愤怒、受伤以及被压制，她总是还击，说"你没有不生气的时候"或"这是你的事"或"你想得也太离谱了"等等。虽然维克多在说话和交流方式的选择上稍为欠妥，但他至少表达出了他自己认为重要的东西。遗憾的是，希拉从来没有听进去。随着维克多的受挫和不满的不断累积，终于有一天他宣告了婚姻的终结。

希拉在之前的感情中也曾受伤不浅，而且在这段婚姻初期，维克多的出轨也让她受挫。这些经历导致她认为自己不够优秀。她通过一些微妙的方式来惩罚维克多，因为他付出得不够多；并由于维克多没有用她想象的方式来爱她而对世间所有一切都不满意。

在某种程度上，希拉预见到了被背叛。她常常对不顺心的小事小题大做。当她细细审视这段感情时，她还是很欣赏伴侣的一些品质的，但她习惯于不解决问题，一部分是由于过去失败的感情经历和过高的浪漫期待，另一部分是由于她自己已经习惯了争执。结果，她变得严肃、木讷、挑剔。当她生气时，她会更兴奋，并且享受尽在掌控的错觉。当她的

第六章 背叛之后的生活

伴侣认为一切都好的时候,她却因感到事情不受控制而感到无聊。

经过了长长的自我剖析后,希拉有了新的理解:"我喜欢争执迭出的戏剧。我制造了这些痛苦好让自己兴奋。现在仔细想想,我体会了快乐,也体会了痛苦。"发现自己疏远伴侣根源无疑需要勇气,但这些教训会让她更好地对待下一段感情。

希拉同时还发现,在任何时候感到亲密或爱恋都会让她产生丧失自我的恐惧感。争端迭起导致了她和伴侣在心理上的疏远。乐观看来,这帮助她修复了被早年生活破坏的自主和独立意识。但是将感情作为活出自我的方式,使她渐渐疏远了伴侣——她拒绝亲密感。

不断地找茬,当双方的需求起冲突时不断打击对方,希拉在向失败的婚姻招手。为了逃离这段过分纠结的婚姻,她需要寻找其他的方式来触摸蕴涵着坚强、活力和自主的内在源泉。她将大把的时间花在了艺术创作和冥想上。虽然也有失败的恐惧,但她以全新的方式投入到了与她内心更加亲近的职业。此外,心理咨询教会了她清楚直接地表达自己的需求,而不是挑剔和控制,从而帮助她明晰地划清了与他人的界限。她说:"我自己在情感上有很多问题,所以我无法维系一段健康的关系。我控制欲强、爱指使、占有欲强、不诚实。我用尽除了交流以外的一切办法来满足自己的需求。"

伤害和无助导致了她的控制欲，愤怒和责怪则引发了他人的伤害和无助。在12步互助组的帮助下，希拉慢慢地接受伤害和无助，同时她也开始用一种更加平和的方式来交流。她鼓起勇气，分享这些痛彻心扉的感受，而不是用愤怒和责怪来保护自己。这些措施强化了她的自主性，也淡化了她借助男人来维持自我意识和自尊的想法。这些新近被发现的自信为她与互相信任的人分享更深的亲密感打下了基础。

通过自我认知来找回责任

上述案例中，主人公都从责怪或打击伴侣中得到了最初的满足，并导致了伴侣的离去。但是，他们很快地意识到自己才是始作俑者。他们发现，现在他们唯一真正可以做的正确的事情，就是反省自己对这一后果所起的作用（但不是用自我谴责来伤害自己）。与其试图改变他人以达到目的，不如改变自己——这需要自我了解和自我接纳。

埃里克是一名验光师。他的伴侣离他而去，并反咬他一口——她对朋友哭诉说埃里克虐待她。从这件事中，他吸取了重要的教训。他用责任代替了责怪："的确是我选择和这个人在一起的。我早该远离她，但我没那样做。这一切让我更加明智和真实，而之前的我在某种程度上是自欺欺人。我喜欢这个女人伪装出来的完美形象。事实上我早该看清楚完美背后的虚假。"

第六章 背叛之后的生活

克服自我背叛

人类总是相互依赖的,我们需要联系、陪伴和支持。有那么一些人,他们通过合理的方式来对待感情的终结,从中获得了更多的自立、自信和自强。最初,他们需要耐心来度过初始反应期。贝丝的位置被一位年轻女性所取代后,她勇敢地战胜了伤痛。她简洁又生动地概括了成长的可能性:"只要我们能度过'我真可怜,我恨那个混蛋'的时期,我们就能问问自己'我要怎么对待这一经历,我要从中学到什么?'很多人陷在责怪和自怨自艾的阶段里想不开。"真正找回责任需要我们能够解读自己的经历,需要我们用痛苦培育出智慧与美丽的珍珠。

在第一章中,多萝西曾说,背叛就像是把地毯抽走一样。现在她意识到背叛是她人生中的重要一课。"这让我更多地依赖自己而不是依赖他人。"她说。"起初我想从别人那里得到的太多。我在别人身上放了太多东西——期待和责任——在自己身上则放得太少。我向别人索取,但并没有得到,因此我觉得自己被背叛了。现在我已经不想从别人那里得到很多,因为我内心已经变得强大。"

多萝西发现,她所谓的背叛大部分是由她的自我背叛引起的:"不管怎么看都好像是别人背叛了我,但实际上是我背叛了自己,只是我当时没有足够的洞察力来更好地认识这一点。我总是想从外界获得认可并实现自我价值——找到适合的工作、找到适合的男人、买适合的车。如果我能够同时具备这些要素，一切就会是对的，那我也就成功了。现在我可以看到，从之前的背叛痛苦中走出来会如何影响我对日后背叛的体验。现在，我已经真正了解了自己，而不再向外界去寻求价值及尊严。如果本着真我做出正确的选择，被背叛的可能性就会降到最低；如果倾听并跟随内心的召唤，别人不大可能会背叛我。我不会再开始一段不合适的感情了。如果没有奶酪，我是不大可能再走进同一个迷宫里去的！"

在第一章中，莎莉说，她的丈夫总是对她说她想听的。这段痛苦的婚姻她维系了18年，直到丈夫去世。回顾一切，她得出了一个更加清晰的认识："当我忠于自己的内心时，他是不会背叛我的，除非我自己背叛自己。为了认同他人口中的真相或是采纳他人的意见，我总是愿意放弃自己明明知道是真实的东西。当我真正审视这一切，我发现是自己做出了背叛自己的选择，我不能继续责怪他。要想看明白这一点需要很大的决心。现在我可以遵从自己的内心了。"

自我同情调和了莎莉这种勇敢的自我坦诚，这对她挺过伤害和疼痛非常重要："我没有离婚，原因是我认为离婚太艰难了——行动、疼痛、伤心、心痛和失败感都大得难以想象，没有任何成就感可言。但是我却没有意识到另一方面的艰难——是要否认我看到的事实，还是要面对它呢？哪条路都不好走。现在看,长期维持婚姻实际上更苦,因为它是一个不断自我背叛的过程。于我于他,这种背叛都是双刃剑,极具破坏力,不断削弱我和他的力量。这种生活并不具备可持续性。"

的确,一旦我们发现自己最热切的希望破灭了,任何一条道路都很艰难。但是如果我们可以通过破除幻想发现一些道理,比如说我们如何背叛自己,或者从什么时候开始我们再也不愿意背叛自己,那样我们也许就能以更加明智而坚强的方式度过余生。

对话技巧

随着年龄的增长,我们不大可能让别人作为我们的守护者。我们也不大可能因为父母或整个世界忽视了我们的需求而把伴侣当作出气筒。当我们深入认识到自己的本质和忍耐力时,我们就可以更加自信地生活。

紧密地联结自己的内心,少受他人需求和看法的左右,我们就可以在保持真我的基础上与他人交往。我们越清楚地知道自己的喜好和厌恶、需求和渴望、价值观和偏向、感觉和看法,我们就能更清楚地知道自己对恋情的期待。若我们能够更清楚地认识自己和他人,自己的需求和选择的生活方式,那么背叛的可能性便会降低。若我们能够将我们定式的、错误的自我的潜在自我替换成越来越明朗而诚恳、真实而成熟的自我,那么我们的恋情便可以有一个稳定的基础,而导致背叛的欺骗和疑虑便会降到最小。

自主、自知和自尊的改善为恋情的生存奠定了基础。但是,因自恋作祟而产生的猜测和期望往往会成为圈套和陷阱,而且它们总是伴随着我们理想中的恋情。要避免这些圈套和陷阱,我们需要培养新的交流技巧。总之,我们需要清楚地表述,更好地倾听。

很多人拒绝开诚布公且负责任的交流。一位来访者说:"我希望我的伴侣能够照顾我,不用问就知道我所有的想法。我知道这很荒谬,但是这就是我所希望的。"

也许我们很清楚自己的需求,所以就理所当然地认为他人也很清楚地知道我们想要什么。因为我们的感觉如此强烈,所以我们就会认为别人也可以轻易地知晓我们的需求。实际上,他人正沉浸在无声无息的内心斗争中,完全没有意识到我们的感觉或需求。有些时候,我们极力想要表达出心声,但别人却不能有效解读,这是因为我们的自我表述不够清晰或方式不够真诚。或者我们虽在津津有味地描述自己的感觉,但过于尖锐的方式却造成了他人不予理会。

交流不足多是由教育方式造成的:双方的父母和老师没能做好榜样。学校和社会教会了我们工作技能,却忽略了生活技能。很多人都没学过自知和交流的技巧,而这些东西对表达自己的感情，表明自己的需求和处理恋情中出现的分歧与冲突是十分必要的。

一些人或许达到了一定程度的自知。我们很清楚地知道自己的感觉、需求和渴望。我们知道自己的喜好和优缺点。但是别人不一定能如此了解我们，除非我们给他们这样的机会。交流是我们建立人际关系的桥梁，让别人认识我们、了解我们，而要做到这一点需要毅力和努力。

如果不满持续增加而又缺乏交流，我们可能会在挫败、失望或愤怒中过早地放弃一段恋情。如果我们能够"打开天窗说亮话"，即便我们不清楚自己烦恼的根源，我们也会更清楚自己面对的困难。同样，倾听他人的感觉可以帮助我们更好地理解当下的情况。

缺乏清晰、直接和坦率的交流使得我们促成了背叛，知道这一点也许会让我们很受打击。由于过分浪漫的幻想，我们也许期待他人能够准确地猜到我们的需求和渴望。忽视使得不满如雪球般越滚越大。为了加强处理分歧、增加亲密感的能力，令人痛苦的背叛或许能够激励我们去培养解决争端和有效对话的技巧。

划分灵活的界限

背叛的另一个教训，就是我们必须了解自己的极限，清楚对彼此来说什么是可以接受的，什么是不可容忍的。

缺少了个人界限，我们就会被他人所牵绊。我们的人生与他人的人生融合在一起，让我们忽略了自身的感觉、想法、需求和价值。我们的世界成为他人世界的一部分。别人变得比我们自身更重要、更坚固、更强大。我们把大量的权威性和正确性交给他人，却将自己的经历、价值和观点最小化。随着自我意识的不断增强，我们能够学会调整交流方式以反映出适当的界限，从而使我们可以在自我的角色和作为伴侣的角色之间实现微妙的平衡。

这些界限让我们最珍视的伴侣拥有了喘息的空间，也给了感情成长所需要的新鲜空气。没有界限就没有健全的亲密感。只有尊重双方间的距离，才能感受到彼此之间心的联结。

当我们无法为自己的感觉、需求和敏感性划定合适的界限时，我们就只剩两个选择：要么服从伴侣的偏好，要么支配伴侣；要么向对方的世界观和需求投降，要么将我们的世界观和需求强加于人；要么当受气包，要么当主宰者。

把握界限的艺术在顺从和主宰之间提供了一条中庸之道。不满和受挫感会导致争端的产生，但是当我们找到这些不满和受挫感的根源时，我们就可以在感情因此窒息之前，将它们表达出来。 由此我们可以让对方知晓何时他们的语言或行动伤害了我们。当然，无法保证的一点是对方能否用我们所期望的态度来回应。但是如果双方都致力于交流情感、需求和局限，倾听对方，并能够接受双方之间发生的任何结果所带来的内心波动，那么积极回应对方的可能性就会很大。

划分界限的例子

我们可以采取很多方法来解决冲突和分歧，以避免其导致分手。通过学习划分清晰界限的艺术，我们就在建立双方互信上跨出重要的一步。下面的例子将为大家展示，如何在自我的角色和作为伴侣的角色之间自由切换。

在一些宁静的时刻，我们也许察觉到自己需要更多独处的时间，追求自己创作的兴趣。我们对自身和伴侣的责任感会提醒我们应开诚布公地谈论这一需求。如果打算采取灵活而不是死板的方式来谈论这一问题，我们也许就会先问问这个时机是否妥当，如果不行就另做打算。

如果仅仅是为了一次谈话而跟伴侣约定时间，会显得很奇怪。但是，把握谈论重要议题的时间是尊重伴侣界限的表现，反过来也会使我们受益。如果他/她过于疲劳或是压力过大，那么我们的交谈也许会加剧紧张的关系。但是，我们不能无限期地等下去。如果他/她一味回避对我们具有重大意义的话题，就会给我们一种永远没有好时机的印象，这时我们就要更加坚持。

一旦开始交谈，我们就可以通过关注自己要独处的想法可能会给伴侣带来的影响来不断展示灵活的界限。我们并不向对方下最后通牒，因为我们尚未下定决心。我们会根据对方的反应做好改变的准备，毕竟伴侣对我们很重要。若有可能，我们想要拿出一个双方都可接受的方案。

因此我们先陈述自己想要独处的意愿，并描述它对自己的意义。比如，我们可能会说："我喜欢写作，也希望能有更多时间来写作。写作让我更能靠近自己，更贴近生活。当我目睹过世界、他人和自己的苦难，写作对我来说是做出回应的一种方式。我想通过写作来表达我的内心想法，并挖掘更深刻的意义和更丰富的内涵。"向伴侣简单描述我们要创作的内容或者给出一个清晰的框架，可令我们获得更多的理解。

之后，我们可能会询问伴侣的意见，以及他/她对此有什么看法。或许她能理解并支持我们的想法。如果她爱我们、希望我们做到最好，那么她就很难拒绝我们的请求。或者可能她爱我们但也有自己的需求；或者她会有被抛弃的恐惧感并需要得到我们的安慰；又或者她可能仅仅是想要一起参与。我们可以坦诚地告诉她，我们是爱她的，也希望能够和她在一起。我们或许可以安慰她说，如果我们相处的时间少了，那么我们希望交流的质量会相应更高。也许我们可以约定一些仅供"娱乐"的时间。

另一个可能的结果便是，作为伴侣，双方需要更多相处的时间。那么我们就要思考，这个结果对我们是否适用。如

第六章 背叛之后的生活

果我们过度远离那些帮助我们回归真我的东西,我们就会因背叛自己而怨恨自己,并因为伴侣的阻止而怨恨伴侣。如果我们吝惜相处的时间,那么爱与亲密的纽带就会变得薄弱,闺房里的温存与缠绵则变成义务和压力。这对双方都没有好处。随着交谈的继续,我们会通过倾听对方的想法来尽可能找到一个折中的办法,并搞清楚是否双方都适用。如果不适用,我们将会继续遭受煎熬,那么快刀斩乱麻无疑是明智的选择,以便双方重获自由,并找到能够包容个人需求的更适合的伴侣。

这时我们还需要考虑一些微妙的事情。比如说,我们因为感觉到了和伴侣间的距离,由此萌发写作的念头,而后诚实诱使我们与伴侣分享这些想法。如果我们由此坦白了心中的不满,就可以查明到底发生了什么,并找到解决办法,这样它就来不及成为一项真正的论题。

另一个可能的场景就是,我们严肃考虑了分手的结果之后,才决定需要更多的独处时间。如果事实如此,我们必须坦白自己所担心的事情,并说明导致这些想法的不满情绪。这会让伴侣知道我们是真的不快乐。得到满意结果的关键在于,坦然接受对话过程中产生改变的可能性。走进他人的世界,并用另一种观点看问题,也许会让我们发现新的感动。

如果在对话的过程中,事情没有转机,分手不可避免,我们至少让伴侣参与到了我们的决策过程,而不是冷冷地将我们的意志强加于人。双方协商和平分手没有单方面决定分手那么痛苦。双方分享了权力，都体会到了最基本的平等，并践行了相互尊重和相互体贴，而不是全力主宰或报复。

权力和体贴的逐步整合

承诺让对方走近我们内心世界的思考和感觉，体现了个人成长的巨大进步。各种常见的冲动将我们对他人的影响抽离。我们决定推迟照顾自己，并怀着报复心划下了界限。在被他人的需求和欲望击倒后，我们也击倒了他们。我们曾经受制于他人，现在开始想要控制他人——受害者成了迫害者。

在我们刚学会划分界限的时候，我们也许会有点别扭、笨拙，有点狠心。但是，有死板的界限也总比完全没有意识到界限的好。我们可以给崛起的自我一个空间，使之更能自我引导、自我表达和意志坚定。

在试验阶段，不要做出也许会对未来几年产生消极影响的任何重大决策（如有可能），这一点很明智。比如说，争夺孩子的监护权，或将前任告上法庭以获得更多赡养费。有时这些举动是和前任伴侣划分界限的必要方式；但是，我们过分投入的追求也许会留下更深的情感伤痕。花些时间来思考什么是真正的公平，就可以让自己免受不必要的伤痛的挫折。

第六章 背叛之后的生活

当我们对保持真我的权利感愈加清晰时——随着自尊的不断强化——我们会变得越来越成熟，使我们能够更加信念坚定且灵活、自信且体贴。我们对自己划分合适界限的能力也更加自信，我们会在自身权利和义务之间找到新的平衡点。允许显而易见的两个对立面共同存在会导致关系紧张；而容忍一定的紧张局面，则会让我们变得更加完整、更加成熟。

真正坚强的自我通常也是灵活的自我，真正自信的自我包含了权力和体贴，这些都让我们在划定界限时不那么死板。除非我们在接受和拥抱权力和能力的同时一并接纳困惑和脆弱，否则我们的权力就会泛滥，用于征服和压制他人。真正的权力不是缘于威吓他人，而是来自内心力量的平静。个人权力的本质是简单的真实性。

当我们的权力被温柔所驯服，那么我们便拓展了机敏而灵活的自我，使我们能够在追求幸福的同时对他人保持善意和怜悯。我们所划定的界限也会支持真我的真正需求，而不是通过把自身打造成夸张的主宰者来获得满足。一味追求主宰和夸大的结果只能是为自己带来不断的孤立和隔绝。

目前各种个人成长和互相依赖的运动趋势在不知不觉中助长了自我僵化，这种僵化会导致人际间的孤立。在"我有我的权力"、"照顾好自己"或"划分界限"的口号下，一些人利用先前存在的趋势来逼迫或控制他人。那些成为"职业恢复者"（不管是使用恢复项目，还是一些不太有效的心理疗法）也许会用有争议的、好斗的和忧郁的态度来看待世界,进而找到相似的慰藉。但是,这些个体与其所需的爱和亲密感完全不沾边。而通过对界限这一概念的滥用,他们也许会从践踏他人的情感中获得更多的权利和活力。正如一位心怀不满的朋友所说:"只要它不成为一个让人讨厌的东西,那么划定界限就是有益的。"

界限肯定了我们的尊严

那些曾经遭受过人身虐待、政治权利被剥夺或受到社会不公正待遇的人需要申张自己的法定权利和权力。为避免自我背叛,自尊、自重和自我关怀是极其重要的。但是,我们仍未找到践行这些理念的最佳方式。我们不应通过掌握、侵犯和疏离他人这些以自我为中心的个性来展示自我关怀。的确,有时候我们不可避免地在特定时刻侵犯到特定的人,有时候我们需要远离那些不断伤害我们的人。做到这些需要坚定的意志、勇气和决心。虽然"我有我的权力"这一普遍说法可以更好地理解为"肯定我们的尊严",但这种自尊的确含有权力的元素,甚至偶尔还有些肆虐的色彩。

个人界限塑造并肯定了我们,从而保护我们的自尊,而这种个人界限不要求我们疏远自我或是远离他人。个人自尊包括了实力、活力和自信,但并不包括对他人的破坏性控制倾向,也不会通过诱发他们的脆弱感来体现自己的价值感甚至优越感。真正的自尊使我们能够拥有一种自然高雅而又充满活力的权利——简单、满足、独立而不过分自大、浮夸或傲慢。只有当我们允许别人拥有自尊时，我们才有真正的自尊。

不断接近真正的自主和自尊，我们才能真正踏上通往内心的道路。我们足够强大，便拥有了温柔；我们足够自信，便可以保持情绪上的交流。为了保证别人没有能力通过任何方式来伤害、接近或接触我们，"申明我的权力"或"做一名勇士"这些表达就可能被误用。很不幸，为了免受他人可能对我们造成的影响，我们剥夺了自己加深亲密感的可能性。由于惧怕"丧失我们的权力"，我们可能会保持高度警惕和戒备，总是暗地里准备好攻击和抵制。

当我们根植于真正的自我时，我们就能积蓄足够的力量，在必要时拿出来使用。我们不需要炫耀自己的权力，但我们可以运用我们的实力来抵制虐待和诋毁，同时最大限度地保持对世界的基本开放。当然，要把握好这一平衡需要时间和耐心——实际上，我们需要终生完善。但是面对更多可能性时，我们要知道自己的方向以及禁忌，这一点很重要。

灵活界限的例子

灵活的界限让我们变得更坚强、更敏感。下面举例说明几种不同的交流方式。它们都通过严格界限与灵活界限的对比来让我们学会刚柔并济。提供这些例子主要是为了阐述界限是如何不断发展演变的。记住,严格的界限并不是"不好的"。总有一些时候,我们需要十足的坚定和警惕,比如在伴侣一再地对我们表现得麻木不仁、不闻不问时。在必要时,我们必须划定严格的界限,这没有什么不好意思的。毕竟,在无法充分维护我们的权利时,我们会感到耻辱;设定界限的目的就是为了克服这种耻辱感。

严格的界限:"别说我自私,我不想听。"

灵活的界限:"你认为我自私,这很伤人。我想听听你的想法。"

后一种表达传递了一个信息:我们不想用批判的方式进行交谈。但是,我们可以倾听对方的想法。

严格的界限:"我不想再见到你。我受够了。我们玩完了。"

灵活的界限:"在这段关系里,我并不快乐,因为你我的疏远。已经没有什么可以改变了。我想,分开也许是个选择。"

后一种表达给了伴侣一个回应的机会。我们可以分手,但是说出了我们不满的根源,事情可能会有转机。我们通过真实的表达做回自己,同时又给了伴侣一个回应的机会,就这样,我们分享了权力。

划定灵活的界限需要我们融合可能相反的品质。把魄力和接受能力相结合,把决心和适应能力相结合,我们就可以培养一种灵活的实力；即便有时会有敌对或危险，它也能让我们可以更加优雅地行走世间。在适当的时候，我们也许需要呐喊。在其他情况下，我们可以玩世不恭。当我们越来越灵活和协调时，我们就可以在内心更平衡地划定界限。当我们学会了不用谴责的方式来交流，并且逐渐体会自己的内心感受时，我们就更有可能从别人那里得到友好的回应。那样，我们就可以轻松地谈论生命中的艰难节点了。

继续向前

最终的界限就是彻底分离。如果我们每一次尝试公开对话都无果而终，我们付出的所有努力都一次次将我们逼上绝路，我们就需要迈出痛苦而艰难的一步——脱离这段关系。从这段关系当中走出来并不是放弃对话并且把对方从自己的心里彻底清除出去，而是将我们的注意力转移到另一个目标上来：共同认可分手的智慧。继续保持彼此之间的对话是为了达成一个共识——这段关系已经无法维持下去，继续下去只会阻碍双方的发展，影响彼此的正常生活。当快乐与痛苦的天平长期倾向痛苦一端时，彼此说再见的时刻就到了。

双方共同决定分手，会让我们明白这个重要决定是发自内心而非一方强加给另一方的。虽然分手会让我们伤心欲绝，但是我们还可以通过与对方保持沟通来得到一些情感上的慰藉，直到这种分手的智慧演变成一种共识。双方共同做出这个决定也免去了背叛带来的更大伤害，同时还可以最大限度地维持彼此之间的友情。有一位男士这样描述了他的分手过程："我们没有像大多数人分手时那样去诋毁对方，双方都明白分开是更明智的选择。我们曾经也有伤心生气的时候，但是都会为自己的行为负责。因为我们都很真诚且尊重对方，一直到后来都是很好的朋友。"

当然，我们也不能无限期地说下去，直到对方接受我们的看法。我们之间分歧太大，需求不同，很难达成一个友好的解决方案。在某些时候我们应该为自己着想，即使对方会指责我们薄情背叛，也要坚持分手的决定。否则，苟延残喘地维系着二人的关系，只会让我们不断承受背叛自己的痛苦。面对那些因夫妻或情侣关系不断恶化而常年累月备受摧残的人，诗人拜伦作了一首诗警示他们：

> 痴情恋人莫再空等，
> 直到岁月流逝才如梦初醒。
> 彼此只剩愤怒与斥责，
> 还要忍受对方的错行。
> 如果爱意消减，
> 一切都丑恶可憎。
> 待到激情消逝，
> 爱情永辞，

第六章 背叛之后的生活

友情受损，

最终走向分离。

拜伦建议人们一旦发现爱的激情开始减退，就应该立刻分手，这样可能有些极端。过分的浪漫激情只会将那些内心不满的恋人从一段恋情抛到另一段恋情中去，但是却不能教会他们如何去应对在每一段恋情里面都会出现的权力争斗与过高期望。但是拜伦的诗句里面却蕴藏了常人少有的智慧。他的认识十分明智——适时终止一段爱情关系，可以免去诸多痛苦，同时还可以保留更多对彼此的爱意和尊重。但是情侣之间却似乎总是为了改变对方而上演着精神摧残的悲剧，而且往往愈演愈烈，纠缠不休。

没有一个人愿意被抛弃，但是如果对方决意离开，而我们仍然固执地想要继续，那我们只会承受更多的痛苦、遭受更大的损失。而且最终还是别无选择，只能独自舔舐伤口、平息愤怒，生活依然要继续。

在某些情形下，对方单方面提出分手，我们事后会发现分手让我们因祸得福，即使当时会让我们萎靡不振。我们回顾时会发现虽然当初我们不愿意分开，但是分手却符合自己的最佳利益。这样的结果会让我们备受鼓舞，因为我们发现生活有时会推着自己朝着一个比我们预想的更好的方向走去。当初极不情愿分手的贝丝如今这样表达她的感受："那时我明白有些事情是需要我独自承担的。要学会无条件地爱自己——曾经他也这样爱过我。他胸怀宽广，我从中学到了很多。可当时的我从来都没有触碰过自己的内心深处，从来没有聆听过自己的心声。我需要经历那样的痛苦、那样愤怒一击的强烈感受来了解我自己。那种折磨人的感觉唤醒了深层次的自己。我的内心在大声呼喊，我必须去聆听自己的心声。现在我可以调动一切能量来爱我自己，我知道只要静静坐上几分钟，我就能感受到那种爱的能量——这种能量真的改变了我的心。现在看来，经过这些事情，我真的受益匪浅。"

一位在助人行业工作的男士，也表达了类似的感受："当我面对全部的痛苦时，我的心彻底打开了。现在我非常感激她对我所做的一切。她触碰到了我内心的某个角落，一个我从不允许任何人涉足的地方。在那个角落里郁结了长久以来被人拒绝的伤痛，那一次她将那里所有的痛楚统统唤醒了。我需要重新去体会那种痛苦。只有这样，受伤的心才能真正开始愈合。现在我更懂得如何去经营一段新的感情了。"

其他的自我发现

当我们再向前踏出一步来找到自己在背叛中所起的作用时，另一个难得的结论也随之出现。我们想要被接受的迫切

第六章 背叛之后的生活

需求会让我们轻易相信别人的虚假保证。我们接受了这些貌似善意的言语,因为我们很想相信我们是被爱着的,即便我们头脑中的另一部分知道这是虚假的。我们在运用正确的判断力之前,就已经向激情和快乐投降。当他人为赢得赞同而试图迎合我们时,在想要融入对方生活的冲动下,我们往往无法分辨。比如,那些讨好我们或者给我们送礼的人,也许暗地里是想从我们这里得到陪伴、接纳或者性,或者还隐隐地想要控制或操控我们。

相反,有些人却过分怀疑他人善意的言语或举动。由于自卑,我们无法接受赞美和爱。我们在内心深处也许认为自己不该受到别人的赞美,认为真正了解我们的人一定不会如此和善仁慈。

随着智慧的增长,我们能够更好地分辨,什么时候别人的话是真心的,什么时候则需要明白别人的言外之意。因此,我们的感悟力更强,为人处世也将更加老练。但这种现实主义的态度和做法并不意味着我们要变得谨慎多疑,而是要我们能够足够清醒,以便认识什么时候该信任他人,什么时候该提高警惕。

有时,尚未愈合的伤口影响到了我们保持纯真和开放,无法接受真爱。我们会模糊地认为,别人并没有给我们带来足够的影响,别人并未允许我们走进他们的内心或别人并没有为我们的生活带来很大改变,就因为这些,我们便决定离他们而去。而最终的结果是，对方会觉得自己对我们来说并不重要，这也许就会促使他们去寻求一段让他们感觉自己更加被认可、更加被接受，同时也更加亲密的关系。

另一个可能的发现就是，我们应该在任何情绪刚一产生的时候，就去感受和体会它们。比如，我们也许会有克制发怒的习惯，这将会间接地使我们变得不够友善，如唠叨、抱怨、批判，从而使得周围环境变得不友好、不安全。

如果性是唯一让我们感到亲密的方式，那么对于恋情的终结我们将负有不可推卸的责任。这种一维的亲密感会让伴侣痛苦地丧失更深层的灵魂交流。一旦我们变得无趣，那么曾经有趣的床笫之欢便随之变得无趣，这会造成伴侣出轨。我们难以追求伴侣关系之外的个人兴趣和有意义的友谊。而当我们对生活和爱的热情逐渐消退时，我们和伴侣之间的亲密感也会随之淡化。

接受恋情的局限性

我们会得到另一个教训——一段恋情是无法满足我们所有的需求和渴望的。有时，背叛是因为无法接受生活强加给我们的局限性。那些不断甩掉伴侣的人可能无法找到一个综合其他情人优点的全能情人。比如，我们的伴侣是个完美的情人，但是却拒绝工作；他或她也许钟情于艺术和感觉，但却不是很在意刷碗或者报税这些琐碎的事情；我们也许欣赏他/

第六章 背叛之后的生活

她随心所欲、放纵不羁的人生态度,但却没有认识到这些优点之后隐藏着缺点,比如隔几天就弄丢一次车钥匙;或者我们很高兴伴侣能够提供高品质的生活,但忍不住抱怨他/她是个工作狂,把时间和精力放在追求事业上,使得他们无法挤出更多共处的时间,导致双方在感情交流上进展缓慢。

伊斯兰文化中著名的苏菲学派有一个有趣的故事,可用来克服完美主义者的自恋情结。故事是这样的。一天,纳斯鲁丁和朋友在咖啡馆里喝茶。不知不觉中,他们的谈话主题转到了生活和爱情上来。

朋友问:"纳斯鲁丁,你怎么一直不结婚?"

纳斯鲁丁说:"哦,说实话,我年轻时一直在寻找一个完美女人。在开罗,我邂逅了一位美丽聪明的女人,她眼神深邃,但是人不友善。我在巴格达又遇见了一个女人,她内心丰富灵魂完满,但是我们却没有共同爱好。一个又一个的女人,看起来很合适,但是总是缺少了什么。直到一天,我遇到了她。她美丽、聪明、动人、善良。我们很相似。总之,她很完美。"

朋友接着问:"那接下来呢?你怎么不娶她?"

纳斯鲁丁抿了一口茶,回答道:"嗯,不幸的是,她也在寻找一位完美男人。"

每个人都有优缺点。我们欣赏的优点背后必然会存在缺点。比如,如果我们需要一个魅力十足而又活泼的女人,那么当很多男人被她吸引的时候,我们就必须要处理好妒忌;如果我们需要一位独立而自信的男人，就要容忍他偶尔的自大；如果我们一直等待那个恰到好处而与我们高度契合的人，那么我们可能要等很久——实际上，要等一辈子。相反，如果我们清楚自己在一段恋情中可以接受爱人什么缺点，那么我们就可以更好地欣赏对方的优点。如果我们都在不断地优化自己，那么我们就可以互相帮助（以并非相互依赖的方式）来让双方变得更真实、更完整、更幸福。

第七章

通往同情与原谅之路

哦!原谅?你说原谅? 绝不可能?但是有一点你很清楚,那就是总有一天你会原谅的。可能一直要等到临终前,但是那一天终究会来……最重要的是我们要让自己开始去原谅,并持续下去;而要完成这项任务,需要花上一生的时间。

——Clarissa Pinkola Estes

如果我们抱着开放的态度，通过体会背叛带给我们的体验来加深对自己以及对生活的了解；我们不但可以获得更多智慧，还能拥有更多同情心。"同情"（compassion）一词来自拉丁语系，其中com意为"一起"，而pati意为"去忍受"。"同情"在字典里的解释是"为别人的痛苦或烦恼而伤心，并且急切地想予以帮助"。不管背叛给我们带来了多大的伤害，我们都可以通过化悲伤为同情来发现背叛的意义。

有些读者可能会问，为什么要从背叛的痛苦中学会同情？为什么要为别人的痛苦而感到伤心？因为我们本身也是承受痛苦的人。

有些人会把培养同情心上升到道德和伦理的高度，但是还有一个更有说服力的原因就是同情可以丰富我们的内心。当我们的内心充满同情时，我们的心就是温暖的。对他人报以同情的态度，会让我们感受到发自内心的快乐与平静，同时也能触碰到我们那颗为生活与真爱而敞开的心。

假如我们正因为别人的背叛而痛苦万分，我并不建议大家很快就去同情那个曾经狠心伤害了我们的人，那样对自己太过分了。但是我建议大家在后期正常的伤心过程中去发现

第七章 通往同情与原谅之路

对自己以及对他人的一些同情心。如果我们因为背叛而伤心欲绝，根本不可能去同情那个背叛我们的人，那么去同情那些和我们承受同样痛苦的人就会很容易做到——简而言之，这就是人性的一面。

要想去同情别人，我们首先要学会同情自己。这样做并不容易，它要求我们拥抱和接受自己的各个方面。当我们逐渐把自己的智慧、优势以及弱点结合起来的时候，对自己的同情也会慢慢变多。当我们克服了童年的耻辱和恐惧时，我们就不但会自尊、自立，我们的内心还会同时充满爱。当我们不再自我批判、摆脱消极思想，去关注内心的微妙情感时——或许可以借助于外界的辅助方法，比如冥想和"专注法"，我们就会发现更深层次的自己。

如果我们足够睿智——明白自己完全有理由得到爱与快乐；如果我们足够谦逊——知道我们并不比别人优越，这时我们就会对自我保有同情心。当我们变强大的时候，我们就不会总想着去取悦、打动或者控制别人，那时我们会更愿意去接受自己身上具备的人类共有的无助与受伤的感觉。慢慢地，我们就会变成一个"负伤的治疗者"。因为体会过生活的痛苦，所以对承受痛苦的人更有同情心。

自身的痛苦是培养同情心的重要养分。同情别人其实就是体会别人身体上、情感上以及精神上的痛苦。只有当我们能够拥抱自己的伤痛与失败时，我们才能理解别人的痛苦。

如果我们总是一味地逃避痛苦，我们只能疏远别人的痛苦，而且还会帮助他们和我们一样去逃避痛苦。当我们因看到别人承受痛苦而感到伤心时，就说明我们是感同身受的。当我们因为自己曾经体验过的伤痛而深切地理解别人的痛苦时，我们就具备了真正的同情心。

斯图亚特的妻子曾经有过3年的婚外恋情，当他真正去面对自己内心的痛苦时，他对别人也有了一种深切的同情："当别人谈起他们的伤心事时，我就会想起自己心里的痛处。那是一种共鸣。当我们看到别人伤心痛苦的时候，同情之感就会油然而生。"

有些人努力让自己充满爱心和同情心，是因为他们认为这样做是"正确的"，他们会不顾自己需要而去帮助别人分忧解难。这里面当然也有爱心，但是如果对于痛苦不能做到感同身受，我们的爱心就是缺乏深度的，而真正的同情则必须可达到灵魂的深度，这样的同情心让我们在关心他人疾苦的同时，也不会迷失了自己的方向；而且那时的我们是主动去关心和帮助他们，而不仅仅是在做一件"正确的事情"。

真正有同情心的人通常都经历过很多痛苦。释迦牟尼因普渡众生而被世人所知，但是他的精神探索却开始于寻找苦难的意义。在不断观察别人的痛苦，并学着通过冥想来拥抱自己的痛苦之后，爱心与同情心也随之增长。大力提倡爱与非暴力的圣雄甘地曾经多次入狱，一生经历过很多磨难。苏

第七章 通往同情与原谅之路

格拉底和耶稣都曾因为他们的观点扰乱了当时的社会秩序而遭遇背叛和迫害。

这并不是说我们要变成第二个释迦牟尼或甘地,但是他们的经历可以鼓舞我们,让我们相信自己也可以把悲剧变成胜利,进而发现生命更深一层的意义,找到爱,找到成就感。一位男士在经历了一次痛苦的背叛之后发现:"它提高了我爱的能力,而且让我更容易对别人的疾苦产生同情。它让我变谦卑了,我对全世界其他人承受的痛苦感觉更强烈了。"

拥抱痛苦

不是每一个经历过痛苦的人都能拥有同情心。很多人经历了巨大的痛苦之后,却并没有得到成长。他们就像磁铁一样一次次将不开心的事情吸引到自己身上来。他们不断转战于各种失败的感情战场,每次都遍体鳞伤。正如我们在前面讨论过的那样,有些人甚至干脆破罐破摔,认为自己就是命运的弃儿,注定充当着受害者的角色。

要想培养自己的同情心,我们就需要学会用坦然的态度去拥抱自己的痛苦,虽然这是一种难以把握的艺术。之所以这么难是因为人们普遍想通过改变别人或者掌控局面来减轻自己的痛苦。要想拥抱痛苦,首先要接受自己所不能改变的,但并不是说我们要逆来顺受,消极面对一切艰难困苦。一旦接受了既定的事实，我们就可以真正关注并拥抱各种伤心、痛苦以及悲伤的感觉。善待自己脆弱的一面是一个很微妙的过程，说起来容易做起来难。最大的挑战就是如何正确处理我们与痛苦的关系，其中包括一些创造性的斗争和挫折，但它们最终会让我们取得人类精神的巨大胜利。

荣格认为所有的神经症都是痛苦的另一种说法。心理治疗在某种程度上是去诱导患者体验他们的自然疼痛。对此马斯洛的见解非常精辟：

> 我们不断压抑自我来保护自己和自己的完美形象，不想让自己面对那些不开心的甚至是危险的事实。在心理治疗的过程中，治疗师只是帮助我们放弃阻抗，并帮助我们看清事实。他们在某种程度上只是在揭露事实，或者使患者坚强起来，面对所有事实。

从指责到同情的转变

当我们按照我前面讲过的方式来应对背叛时，刚开始的痛苦和责备会逐渐转变为对自己和他人的同情。当我们被伴侣抛弃时，我们的反应几乎是可以预见的。我们会认为自己很委屈，很受伤。我们会大发雷霆，充满愤恨："真想不到他/她是这样的人，居然会这样对我？他/她怎么可以这么冷酷无

第七章 通往同情与原谅之路

情?"我们会把对方的缺点历数一遍,以此得到一点点心理满足;我们会在朋友面前大肆数落那个"负心人"来得到些许心理平衡。在最初的这段时间,指责和贬低自己的前任伴侣确实能帮我们减少一些痛苦,但那都是暂时的。

用不了多久,即使再不情愿,我们也还是要承认指责和抱怨并不会让我们好受多少的。即使我们是正直的一方,我们也不会因此而平静。我们喋喋不休的指责和贬损最终换来的只是别人更加刺耳的回应与附和,这只会让我们心里更加烦乱不堪。然而,如果找不到任何方式来代替这样的指责和抱怨的话,我们只会一直心绪不宁。

当我们对前任伴侣大加谩骂和贬损的时候,我们并没有意识到,我们其实也是在指责自己、贬损自己。我们也会去问自己:"我就那么令人讨厌吗?她到底觉得我哪里不好?我怎么跟他/她耗了这么久啊?我怎么没早一点看清她的真面目啊?我还能得到一份美好的爱情吗?"导致我们提出这些质疑的根源就是我们会因为自己不完美而感到耻辱,同时我们也会害怕自己再也不会得到真爱。

当我们开始一点一点肯定自己的时候,这些多余的因耻辱而产生的不必要的忧虑就会慢慢减少。当我们愿意去体会自己的真实感受时,我们就会更清楚地看到自己潜在的孤独、悲伤或伤痛。当我们在体会这些感受的同时学会爱自己并接受自己时,我们所体验到的悲伤会比之前因巨大的耻辱与自责而产生的悲伤情绪要丰富得多。不管怎么说，当我们去触碰自己深层次的感受时，我们的心情就会慢慢好起来。

我们与自己的内心世界的联结越来越多时，我们就会在这段感情当中发现更多闪光点。这时的我们就不会一味地批判前任伴侣的各种缺点，而开始意识到这段感情也有美好积极的一面。我们会因为失去了这份美好而伤心，从此以后在我们感到害怕或沮丧的时候，或者其他有需要的时候，再也没有人陪在我们身边，给我们温暖的支持和温柔的安慰。当我们可以更加正确地、平衡地认识这段感情时，我们的态度就开始由批判转向了同情。我们对自己多了几分温情，对自己要在感情中经历的斗争有了更清楚的认识。

随着时间的推移，当我们在感受因失去而带来的痛苦时，我们就能更多地体会到前任伴侣在孤独寂寞的时候同样要承受的脆弱和无助。也许她失去的和我一样多；也许他也会因自我怀疑而备受煎熬，也会害怕失望、害怕孤独（除非他已经投入了别人的怀抱）。当我们感受到自己的脆弱时，我们也就更能体会对方的脆弱。想到他/她时，我们的心甚至会变得柔软，这时同情的暖流就在我们心里蔓延开来。当我们明白人类共有的痛苦时，我们对他/她就会有一种喜忧参半的理解和感知。

这样温暖的感觉不会很快就有的，要过好几个月甚至好几年之后，我们才能对前任伴侣产生一些怜悯之心；但是这种

第七章　通往同情与原谅之路

感觉并不表明，我们想回到过去重新开始。曾经导致我们分手的因素依然存在，不会因为我们的复合而消失；但是如果双方都以类似的方式从过去走出来的话，我们就可以建立新的友谊（或者至少相互关心）。然而，这种友谊的建立还要取决于当初分手时，彼此的表现是恶毒还是成熟、我们之间还有多少共同之处、这种关系还能为我们带来多少心灵滋养。

继续反省下去，我们就能更加深刻地理解人类共有的一些东西——渴望被欣赏、渴望被爱、被需要、被珍惜。我们可能会惊讶地发现，原来在我们的心灵深处，大家都拥有同样的渴望，但是我们却找不到彼此的重合点，我们难以抛开愤怒、抛开指责、抛开对彼此的刻薄，去看到对方深层的本质。我们看不到在彼此的内心世界里到底发生着怎样的变化，也不能用一种清晰、肯定、敏锐的方式来沟通彼此内心的变化。因此，我们无法扫除那些阻碍愿望实现的障碍。令人伤心的是，这些障碍达到了我们无法移动的地步。

当我们进一步反思自己破裂的关系时，我们就会有一些新的发现。也许双方对彼此的怨恨已经积累得太深太久，让我们无法去看清对方的深层本质，并做出适当的回应。也许童年的伤痛让我们羞于做自己，不敢将自己的真实想法直接表达给别人，让我们永远认为自己会失败，这一切都会勾起我们内心的巨大恐惧。也许那时的我们根本不知道该如何向别人求助来摆脱童年经历对感情的影响。

如果我们可以对伴侣深藏于内心的、没有表达出来的痛苦多一些了解的话，我们就会更愿意将自己的心向对方打开，不再责备也不再贬低对方。就像亨利·沃兹渥斯·朗费罗说的那样："如果我们可以去了解一下敌人的那些不为人知的历史，我们就会发现每个人的生活都是痛苦而艰难的，这时我们对他们的敌意也会随之消融。"

不再责备自己也停止责备他人

我们能把人类共同承受的困苦归咎于谁呢？我们能去怨恨父母将恐惧灌输到我们心里而不是教我们去认清自己的真实想法和需求吗？或者说虽然父母并不是完美的楷模，但他们是不是也已经尽力而为了呢？我们能抱怨学校没有教会我们如何认识自我，如何与人沟通吗？或者说老师自己也不懂这些技巧呢？或者是不是因为校方也和家长一样担心性教育和人际交往技巧的培养会导致学生性行为泛滥而背叛了我们呢？或许我们应该将矛头指向前任伴侣，还是说我们的伴侣也和我们一样，成为各种势力的受害者，缺乏足够的自尊和自主，因此也不能维持一段长久的真正的爱情？

毫无疑问，我们现在承受的痛苦当中，有一部分是别人造成的，他们对此应该承担一定责任，但是责任和责备是不一样的，因为责备往往会涉及充满敌意的怨怼和诋毁。只有当我们不再责怪别人时，我们才能真正把自己解放出来，渐渐

第七章　通往同情与原谅之路

抚平伤口。当我们一直在寻求说法的时候，责怪别人会让我们的心暂时得到一些平静，但是并不能带来我们想要的改变。责备只能让我们继续耍小孩子脾气。如果我们抱着负责任的态度去抚平伤口、吸取教训，并获得成长，我们就在人生的道路上又前进了一步。

当我们温柔地拥抱自己的痛苦时，我们就能卸下防备，不再排斥生活带给我们的伤痛。当这些防备慢慢消失时，我们就可以更清楚地看到事情的真相，包括前任伴侣的缺点。但更重要的是我们会明白在哪些地方我们本来可以表现得更理智、更敏感一些（其中并没有责怪自己的意思）。也许我们还会想起某些场景，当时的我们并不清楚自己的真实感受，也不知道自己到底想要什么；而是一味抱怨某些外部因素，因此很有可能迷惑和疏远了我们的另一半。或者对于当时的我们来说，批判和责备别人要比透露自己的恐惧和伤痛更容易做到。我们会发现有时我们得到的比付出得多，而有时我们长时间的付出却得不到应有的回报。因为不能在这些关键时期照顾好自己的心情，所以就给彼此带来了距离和仇恨，进而影响了双方感情。

我们还有可能发现，自己偶尔对伴侣表现出来的冷漠是缘于我们不能爱上并接受他/她本来的样子。我们可能一直在努力把对方塑造成一个可以满足我们过高要求的人。我们是不是按照我们希望他成为的而不是他本来的样子来看待他们呢？比如，我们是不是忽视了他的工作压力呢？我们真的用心听他讲话了吗？我们满足他的情感需求了吗？还是总想着满足自己的需求呢？我们是不是在没有满足自身需求的同时也会去关照他的需求呢？

这里并不是建议大家去谴责自己的需要和喜好。这里的问题是：我们是否选择了一条合适的道路去满足自己对爱、对尊严、对爱情的需求？我们有没有苛求伴侣为我们做到这些呢？我们是不是从不相信让伴侣了解我们脆弱的一面能拉近彼此的距离？我们是否给了自己足够的爱与尊重？我们有没有要求伴侣给予我们一些自己都不能给予自己的东西呢？我们是不是总希望对方来照顾自己？我们是不是忘了学着自己照顾自己了呢？

我们最好抱着一个自我同情的心态去问这些问题。爱情不能按照我们期待的方式进行，其中有伤痛、有恐惧，也有悲伤。我们能接受这些吗？我们确定自己已经尽力了吗？我们确定自己是按照自己当时所明白的道理来行事的吗？现在我们懂得更多了。回首往事，我们多么希望自己当时能换一种方式来处理问题呀！希望下次再遇到类似的问题时，我们能够多一份理解之心，清楚地沟通彼此的想法，并主动走进对方的世界里去。也许花更多时间去独处或冥想会让我们受益匪浅；因为那样可令我们暂时从感情中走出来，搞清楚自己是谁。

一味地责备自己或谴责伴侣，终究是无济于事的。等悲伤和痛苦再次来袭的时候，我们要努力用温柔和关爱去拥抱它们，直到它们离我们而去，直到我们重新找回了完整的自我意识。

更清楚地认识自己以及前任伴侣

当我们能够做到自我理解的时候，我们就会慢慢接受自己的一些局限性，这些局限影响着我们在爱情当中的表现：也许是我们的自我认识不足。这些局限性可能会体现在自我认知、自我表达，以及我们去接受、理解和关爱伴侣的能力上面。一旦接受了这些个人局限，我们就会更容易接受伴侣的一些类似的不足之处。当我们抱着同情心来看待自己的缺点时，我们就会明白，其实我们都是普通人，都有人性的弱点。

当我们明白大家都有同样的弱点时，那些因为愤怒和耻辱而产生的紧张情绪就会随之消失。虽然我们还是会不时地因为想起前伴任侣而感到伤心，但是慢慢地我们就会看到在他/她冷酷无情的表面背后隐藏的善良和美好。

当我们变得越来越睿智、越来越宽容的时候，我们对前任伴侣就有了更多的同情，即使他/她曾为了别人而离开我们。想到对方因为爱上别人而抛弃我们时，我们很可能会非常伤心，这时我们就需要花更多的时间才能学会原谅对方，尤其是当他们搞"地下情"时。但是抓住仇恨的尾巴不放，只会为我们增添更多烦恼。一直想着对方的坏，也只会给我们带来更多痛苦。它会压制我们的生命力。但是如果我们愿意原谅对方的话，我们就能从巨大的痛苦和仇恨中解脱出来，再也不用让自己的心被仇恨侵蚀、让自己的生活被痛苦拖垮。此外，倘若我们把对方说得卑鄙无耻，那当初和他/她在一起的我们又是什么人呢？其实贬低自己的伴侣就等于贬低我们自己。

当那颗痛苦受伤的心慢慢平静下来，我们对伴侣的看法也会随之改变，我们对他们的要求也会随之减少。当我们不再想着要和对方在一起的时候，我们就能更加公正地看到对方的优点和缺点。我们的前任伴侣既不是魔鬼也非圣人，他/她只是一个普通人，与我们有很多相同点，也有很多不同点。

虽说遭受背叛有一部分是由我们的缺点造成的，但我们也知道对方也应负有一定的责任——他从不真实地表露自己的心思；她总是看不起我们；他的要求太不现实；她从来不懂得感恩。然而最重要的也许是我们之间的差异太大了。我们的世界观、人生观、个人禀性和需求差异太大而不能彼此包容，其实这并不是我们的错。

比如，我们会看到对方所要的安全和保证是我们不能或不愿给予的。我们会更清楚地体会到对方的恐惧——害怕被拒绝，害怕被孤立，害怕做错事。我们会发现在对方看似自信的外表下面其实隐藏着巨大的伤痛。我们会明白这些伤痛与恐惧如何导致他们不能在重要问题上与我们坦然相对。

第七章 通往同情与原谅之路

当我们在自己身上看到类似的错误或不同缺点时，对别人就不会那么挑剔了，即使我们身上的缺点不是那么明显。有一句苏菲派谚语说得很对："谴责他人罪过的人，最终自己也会犯同样的罪。"

看清伴侣的弱点以及反复无常的地方，能让我们在脆弱的时候稍微舒服一点，尤其是当我们把对方背叛归咎于自己时。然而，这样的做法具有严重的局限性。如果不听取对方的想法，我们这种审查式的看法只能说一半是真实的，一半是想象的。如果任由其发展，这样的看法就会阻碍我们去拥抱自己的真实感受并为自己的缺点负责。批判前任伴侣比重新规划自己的生活要令人愉悦得多，编出一些诋毁他们的故事要比调整自己的生活来得也要更容易。

比如，每当我们想象着自己那位误入歧途的伴侣从一段感情转战到另一段感情而从来不与对方建立更深层连接时，我们就会怒不可遏。但是就算这种想法是正确的，那也是他/她的事情，没有人要求你对此做出"专家分析"。更重要的是我们的感受——恐惧或悲伤；是我们的需求——一段更深入、更圆满的感情。当我们把注意力限制在自己的现实范围内时，我们就会更容易搞清楚获得一段满意的感情需要投入多少时间。

与此同时，我们也会发现并放弃那种破坏性的自我批判的想法，以及别人的反对意见和观点。我们会珍惜那些关心我们、令我们安心的朋友。我们会想向自己新近遇到的人打开心扉，让那些志同道合的人看到我们的内在光芒。

重大的教训总是从血泪中得来的。如果不能明白苦难的意义，我们就只能成为悲剧的受害者。如果我们可以从爱情和背叛中学到些东西使自己更睿智、更有同情心的话，我们就不曾损失什么；因为这一切都会让我们在下一段感情中受益匪浅。痛苦会让我们看清自己最大的恐惧、最深的伤痛和最真的渴望，让我们更了解人性的本质。

通过宽恕来找到内心的平静

宽恕才是终极报复。让自己过得幸福是报复前任伴侣的最好方式。很有意思的是，只有自己彻底放手并真正原谅，我们才能摆脱那些百般纠结的心情。伤害性行为固然可以让我们得到一些满足感，但是作为报复的终极方式，宽恕与同情也可以让我们获得极大的满足。

宽恕可能是将我们从他人负面影响中解脱出来的最有效方法。宽恕的过程会让我们的内心在潜移默化中发生改变，这种改变让我们从心理上对别人或有意或无意的伤害不再那么敏感。在宽恕的过程中，我们的怨恨和依恋也会随之减少。在走出互相报复、互相伤害的闹剧时，我们也会得到一些安全感。

如果
　我们可以从爱情和背叛中
学到些东西
　使自己更睿智更有同情心的话
我们就不曾损失什么。

原谅就意味着我们对那个曾经伤害过我们的人不再有那么多的情绪反应，这需要在同情和宽恕自己的过程中慢慢酝酿。通过爱自己，我们开始关注自己的生活，我们尽自己最大的努力去战胜背叛的痛苦，而不是继续背叛自己。我们对自己的关爱、同情和宽恕越多，我们就越能够快速地从背叛中恢复回来，而且这种恢复的状态也会更持久。

遭遇背叛让我们不禁提出这样一个问题：怎么做才是应对背叛的明智反应？以牙还牙是自尊受伤后的常见反应（"你搞婚外情，那我也搞一个给你看看"）。我们为了解决分歧、重获尊严而向彼此发动的痛苦斗争就像是缩小版的国际战争和民族战争，然而毫无尊严的解决方式根本不可能让我们重获尊严。尽管破坏的冲动不可避免，但是却可以在破坏性倾向（最终导致伤害与被伤害的恶性循环）和建设性方式中做出自己的选择，并最终决定生活的结局。

宽恕的价值

在心理学界，越来越多的人都认为宽恕是摆脱伤心、痛苦和失望的关键一步。有些心理治疗师，尤其是那些倾向于人道主义、超个人心理学和客体关系学的心理治疗师认为不管是对配偶还是恋人，对朋友还是父母，宽恕都是心理治疗的必要步骤。原谅那些曾经伤害过我们的人，就说明我们对他们的局限性有了成熟的认识，对他们不明白自己为别人带

第七章 通往同情与原谅之路

来多大的情感伤害而表示理解,不管他们是有意为之还是无心之失。

当一些心理治疗师才刚刚开始认识到宽恕在心理上的重要性时,宗教早已经看到了其中的价值所在。耶稣因为门徒的背叛而被钉死在十字架上,但是他却将这一酷刑转变为宽恕和原谅后的复活,在这一点上,他就是宽恕的楷模。这表明,我们也同样可以放下对那些曾经伤害过我们的人的仇恨。即使受到最残酷的对待,耶稣还是请求上帝宽恕那些曾经迫害他的人:"因为他们不知道自己到底在做什么。"他的心里充满了同情与爱,而非仇恨与痛苦。

然而就算是耶稣也有怀疑和愤怒的时候,他也会绝望地呼喊:"上帝呀上帝,你为什么要抛弃我?"大概耶稣也要经过一段痛苦的情感历程才能真正做到宽恕。但是,如果能把宽恕当作自己的一种价值也算是一个巨大的进步,我们可以把它当成一种值得去努力追求的东西,因为它既有利于自己也有利于别人。那样的话,即使我们现在感受不到真正的宽恕,至少我们可以一步步地朝着那个方向努力。因此我们要尽量避免做冲动的事、说冲动的话,以防给自己和他人带来更多痛苦,否则要想做到宽恕就更加艰难了。

斯坦的朋友史蒂芬与他的女朋友发生关系。很多年来他都为此而感到怨愤,根本不能原谅对方:"我对自己说'为什么要原谅那个杂种!我永远都不会原谅他!'那时的我被愤怒冲昏了头。之后很多年我们都没有再见面。时过境迁之后,我渐渐明白是我自己把自己堵在内心的痛苦当中不愿意出来,带着那样的痛苦根本不能帮助我进一步成长并获得内心的平静。于是我就告诉自己,'你沉溺在痛苦中的时间够久了,现在必须要让自己走出来了。把这页翻过去吧,伙计!'"

对于斯坦来说,当他意识到宽恕的价值时,当他明白放下自己的仇恨和伤痛有利于个人的成长与发展时,他便开始慢慢向宽恕努力了。但是当斯坦想要宽恕史蒂芬时,并不表示他可以一下子就宽恕对方,而是说当斯坦意识到自己一想起史蒂芬心里就充满仇恨、痛苦以及其他五味杂陈的情绪时,他会有意识地努力去接受并拥抱这些情绪,而不是把它们转化成责骂与敌意。当他进入宽恕的过程时,他就会开始放下自己堵在心里的痛苦,他就会更清楚地看待一切问题。

放手的艺术

发自内心的而不是仅仅出于良好意图的宽恕需要我们去经历一个放手的过程,而这个过程也是因人而异的。宽恕是一个过程而不是一道命令。我们要开始体会并接受所有的心情,不管这些心情在我们看来有多令人厌恶。宽恕是我们遭受过的全部痛苦和损失的最终收获。

宽恕在字典里的解释是"放弃仇恨或惩罚的念头"。在放

第七章 通往同情与原谅之路

弃愤怒和仇恨之前，我们必须要先让自己去体会这些情绪。但是很多时候，我们都会跳过那些让自己讨厌的或者不符合自己"好人"形象的情绪而使宽恕的过程发生短路。盲目地跳跃到宽恕的终点其实是对自己真实情感的逃避。这样只会延长痛苦，让我们更晚取得宽恕的胜利。

最常见的"过程跳跃"现象——企图忽视自己的真实感受，或通过郑重宣言来除去这些感受，这些就是在第二章里多萝西所描述的情形，在伴侣突然解除婚约之后，她参加了很多以宽恕为主题的个人成长研习班。每参加一期研习班，她那些未得到解决的情绪就会出卖她根本没有原谅他的事实。她自嘲地说："但是在最后一次参加研习班之后，我原谅了他。15年过去了，我怎么还在为宽恕那个男人而努力呢？"很显然，她所采用的实现宽恕的方法跳过了她的深层感受，而她恰恰需要通过去关注这些感受来放下痛苦和仇恨，这样才能真正放手并继续自己的生活。就像她所说的："情绪问题还没有解决好，所以那些心情会再次出现。我说我要宽恕他，我想去宽恕他，我也试图通过理智来宽恕他，但是与宽恕有关的情绪问题都没有得到解决，比如说体验自己的痛苦和损失。"

斯坦采用了一种更感性的方式来做到宽恕。他是这样描述自己原谅史蒂芬的过程的："首先我决定要原谅他。当我愿意原谅他的时候，就表明我愿意来面对这件事情了。所以我花了很多时间，带着我对整件事的情绪来静坐冥想，来面对自己的伤心、痛苦以及仇恨，而不是去绕开这些感受。渐渐的我不再责备他了，我开始把他当成一个普通人来看待，一个尽力去满足自身需求的普通人。他对我并无恶意，他并不是有意伤害我的。"当斯坦能够把史蒂芬看成一个同其他人一样内心纠结的普通人时，这种想法就会帮助他放下心中的仇恨。

通往痊愈和宽恕的道路是迂回曲折的。在这个过程中，有时我们觉得自己已经原谅对方了，可有时又会发现自己还在恨着那个人。在最终放手之前，这些都很正常，因为宽恕是一个过程，我们需要时间来化解仇恨并继续自己的正常生活。

放手的初始阶段

只要敞开心扉去体会自己的真实情感，我们就能得到巨大的安慰。当我们试着去理解这些情感的意义时，我们就又向前迈进了一步。当我们找到这些情感的真正意义时，内心的痛苦就会更容易释放。比如，当背叛因故意伤害而一再被扩大时，每次想起曾经那么亲密的人竟然来摧毁我们的生活，我们都会备受折磨。假如我们的伴侣想和别人在一起，我们就会认为自己一无是处。假如伴侣突然提出分手，我们会被生活的突变吓倒，或者会因为失去了一个陪伴自己的人而感到难过。多萝西这样描述了她所失去的一切："最痛苦的是他

第七章 通往同情与原谅之路

给了我一种结婚的可能，然后又拿走了这种可能。这就像你听到一个人跟你说'你是一个很特别的人，未来的生命中我想由你陪我走过。'当你正在为这个可能性感到兴奋不已时，它却突然被人夺走了，那种感觉真的很伤心。"

当我们以心酸的体会代替冷漠的分析来认识自己失去的一切时，我们的痛苦就会变得更加生动与明确。这样，我们就离放手更近了一步。

当我们忙于否认自己的损失并最大限度地减少突如其来的生活变故时，我们就远离了宽恕。仅仅通过一些心理调适技巧我们根本不能做到"既往不咎"。要想宽恕对方，我们就必须要正面应对发生在我们身上的一切。我们必须以一种开放的心态来面对突如其来的变化。只有欢迎那些不受欢迎的事实，我们才能真正走出由背叛带来的愤怒和痛苦。要做到宽恕，我们就需要从这些耻辱中走出来——平静地面对它们，而不是去努力忘却。

悲伤带给我们的收获

通往平静与淡定的过程是什么样的呢？有哪些标志表明我们是在一步步接近宽恕的终点呢？如果说背叛导致伴侣分离的话，那么痊愈的过程就是让我们从心理上或情感上消除前任伴侣留下的阴影。有位患者的说法简单而明了："我再也不用纠缠这事了。"所有与之相关的想法或画面都不再带有责备色彩或者伤害的欲望。此外,我们再也不渴望彼此的爱火能够复燃。我们会平静地面对现状,但同时我们并不是在压抑自己的心情,而是可以真正镇定自若、沉着冷静地面对背叛我们的那个人,就像暴风雨过去以后一样平静。

真正接受背叛带给我们的巨大影响,会让我们在很大程度上走出痛苦、责备、伤心和后悔的心境。这些情绪可能还会不时地被一些外部因素唤醒,比如周年日、生日甚至是偶然相遇。除了这些偶尔夹杂着快乐时光的痛苦回忆之外,我们基本上接受了生活的变化。在伤心的同时,我们可能会重新发现自己失去的天真,而此时这份天真更多了几分知人之智与知己之明。这样我们就不会过分犹豫或扭捏,从此以后我们又可以去付出并得到爱。我们又一次学会了如何去爱。

如果因为孩子而不得不经常联系的话,宽恕的过程就会更加艰难。但是我们可以尽量减少接触,只有这样才有利于自己的痊愈;反过来如果我们可以完全从痛苦中走出来,孩子也会跟着受益。比如,我们可以把孩子送到前任伴侣家门口而不用进屋去。渐渐地,我们与对方的关系也会变得更加友好。

放手的挑战

要想原谅别人,我们就要让自己的心足够开放;能够放下别人,让他们离开自己去寻找幸福。洛伊斯与前任伴侣分

第七章 通往同情与原谅之路

手的时候,闹得不可开交,之后两年都耿耿于怀。后来她打电话跟对方为自己的所作所为而道歉。他们之间的对话很感人:"我对他说,跟他在一起的时候,我没有能力满足他的需求,也没有能力照顾自己。我没有尽到自己的责任。我告诉他,虽然他伤害了我,但我还是原谅了他,同时我也为自己的行为向他道歉。在那一刻,我明白,当我恨着他的时候,我就会影响他的生活。虽然这种影响并不大,但是就因为我恨他,所以我对他有一种负面的控制力。当有人心里充满了对你的怨恨时,这种怨恨就会影响你的生活。所以当我告诉他我原谅他并且希望他也原谅我的时候,那种感觉就像是他原本被困在一个笼子里,而我帮他把笼子打开并告诉他:'你可以飞出这个笼子了——你自由了。'"

这种大度并不是一下子就能做到的。她必须能够真正接受并尊重这样一个事实——没有她,他会过得幸福:"在当时的对话当中,我能感觉到自己带给他的快乐,我能感觉到自己是如何还他自由的。那时我真想把我给他的自由拿回来,我不想让他自由是因为她会自由快乐地跟另一个女人在一起!我甚至有一丝后悔,我希望他选择我,因为他自由了。但是转念一想:'我必须放他走,从此不再影响他的生活。'"

给别人自由,反过来也是给自己自由。放开别人就说明我们最终放下了心里的痛苦。当我们去拥抱伤痛时,那种悲伤的感觉会重新净化我们的心灵;紧紧抓着仇恨与敌意不放,会影响我们的同情心和幸福感。就像洛伊斯所说的那样:"宽恕真的是两个人的事情。原谅了他的同时我也解放了自己,因为我再也不用为了惩罚他、报复他、指责他或者努力去控制他而劳心劳力了。"

我们在宽恕什么?

要想做到宽恕,我们更多的是去接受与拥抱痛苦的心情和生活的突变,而不是去接受背叛事件本身。我们没有必要因为已经发生的事情而原谅别人,而是因为他们并非有意伤害我们,或是因为他们脱离了自己、脱离了生活本质,才故意来伤害我们。

要想做到宽恕,我们需要接受彼此共有的人性和共有的缺点。我们明白自己已经为这段感情尽了最大的努力,我们也知道对方也为此做了自己能做的一切,尽管在我们眼里他们的最大努力依然不够。虽然如此,要想做到宽恕,我们还要明白,即使他们曾经伤害过我们,以后也还是有可能会让自己得到成长和改变,在下一段感情中表现得更加正直——就像我们相信自己也会在下一段感情中变得更加细心体贴。

最深刻的宽恕和同情来源于对人类本性的清晰而富于爱意的认识。当我们对生活、对爱情、对幸福充满了热情的向往时,我们就会对他人和自己的苦难充满同情。

第七章 通往同情与原谅之路

远距离的宽恕

当我们因为懂得了人无完人而原谅他人时，我们并不是一定要再次成为他们的好朋友。就像一位来访者所说的："如果认为宽恕就是一切都恢复原貌是不现实的。"我们可能会在原谅一个人的同时，却不想再有任何联系或者尽量减少联系。我们可以在宽恕的同时也理智地保持一段距离。一位女士这样讲道："爱他的最好方式就是让他一个人呆一段时间。"虽然她能原谅他，但还是决定不要为了修复早已破碎不堪的信任而花费大量时间和精力："我还不能轻松自在地与他对话，因为真正的问题我们还没有解决。除非这些问题得到解决，否则我很难做到无拘无束地与他交谈。"另一位来访者也表达了类似的感受："我对她还有很多感情，这些感情暂时还没有地方安置，所以我想最好还是不要见到她——至少在很长一段时间里面。"

尊重更深层的心灵联结

真正的宽恕会让我们对那个背叛我们的人保持一个开放的心态，这样如果我们有孩子、要谈正事或任何一方有话要对另一方说的时候，我们都可以毫无敌意地面对彼此。不管怎么说，我们曾经是那么的亲近。我们有过那么多亲密时刻，那么多回味无穷美丽动人的时刻。宽恕会自动形成一些充满弹性的界限，这样我们就可以在必要的时候保护自己，同时尊重彼此在某些层面的联结。

对于伤害过我们的人，我们是可以做到真正的宽恕的，但是有些人（包括很多心理咨询师）会低估这种可能性。他们对此不屑一顾，认为这样的想法太完美主义、太盲目乐观了。他们对于人类潜力的认识非常狭隘和消极，但这种想法一直都被认为是"现实的"。他们会认为自己能希求得到的最多就是坦然面对这个残酷的现实。他们根本不明白自己要主动去让伤口得到愈合并从中获得成长，他们相信只有时间和距离才能抚平伤口。

当然，不管什么时候，情感创伤的愈合与真正的宽恕都是需要时间的——有时甚至需要好多年，这取决于背叛的性质和严重程度，以及感情与伤口的深度。有些背叛的性质会恶劣到让我们永远也不愿意向那个人敞开心扉，我们唯一能做的就是战胜心中的仇恨，以一颗开放的心面对现在的朋友。一位经历过背叛的男士说："如果我不原谅她，我就只能抓住一些我不愿意抓住的东西——我的愤怒。我不想以这种紧张的方式与她建立联系。我要把自己解放出来，这样才能去爱别人。"

我们的个人价值观、人生观以及对待生活的态度——我们认为什么是可能实现的——都会在我们应对痛苦经历时起到至关重要的作用。那些愿意打开心扉达到更深层次的愈合

第七章 通往同情与原谅之路

甚至和解的人,都可以利用那些被人背叛的经历来让自己变得更睿智、更有同情心。对于这样的人来说,背叛只是一块垫脚石,帮助他们进入生命的灵性境界。

虽然不同的人对灵性有不同的定义,但在所有通往灵性的道路上,至少有一点是共同的:体会对他人的真正的宽恕和同情的能力,其中也包括哪些曾经伤害过我们的人。如果灵性让我们与生命融为一体——对所有生命都充满爱、充满关怀、充满同情,而我们永远将自己的心对生命中的某个部分(比如前任伴侣)封闭起来,我们将永远不会真正实现这一追求。

继续做朋友的可能性

当同情、关爱与宽恕都成为我们深植于内心的价值观时,背叛就会转变为友谊。这要求感情双方都能做到向彼此打开心扉以诚相待,同时还要做好抚平内心伤口的必要工作。

格拉戈的新伴侣在一次争吵之后突然抛弃了他,当时他们正在危地马拉度假。虽然她的忽然离开深深地伤害了他,但是回到家以后他还是与她保持联系。即使他们再也不是伴侣了:"我的感觉即使我们不做恋人,我也不想失去彼此的联系。我们还可以建立其他关系。有些人不做恋人就变成了陌生人——而且他们感觉那样很好,但是我希望我们可以从恋人变成朋友。这样对我来说会更合理,随着年龄的增长,我就更坚信这一点了。我们之间的某些联系会中断,但是我们的爱不会中断。我对她的心意不会中断。这并不意味着，我能忍受她的某些行为，也不是说她能忍受我的某些行为；只是这些并不会影响我们的心灵联结。对于我来说，爱并不是我们能从彼此身上得到什么，而是我们能给予彼此什么。"

继续做朋友并不适用于每一个人，但是如果彼此还有可能或有意愿继续做朋友的话，我们就必须首先要愿意宽恕对方和自己。

宽恕自己

能够宽恕自己的不足时，我们就在原谅别人的道路上迈进了一大步，因为我们意识到自己和背叛我们的那个人一样，可能我们也没有对他们的合理需求和委屈做出应有的回应，即使我们对他们的伤害并没有那么严重。我们可能强词夺理、自说自话、先入为主、麻木不仁。可能我们也秘密地或公开地背叛了我们的伴侣。工作及家庭压力以及对经济收入的忧虑压得我们喘不过气来，因此我们几乎没有时间和精力去反思自己或者去理清感情当中的纷乱。此外，感情经历的缺乏也会导致一些严重错误。对于某些人来说，这些错误就包括在一段感情中停留得太久。一位女士这样说："如果这个男人已经对我没有感情了，我又何苦再强求呢？"因此，宽恕自己的个人缺陷以及生命赋予我们的局限性会让我们更容易宽恕

第七章 通往同情与原谅之路

别人。

如果把同情比作一枚硬币的话,宽恕自己和宽恕别人就是这枚硬币的两面。如果我们对自己都很残酷、不宽容,甚至还有点暴力的话,又怎么可能宽恕别人呢?当我们责骂虐待自己的时候,我们的心又怎么能做到宽恕呢?同样,当那颗麻木不仁、伤痕累累的心让我们对别人产生仇恨和敌意时,我们内心世界就会变得烦乱不堪而无法体会到对自己的爱与包容。

当我们能够实现内心的安宁(自爱的深层含义)时,我们就开始朝着原谅别人的方向努力了。不管我们是背叛者还是被背叛者,建设性的改变与成长都要在自我接纳与自爱的前提下才能实现。人本心理学的创始人之一卡尔·罗杰斯清晰地阐述了这一理论:"当我们接受了自己本来的样子之后,我们才能去改变自己……我通过患者案例和自身的经历学到了这一点:只有当我们彻底接受自己以后,我们才能改变自己、才能走出原来的自己,然后改变就会在不经意间产生。"

从痛苦自闭到打开心扉、从求全责备到宽恕理解、从冷漠无情到同情敏感,这一切的转变并不会按照我们的意愿来进行。长久的改变来源于我们勇敢地面对自己内心的所有感受。它要求我们一直忠于自己在情感与精神上的成长。在这个过程中,我们要给自己足够的时间去进行温柔的反省,并慢慢抚平伤口。

特丽萨感觉自己在上一段婚姻里投入得太多了。与丈夫分开几个月以后,她向我描述了自己是如何拥抱自己的悲伤和痛苦,并最终将其转变为对丈夫的爱与宽恕的:"每当夜深人静的时候,我会一个人静静地呆在房里,我会不断地后悔自己以前做过的事情,然后再从后悔中走出来。有时我会痛苦到撕心裂肺,有时我会使劲捶打枕头,有时我又会在平静中得到一些领悟。当我接受并走出自己的巨大恐惧及躁动不安时,事情的真相就这样浮出了水面,毫无掩饰、不带任何个人情感,也不用精神分析。真相在不知不觉中一点点变得清晰,比如:他帮助我实现了个人成长;我仍然爱着他;我们分开对彼此是最好的选择。然后我对自己说:'你已经尽了最大的努力。你会痊愈的。生活仍会继续,但愿我会活得更睿智。'然后我发信息告诉他我爱他,并且把最美好的祝福送给他。我感觉自己变得宽容了。"

很多个夜晚过去以后,特丽萨才慢慢平静下来,放下内心的仇恨,开始抚平自己的伤口:"在那之前,我的心情一直都在渴望、痛苦,平静与狂躁之间来回波动。前一秒我还在想一切都没事儿了,后一秒某件事就会让我又哭起来;突然之间我就会泪流满面。我都数不清有多少次我觉得自己扛过来了,可是后面又发现是自己在欺骗自己!"

对于我们中的少数人来说,拥抱自己的内心感受会来得非常自然,但是大多数人都需要刻意地去关注自己的心情变

第七章 通往同情与原谅之路

化。我们必须要有意训练自己的注意力坦然地集中到自己身上。这就是冥想和专注法等有规律的对自我觉察的训练会如此见效的原因。我们需要持续关注自己内在的真实体验，通过这样的手段来战胜那些破坏性的想法和行为，以免伤害自己也伤害别人。渐渐地，我们心中就会自然产生一种充满爱意的自我存在感。

透过这种方式训练我们的注意力，我们就会更容易拥抱自己的痛苦与快乐、悲伤与欢欣、恐惧与力量。这样我们就会变成一个更加完整的人。我们对生活的恐惧会随之减少，这样我们的敌意也会减少，当事情不能按照我们的想法进展时，我们的反应也不会那么强烈。此外，我们也不会总想从外界得到安慰和满足感。我们也不太可能会求助于各种外界的附加物或干扰力，它们对于人际关系的破坏性已经得到了证明。我们在自己的内心世界找到了爱与滋养。

除非我们可以直接体验到温柔接受自己时所带来的那种特别的幸福感、平静的自信心以及内心的自由，否则我们只会如梭罗所说，在"安静的绝望"中、在头脑一片混乱中变得一天比一天虚弱。我们会扼杀自己的痛苦，并开始隐约地主宰别人，我们会不停地将自己的伤痛和不满都归咎于别人，我们会通过贬低别人来抬高自己，我们会努力将自己的快乐建立在别人的痛苦之上。我们的心理会隐约地产生对世界的愤怒。

在不断练习靠近并进入自己的内在世界时，我们就会找到一处私人庇护所。我们根本不用东奔西跑地去寻找救赎和幸福，因为我们所要寻找的其实就在自己的内心深处悄然酝酿着，只待时机成熟才向我们宣布它的存在。但是，要想找到自己内心更加稳定的爱与同情的源泉，我们必须要花时间去不断寻找、不断努力，同时还要迎接各种成功与失败。

背叛者的角色

宽恕是人类成就当中最微妙，最困难的一项。尤其是当背叛者拒绝为他们对我们造成的伤害负责任时，做到宽恕就更加艰难。詹姆斯·希尔曼清晰地阐明了这一点：

> 悲剧发生的大环境使得感情的双方拥有相近的心情。他们还是有关系的，只不过现在变成一种背叛与被背叛的关系。如果只有被背叛的一方感到委屈，而另一方却理所当然地视若无睹的话，背叛将继续下去，甚至会进一步加剧。这样回避事实的行为对于被背叛的一方来说是最令人愤怒的。因此他们便很难做到宽恕，仇恨也会因为背叛者不愿意认错而越积越深。

第七章 通往同情与原谅之路

如果得不到背叛者的配合，我们就必须仅仅依靠自己的内心来调节自己的坏心情和适应新环境。当海琳的丈夫突然与另一个女人发生私情之后，她只能独自面对发生在自己身上的一切："最理想的方式就是双方一起来讨论我们的问题并表达各自的心情。但是当我们发现这一点无法实现时，我必须要自己去结束这一切；我必须自己走完整个过程。"

在我们背叛别人的同时，我们也为他们对生活的安全感带去了威胁。我们重新刺激了他们对被抛弃和被替代的恐惧，同时还会让他们因为自己不够好而感到耻辱。在我们背叛别人的同时，我们也在驱使他们因为巨大的恐惧和伤痛而筑起一道防御的城墙。我们引发了他们的仇恨与攻击性，他们会将这种仇恨发泄在我们身上或者下一任伴侣身上，甚至连一些无辜的人也会变成他们的出气筒。结果，我们就变成了性别战争的始作俑者；而在这场战争中，受伤的其实是所有的人。

希尔曼向我们指出了不承认自己是背叛者会带来的危害：

> 如果我没有能力去承认自己背叛了别人或者我忘记了自己曾经背叛了某个人，那么我将在不自觉中继续残忍下去，然后我们就会因此而错过更多的爱。我会继续错待别人，也会错待自己，因为我不能宽恕自己。我不会变得更智慧，也不会顺从于任

何事物……(然而)一旦我承认自己没有能力信守诺言的话，我就要被迫承认自己的软弱以及客观现实的强大。

有益的负罪感

这里的重点不是说我们要为自己是一个背叛者而感到耻辱，而是要认识到自己确实伤害了某个人。即使我们会因为自己故意伤害了别人而感到内疚，但我们最终必须要原谅自己过去的残忍和自私，并且尽自己最大的努力去改变现状。我们不要在沉默中（或者在躁动中）承受负罪感的煎熬，而是必须去倾听内疚带给我们的领悟，这样才能重新做到诚实和正直。

负罪感的形式是多种多样的。当我们拥有过多责任心时，破坏性的负罪感会让我感到窒息，比如在受到身体上或言语上的虐待时，我们就会认为一定是自己做错了什么。但是另一种类型的负罪感却是有益而健康的。有益的负罪感就会让我们意识到自己伤害了别人或无礼地侵犯了他人的尊严、权利或"领地"。

很多心理咨询师和治疗师都错误地认为任何形式的负罪感都是有害的，所以他们会想尽办法让患者从负罪感中解脱出来。虽然他们的初衷是好的——减轻痛苦，但是他们却背叛了自己的患者，因为他们消除了一种潜藏着智慧与重要信息的感觉。

路易斯·安德鲁是一位很有思想的作家,对于精神价值与情感健康之间的关系,他有着深刻的见解。在他看来,我们经常忽视自身负罪感所发出的"纠正性命令"。这里并不是建议忍受自责、痛苦和抑郁的心情,好像这样做就可以弥补我们的过错似的。安德鲁给我们的建议是:"再多的自责和抑郁都无法减轻我们的负罪感,这并不是说我们要因为过去所犯的错误而痛苦不堪,而是要采取行动来弥补我们对别人造成的伤害,如果还有弥补的可能性的话。"他还进一步指出,"能反映出我们深层智慧的痛苦良知"体现在我们尽自己最大努力去满足他人所需的时候。假如我们可以温柔地拥抱有益的负罪感而不是令人麻痹的自责,我们就可以真正有效地减轻我们给他人带去的一些痛苦。

改过自新

当我们的内心被有益的负罪感和发自内心的关爱所感化时,我们就能更加平静地面对某次严重背叛,即使这件事情已经过去了很多年。随着时间的流逝,我们会对自己的过去产生更多的认识。我们希望做些补救,让自己从残留的负罪感与遗憾中解脱出来,同时也减轻前任伴侣的心理负担。

如果我们能够认识到自己作为背叛者的角色以及我们为对方带来的伤害,可能我们的前任伴侣会更容易从痛苦中解脱出来。我们可以诚心诚意地向对方道歉，向对方表达自己的悲伤与内疚，或者去请求对方原谅我们，而不是继续保持距离或寻找借口。我们甚至会发现彼此之间的心灵联结会继续存在下去。当我们卸下防备，表露我们的真实感受并努力让自己痊愈时，我们就勇敢地以一种新的方式向那个曾经被我们背叛的人表达尊重。这是一种精神上的大度，能够反映出对对方的关爱，虽然彼此之间再也不是以前的关系。当我们公正地承担了自己的责任，并向伴侣表达了我们对他/她的尊重时，我们就会让对方知道我们之间背叛事件的发生并不是他/她的错，他/她确实很好。当我们意识到自己造成的伤害或对彼此的伤害时，我们就能进一步与自己及生活和谐相处了。

假如在性背叛之后我们还想继续保持夫妻关系，从心底里认识到自己造成的伤害可以引领我们走向深度和解。当懊悔化解了愤怒时，我们就会更关注眼前的讨论，搞清楚背叛背后的问题。通过分析引起性背叛的动机和相关因素，我们就会发现一些潜藏于伴侣关系或个人生活中的不满。

这样的事情就发生在弗兰克与乔安妮之间。当弗兰克发现乔安妮与别人有私情之后，他非常气愤，也非常伤心。这是可以理解的，而且他也想过要离开她。出于对自己的负责，也对彼此的关系负责，他决定搞清事情的来龙去脉："我很惊讶自己有那么强大的自信心。这一点是解决问题的关键。我

第七章　通往同情与原谅之路

不需要玩什么手段，也不采取报复。这样让她心里很难过，她明白这对我造成了多大的伤害。这也让我可以真正地去倾听她这样做的真正动机是什么——她跟别人好到底是为了什么。慢慢地她明白了自己在我们的感情中到底误会了什么，而我也明白了这些误会给她造成的巨大影响。这些让我们对彼此有了新的了解，同时也进一步拉近了彼此的距离。让我惊讶的是，后来我们相处得比以前好多了。"

仅仅通过理解那些被我们伤害或背叛的人的感受——他们的心碎和挣扎，我们就能帮助他们减轻一些残留的痛苦，他们就会拥有更多自信、他们的痛苦和仇恨就会有所减少。如果我们为自己所做的一切感到痛苦不已，他们又怎么会忍心继续怨恨我们呢？此时最为重要的可能就是要去重新建立彼此的信任，重新建立对生活的信任。

无论我们有多么不情愿去面对自己对伴侣或朋友做出的卑鄙行为，但只要表达出自己真实的后悔与懊悔的心情，我们就能对自己的行为做出一些有意义的补偿，不管是通过对话还是写信（后者会更好，因为书信的方式可以让对方有更多思考的时间，而不用急于做出回应）。我们甚至可以再勇敢地迈出一步，问问对方我们还能为他们做出哪些补偿。

这并不是建议大家在双方仍有分歧的前提下寻求和好的机会，而是建议我们在清醒地认识到自己作为背叛者的角色之后，考虑为我们曾经背叛过的那个人做点什么。重新向对方敞开心扉需要巨大的力量，同时我们也需要巨大的勇气去承认自己是错误的、残忍的或者在某方面是有局限性的。

作为背叛者，我们会出于羞愧、自以为是或者害怕承认自己的错误而远离被我们背叛的人。那样只能让他们久久得不到我们的忏悔而难以走到宽恕的终点。然而我们还要小心，如果没有足够的痊愈时间，联系前任伴侣可能会又一次勾起他们的伤痛（尤其是我们有了新的伴侣，而他/她还没有），而且如果我们还没有完全准备好或者我们还没想好自己的真正动机是什么，这样做也可能会再次掀开自己的旧伤疤。这时最重要的就是去仔细聆听自己的心声，搞清楚怎样做是最有帮助的。

有时我们很难区分背叛者与被背叛者。其中一方或双方的很多小背叛会最终积累成为其中一方的大背叛。首先有勇气承认自己的不妥行为的那一方会以合理的方式迈出一步。抱着一种同情和善意的心态迈出一步能够让自己更快地抚平伤口，同时也有利于他们重新建立起对人性和生活的信心。

第八章

重建信任

爱的核心秘诀就是:如果爱,请给他/她自由。这条秘诀虽然简单,但却非常深刻。当他想要全部占有对方时,却必须要让对方有自己的独立生活,虽然对方与他共同生活在一起。这是所有相爱的人要用一生时间送给彼此的一份礼物……虽然这份礼物会包含着很多锥心的痛苦,但是恰恰是在接受这些痛苦的时候,我们才开始慢慢领会真爱的意义。

——Eugene Kennedy

对于那些经历过背叛的人来说,首要的问题就是:我们如何才能建立一种安全可靠的爱情关系?

作为人类,我们的智慧是有限的。虽然并不是故意要误导别人,但是我们还是经常会说一些不完全真实的话,因为我们并不了解自己。因为不想伤害别人,或者更多的是不希望和别人发生矛盾、不希望被别人拒绝,我们总是会做出错误的保证。我们表现给别人的并不是真实的自己。总之,我们没有建立起一个信任的框架。

当我们的某些需求没有得到满足时,当我们过去的经历仍令我们的内心充满仇恨、伤痛与恐惧时,我们就会戴着有色眼镜去看待别人。在咨询师与患者之间存在着一种叫做"移情"的现象,其实这在任何一段重要关系中都会起作用。在个人需求的影响下,我们会对别人产生选择性的认识,这种认识会令我们把一些想象中的品质强加到别人身上。我们会根据自己心目中的理想形象和需求来认识对方。当我们只根据自己的迫切需求和欲望来看待别人时,别人就会在不知不觉的情况下成为我们所喜欢的、理想化的对象。

建立一段令人满意的爱情关系在很大程度上取决于我们

看清别人的能力以及为了让别人了解我们而做出的努力。两个人要想拥有真正的亲密与爱恋，就必须对彼此有相当准确的了解和认识。当两个人了解彼此的内心世界时，他们之间的亲密感和信任感就会随之增加。

信任的框架

信任这个词经常被人滥用，很多人并不了解信任的真正含义。当我们了解了自己的真实情感和需求、了解了我们的弱点，然后再有选择地让别人进入我们温柔的内心世界时，我们与他人之间就会产生信任。

当我们愿意让别人了解自己时，在我们心里也潜藏了一种希望——敞开心扉迎接一切可能。希望不同于痴心妄想，真正的希望是在我们身体里面静静律动的脉搏，它是一种积极向上、令人振奋的力量。希望不同于期望，期望会在我们失望的时候将责任推卸到他人身上，会让我们将自己的幸福绑定在别人身上。同时，希望也是双向的。如果我们不愿意拥抱未知世界，希望就会很快退化为对安全感、确定性和预见性的追求。

实际上希望就是："我会对生活敞开怀抱，我愿意冒险向别人展示真正的自己。我可能会失望，但即使失望，我也愿意拥抱自己的悲伤。我有一种信念，虽然这个信念有时强大，有时弱小，但是我始终坚信自己最终一定能够得到我所追求的那种爱情。"

当我们遇到了某些可能成为朋友和恋人的人时，我们该如何把这种希望与他们联系起来呢？当我们心里想着把某个人变成自己的潜在灵魂伴侣时，我们心就好像在说："为了让你真正地了解我，我希望你不要故意来伤害我。我希望你之所以想要了解我就是为了不让自己在无意中伤害我。为了能够放心地表达我的爱意，我希望你能够优雅地回应我，不要让我感到难为情或被拒绝。当我与你分享我的恐惧与伤痛时，我希望自己在表现脆弱的同时不用担心有什么不好的结果——不用担心自己因为"脆弱"而被耻笑，我希望你会因为我有勇气来展示自己人性的一面而欣赏我。为了让你感受到我的能量，我希望你足够强大，不会被我的坚强和自信吓倒。我希望双方在成长的过程中都可以对自己感觉足够良好，而不用总想着超过对方或者控制对方，同时也欢迎双方变得平等，并以此来支持对方的成长与创造性。"当这些希望与其他希望慢慢变成现实的时候，信任也就随之增加了。

在建立一段值得信任的关系时，我们面临一个巨大的挑战：我们将反复但明智地经历让自己诚实正直心胸开放的风险。如果我们曾经因为自己的气愤和伤心而受到惩罚、认为这种感受会让自己或别人觉得危险，我们就不敢再肯定自己的想法了；如果我们曾经因为实话实说而被嘲笑或拒绝，我们

第八章 重建信任

就可能会认为还是保持沉默和矜持更安全一点；如果我们曾经因为提出异议而受到诋毁，我们就可能会决定从此以后都要赞同别人的想法和观点。这样我们与他人之间就失去了真正的接触。我们就会把自己"藏"起来。

一旦发现做真实自然的自己并不能换来自己想要的，我们就会对自己和他人失去信心，我们就会失去鼓舞我们敞开胸怀的希望。我们与生俱来的开放心态就会被充满怀疑的控制与操控所替代，我们企图通过这样的手段来一直留住别人，留住他们的好。我们也可能会把争强好胜当成超过别人的一种方式，这样我们就会变得令人难以接近。

当我们不再相信真爱会降临到我们头上，不再愿意展现真实的自己时，我们就再也没有办法与别人建立以信任为基础的爱情关系了。"我感觉自己的心门从此紧闭。"一位中年女士这样说，"我对找到真爱完全不抱任何希望了！"一位曾经因被别人拒绝而痛苦不已的男士说："我最多只能让人们与我保持这个距离，我受的伤太多了。"

假如我们期待的东西太过虚幻的话，放弃希望其实是一种积极的做法，比如，我们想找到一个能无微不至地照顾我们的人或者是完全和我们一样的人。如果我们的想法太幼稚或太乐观，我们可能就需要从感情中走出来一段时间，重新调整一下自己的希望以及生活方向。如果我们能够一直忠于个人觉醒的过程，放弃错误的希望就能让我们重新体会到建立信任的美好感觉。

健康的爱情都是以信任为基础的,而不是靠法律合同或金钱维系下去的。信任的本质在于它可以建立在牢固的"真实"基础上,如果我们总把自己的真实想法隐藏起来,不轻易表露自己的情感,信任就不可能进一步增加。如果我们太想取悦对方,或者为了证明自己的独立而拒绝取悦对方的话,信任也不会得到进一步发展。无论在不易察觉的还是显而易见的欺骗氛围中,我们都无法建立信任。只有当我们勇敢地忠于真实的自己,并且有选择地与别人分享自己的真实想法时,我们才能真正与他人建立信任。

塑造虚假的自己:失去信任

很多放弃希望和信任的人都企图以自己的完美假面来与别人交往,他们一直在努力让自己变成另一个形象,因为他们认为只有那样的自己才能获得别人的认可和爱。这种形象是由父母或社会塑造的。比如,有的人会努力让自己变得风趣幽默;他们会穿意大利西装,并且出手阔绰;他们会永远表现得亲切而随和,即使在受到虐待的时候;或者他们也会为了与父母或社会的规定作对而塑造一种反叛而不真实的自我形象。渐渐地,他们的内在生活就会被自己精心设计的外在生活所取代。事实上内心的世界一直都向他们发出低沉的呼唤,

第八章 重建信任

可是这时私下里的自我正在被公开的自我所主宰，天然的自我正在被人造的自我所代替。他们在努力实现完形疗法所说的"个人形象的实现"，而不是真实的自我实现。从宗教的角度来看，这样的人已经失去了慧根——失去了与自己、与生活、与真爱建立联结的能力。这些错误形象的建立构成了自我背叛——背叛了真实的自己。

我们中的大多数人都会倾向于把不同的一面展示给别人。我们不敢卸下防备，因为它可以保护那个饱经风霜、脆弱不堪的自己。我们害怕如果摘下那个保护自己的虚假面具，我们就会将自己暴露在那些一直以来都被自己的经历证实为不友好且具有杀伤力的外界势力之下。然而，当我们不断压抑隐瞒真实自己的同时，我们就已经注定要遭受背叛了。

如果童年时不断受到羞辱和虐待，我们就会需要一个假面来保护自己。很多人会一直将真实的自己隐藏在一种僵化的保护机制后面，以此来找到一处并不可靠的避难所。我们不再表现真实的自我。我们通过发怒来隐藏自己的伤痛；我们通过保留自己的情感来掩饰自己的恐惧。伴侣会认为我们是凶残且冰冷的，而不是我们内心真正的那个温柔而羞涩的自己。朋友会认为我们沉默寡言、孤僻内向，而实际上我们却是感情丰富、充满抱负的。有些人会察觉到在我们的外在表象下面潜藏着一个温和而坚定的灵魂。然而，如果我们总是小心翼翼地保护着自己，我们就剥夺了自己与别人建立深层联结的权利，而这正是我们的灵魂一直渴望得到的。

伴侣真正要接触的是真实的我们。他们不可能与伪装的我们长久生活下去。如果我们隐藏了自己的脆弱，在我们与伴侣之间就会慢慢产生隔膜，进而会让他们对这份感情感到无聊、无趣和麻木。他们甚至会抛弃我们。然而这里的"我们"其实不是真正的我们，而是伪装的"我们"。他们要抛弃的是我们所表现出来的那个害怕的无趣的自己。因为彼此的感情从来都不是以信任为基础的，所以他们可能并不认为自己背叛了我们。他们会认为我们一直很肤浅、很封闭或者很不安，所以他们才要离开我们。他们会认为自己只是从一段糟糕的感情中走出来而已。

如果我们很少向伴侣袒露我们的伤痛——我们的弱点、敏感与人性，她就会缺乏对我们的真实了解；他就搞不清楚自己在我们心中的地位，尤其是如果我们很少向他们表达的话；她就很难知道自己到底为我们带来了多少幸福；他则会因为我们不让他了解我们而产生误会。

可能我们的脆弱已经足够麻木、我们的信任已经极度脆弱，以至于就算看着伴侣走出家门，我们还是不会向他们袒露自己的伤痛，而是仍然表现出一副尖酸刻薄、冷漠高傲的样子。正是这样的形象刺伤了伴侣的心，让他们决定离开我们。我们可能不希望别人觉得我们是一个受伤的人，一个渴望被爱、被拥抱的人。也许正是由于虚荣或者隐藏的仇恨向我们

第八章 重建信任

传达了这样的信息:"我才不要让他知道他对我的影响有多大呢。"因此我们就隐藏了自己的伤痛,而且因为我们一直都这样做,所以现在根本不愿意让别人知道我们的真实想法。

即使看着伴侣离去的背影,我们也不会将自己细腻的情感表达出来。我们不能,或者更确切地说,是不愿意放下自己的虚荣,让别人觉得我们害怕孤独、我们因为分手而感到万分痛苦、我们充满希望的梦想就此破灭了。

因为我们从来没有在对方面前表现过真实的自我,所以在我们的感情中,信任从来都得不到滋养。与此同时,我们的批评责备却将羞辱和恐惧带入了彼此的感情当中。沉默寡言让我们疏远了对方,把我们变成了陌生人。我们可能会谴责对方背叛我们,但是难道我们没有背叛伴侣和自己吗?

在一段千疮百孔、苟延残喘的爱情当中认识到自己的责任是痛苦的。当我们诚实地面对自己的时候,我们可能会默默地对自己说:"我真希望那时的自己懂得如何建立信任。在那些关键时刻——要么让自己继续戴着防御的面具,要么就向对方袒露自己的恐惧与伤痛。我真希望当时我能有勇气恰当地把自己的真实情感表达出来,同时也用心倾听一下对方的真实感受。我真希望自己当时能够尊重伴侣的观点,尊重她的智慧和情感,而不是总强调自己的想法,总把自己的做事方式强加于她。我真希望自己那时候能够主动向别人求援。我真希望那时能够给信任一次机会,而不是用自己被误导了的小聪明来控制伴侣的行为，强迫她去改变自己。"

给信任一次机会

爱情的悲剧不在于我们因为做回自己而被拒绝，恰在于我们总是将真实的自己隐藏起来，从来不给信任一次机会将我们紧紧联结在一起。要想建立信任，我们就必须要凭借自己的智慧和勇气来练习作家盖伊与凯瑟琳·亨德瑞所说的"说出微观事实"，也就是去认识心灵深处那些经常被忽视的隐性感受、思想和需求。

对于我们中的一些人来说，说出微观事实就是去袒露那些经常被自己掩藏和压抑的恐惧和伤痛，比如害怕被抛弃、被伤害或被误解。对于其他人来说，也许就意味着要暴露自己那些被"友善"或虚伪表面包裹起来的愤恨，比如，告诉别人当我们被当众批评时我们会很生气。还有些人会认为这样做就意味着要说出自己心里的那些经常被我们压抑着的愿望和需求，比如想要更多地在森林里徒步旅行；想要更多独处的时间；或者可以有更多轻松愉悦的傍晚时间来分享彼此的爱意。当我们把这些说出来，并体会到那种被接受和被理解的感觉时，我们就会拥有更多安全感，在他人面前表现出真正的自我。

很多人害怕他们的爱情经不起太多事实的考验，所以就

第八章 重建信任

扼杀了自己的欲望、隐藏了自己的愤怒，甚至对自己都不愿意承认其内心的不快。他们签下了一份残忍的协议：为了感情的长久，宁愿牺牲事实。然而，长久的感情应该成为检验彼此关系耐久性的测试，而不应沦为持久照顾与性亲密的载体。

认识到分享自己情感的价值是一回事，但是要把自己的美好想法付诸实践就是另一回事。因为行动起来会更有挑战性，它需要我们有勇气去确定自己的感受和欲望，然后用一种诚实而非责备的方式把它们表达出来。如果我们想要建立起一种值得信任的亲密关系，那么我们最难以启齿的那些想法往往就是我们最需要让对方了解的东西。

我们常常会因为害怕失去对方的爱而隐瞒事实。但是我看到的却是很多忠实的夫妻，带着真诚的态度共同决定要真实地面对自己和彼此、冒险做真实的自己之后，最终得到了应有的回报——进一步拉近了双方的关系。就拿帕特里克为例，在他结婚8年的时候，每次伴侣想跟他讨论彼此在情感与性生活方面缺乏亲密感的问题时，他都会很生气。然而往深层次想想，他发现在生气背后的真正原因是自己情感的麻木。他意识到自己特别害怕受到别人的责骂和批评——就像他小时候母亲羞辱他的情形。知道自己对责备与拒绝的敏感，对于一个外表坚强的男人来说是一个重大的启示。当他温柔接受自己对于被批评、被拒绝的恐惧时，他发现自己内心还隐藏着更深的悲伤与痛苦。然而把这些温柔的感受表露出来并没有像自己害怕的那样让她离开自己。恰恰相反，这样反而更拉近了他们之间的距离。他说："这对我是一个重大的启示，原来我是完全可以把这些情感表达出来的。起初，我很排斥它们，但是当我越来越多地把它们表达出来时，我发现自己就可以越来越轻松自如地表达自己的真实感受了。让我感到惊喜的是，她很乐意我把那些我原以为自己应该藏起来的想法说出来。"帕特里克重新开始与妻子推心置腹的交谈后，原先几乎奄奄一息的情感生活与性生活又在这样的氛围中重新焕发了青春活力。

很多时候，我们总是觉得别人好像会讨厌我们天生的不加修饰的样子。作家肯尼·凯耶斯指出："更深刻的诚实要求你相信，做真实的自己时，你是自然可爱的。"当人们的心理变得越来越健康的时候，他们会更愿意看到我们真实的、不设防的一面。当他们能够与真实的自己和平相处时，他们会自然而然地欣赏和喜欢那些一样真实的人。

在一个鼓励进取与强力的世界，坚持拥抱自身弱点的个人常常会感到孤独落寞。这些坚定而温柔的灵魂常常希望能够找到同样愿意让别人和自己触碰内心情感的人。当我们放下自负与做作的面具时，这些人就会更放心地表露自己的真心。如果想要找到真实、温柔开明的人，我们自己就要首先做到这些。就像甘地所说的那样，要想让别人做出改变，我们首先得自己做到。

这并不是说我们不管对谁都要以建立信任的名义向他/她诉说衷肠，而是要像前面讨论过的，我们必须要搞清楚在什么时间对什么人说一些私事是相对安全的。如果对方非常善解人意地尊重我们的感受，如果他们能够理解我们并真正倾听我们的想法，我们就会感受到彼此之间的信任感。当我们可以放心地与他人分享自己较浅层的情感、需求和忧虑时，我们就会更加愿意说出自己内心深处的感受和需求。治疗师赫伯特与朱莉·鲍登把这样的做法叫做"分享—检验—再分享"。我们先分享点自己的想法，然后观察对方的反应；如果他们尊重、接受并理解我们，我们就会想要分享得更多。

要想在一段感情中进行深度分享，我们就要建立起一个安全的氛围空间。在这样的氛围中，我们可以坦诚对话。我们常常避开谈论事实，是因为事实总会带来冲突与伤害。如果双方都相信彼此忠实于感情的过程，做到诚实就不会那么"洋溢"着危险。

相信自己

如果对自己都没有足够的信任，我们就会感觉相信别人是一件很危险的事情。如果连自己都不能平静地栖居于自己的内心世界里，那么让别人来触碰那颗脆弱的心就会令我们感到无比恐惧与迷茫。如果我们不能或不愿意拥抱并关心自己，我们就不会放心让别人靠近或照顾我们。我们会设置障碍、创造冲突或者用其他方式阻止伴侣太过接近我们。如果我们自己都没有一个稳定的心境，我们的爱情也会一直处于动荡而混乱的状态。

在之前那段动荡不安的感情中，歌莉娅总是指责抛弃了她的伴侣不够体贴关怀、不够善解人意。分手以后，她有了更多自己的时间用于更好地了解自己，并且去追求一些以前一直被搁置的个人爱好。没过多久，她跟对方进行了一次感人的温柔谈话，告诉他分手之后她有多痛苦。当她花时间来拥抱自己的悲伤和痛苦之后，她对自己有了更多的肯定，此后她再也不会让自己活在抱怨与指责之中了。而正是因为自己在不断抱怨和指责对方，才使得分手为她带来了巨大的痛苦。让她感到意外的是，他很关心她："当我表达自己内心的痛苦，但没有指责他的时候，他一直陪在我身边安慰我。我真希望我们在一起的时候，我能做到现在的样子。既然我能做到更加关心自己，就更容易接受别人的关心了。"

当我们能够更加平静地面对自己的内心时，我们就不会太羞于向别人表露自己的想法。当我们更加确信自己可以在心里找到一处避风港时，对于我们来说就没有什么是危险或损失；爱情也随之变得不那么令人害怕、充满危险。如果被拒绝，我们知道自己能够拥抱痛苦；而不是被伤痛吞噬。我们越相信自己，就越愿意向别人打开心扉；我们与他人之间就会有更多机会建立联系；通往爱与亲密的道路就会更宽。

自信的培养是一个循序渐进的过程。童年时受到的伤害越多，我们就越需要付出更多努力让伤口愈合并重新建立对自己的信心。培养一种有感性的自我感觉，在被拒绝、被抛弃或被背叛的时候，不用依赖外力也不会被痛苦击垮，是个人成长的深层本质。

相信自己有能力去拥抱生活的痛苦

长久的平静与满足来自于一种难于捉摸的品质，它的名字叫自信（self-confidence）。信心（confidence）这个词源于拉丁词语"confidere"，意思是"去信任"。

如果我们总是逃避和否认人类的情感，我们就不会信任自己；因为这些情感都属于自身的一部分。对自己有信心就意味着我们相信自己有能力处理好由失望引起的各种内心情感。我们不会沉浸在自责或责备他人中让自己丧失力量，而是越来越相信自己有力量去拥抱生活的痛苦且不会因痛苦导致软弱。借鉴经验，我们相信只有接受了这些情感，它们才会过去；一味抵制只会让他们停留更久。当这一事实逐渐成为我们思想的一部分时，我们就会拥有更多自信。当我们能够与自己的内心情感建立起一种更信任、更舒服的关系时，我们就会发现内心一直都存在的那个避风港；然后我们就会越来越享受那种自信的感觉。

自我肯定

在认识层面，建立自信需要我们做的事情包括不断的自我肯定与自我验证，这些都来源于自我觉察的不断加强。当我们发现了自己的优点并因为这些优点而欣赏自己时，我们就拥有了更多自信。比如，我们会欣赏自己的正直、诚实和善良的本性。当我们打下一个认识并欣赏自己当前优势与能力的基础时，自信就增长了。如果今后有人拒绝、批评或虐待我们，对自己的信任能帮助我们应对这些不开心的遭遇。我们对自身的评价就会让我们合理解决这些事情。

不管我们有多自卑，终究还是可以找到一些让我们喜欢自己的地方来抵消那些根深蒂固的恐惧心理，比如认为自己一无是处或是不够优秀。拿我自己来说，我会采用下面的方式来肯定我自己："我因为自己特别珍视一些有价值的东西而欣赏自己，比如世界和平、清洁环境以及对他人的关爱；我因为与动物建立的亲密关系以及尊重其他生物权利而欣赏自己。我因为饮食很健康、运动有规律，并且拥有一种良好但稍显奇特的幽默感而欣赏自己。我还因为那么多被拉进我生活里面的朋友而感觉非常良好。最后，我也非常庆幸自己在这个到处都有人感到绝望与疲惫的世界里选择了一条个人成长的道路，而不是随波逐流地去愤世嫉俗、疑神疑鬼、自欺欺人。当我知道自己在努力过得更诚实和更开放，且尽力建立以信

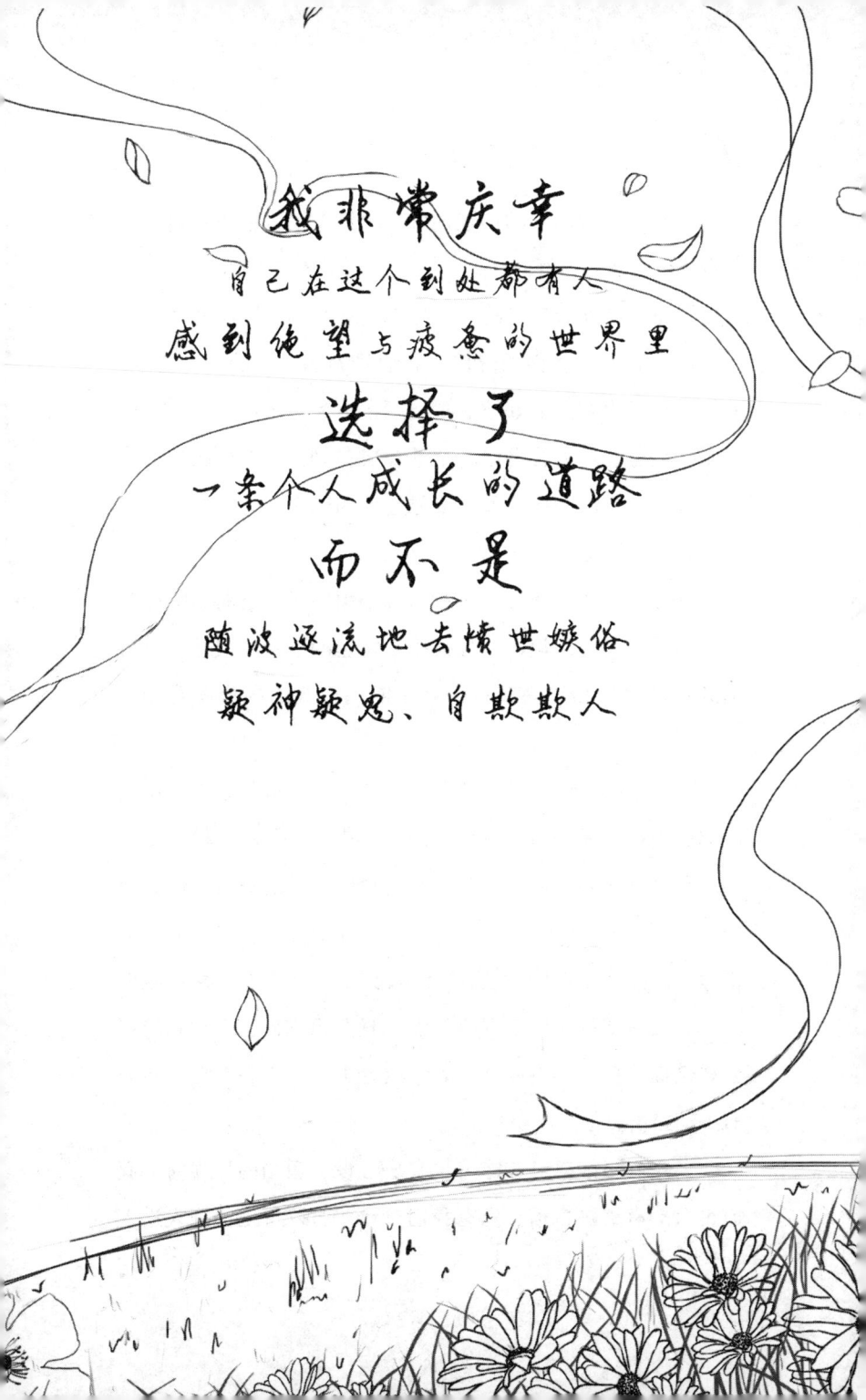

任和相互尊重为基础的创造性的令人满意的爱情关系时，我对自己感觉非常良好。"

记住自己喜欢自己的一些地方会让我们更温柔地对待自己。当世界虐待我们的时候，我们最容易忘记的一个态度，就是对自己温柔。渐渐地，我们就会因为肯定自己本来的样子而欣赏自己，不管自己的个性和成就如何。有趣的是，培养对自己无条件的接受和关爱已经成为千古不变的伟大精神传统的一个重要主题。

要想喜欢并相信自己，我们就必须要对自己的局限性有一个客观真实的认识，并且去接受自己的这些局限性。对自己的过多要求和过高期待只会不断削弱我们的自尊心和自信心。

同时，只有当我们相信自己有能力为了得到想要的生活而战胜当前的局限时，我们才能真正成长。勇敢地挑战自己的局限就意味着我们有时或常常要经历失望的痛苦。因此我们必须要接受一个事实：有时我们会一败涂地，但那也并不能说明我们就是失败者；我们还会爬起来，从痛苦或难堪中吸取教训，然后变得比以前聪明一点。我们相信自己下次看问题会更全面一些——更谨慎一点，或者少一点小心翼翼，多一点主动出击。

当我们相信自己有能力也有决心设定适当的界限时，我们也会拥有更多自信。只有我们自己才可以决定让别人进入我们的世界，还是要与他们保持距离。当我们知道如何设定界限时，我们就已不再是被别人虐待的受害者；当我们感到足够信任对方的时候，我们就让自己走近了他/她；当我们受到粗鲁对待时，我们就能够表达自己的愤怒。我们有权离开一段让自己痛苦不堪的感情。在我们设定一个界限来保护自己脆弱的心灵不受伤害的同时，又不会疏远我们喜欢的人；让他们成为自己家庭或生活的一部分，这时的我们就会拥有更多的安全感。

相信生命

如果相信生命的过程，我们就会更容易相信他人。如果我们单身并想要得到爱情，相信这个世界总有那么一个喜欢我们、欣赏我们的人等在那里，会让我们心里拥有更多期许与平静。在找到某个伴侣之前，我们会相信这段独处的时间正好可以让我们滋养自己，让自己的灵魂变得更加深刻。如果我们已经有了自己的伴侣，我们就要相信自己可以通过善意和相互尊重来面对并解决所有困难。

如果我们相信生命会接受我们本来的样子，我们就能做到真实地面对别人。当我们深信不疑地参与到神话学家约瑟夫·坎贝尔所说的"英雄的旅途"中时，我们会更容易变得勇敢而诚实。然后我们就能够相信自己在生命中踽踽向前的努力从来不会白费，而且当我们真诚地去追求爱与被爱时，生命总会以某种神奇的方式来支持我们。

相信他人

任何爱情都是没有保障的。人在变，需求也在变。以自我觉察、自我肯定和自我信任为基础的人际信任是对抗背叛最强大的解药。

当信任作为彼此的共同思路让我们结合在一起时，我们就不太可能会用欺骗和诡计将彼此分开。当我们相信伴侣是真的关心我们时，我们就可以在一种相互尊重和相互关心的氛围中与对方讨论彼此的新想法和新需求。我们就不太可能去纠缠或欺侮自己的伴侣，因为我们相信他们会认真对待我们的需求，他们会尽力去满足我们的愿望。当我们一心想着去增加彼此的信任、增进彼此的亲密感时，我们的关系就会变得更安全。

我们越相信伴侣会出现在我们需要的地方，就越不会使用操纵的斗争策略对付他们，让他们感到伤心迷惑。我们越了解伴侣脆弱的内心，就越不可能说出伤感情的话或做出伤感情的事。我们越相信伴侣对我们是有责任心的，就越不会去评判他们或强行要求他们做出改变。当我们相信对方永远关心我们时，我们就会更自由地去领悟自己的脆弱情感并且

第八章 重建信任

无拘无束地将这些情感与伴侣分享。信任越多,我们就越坦诚,而不会害怕有什么负面的结果。保持一个充满信任的良性循环是对付背叛的最佳保险。

要想建立人际信任,我们就必须要明白伴侣能给予我们的总是有限度的。没有一个人可以一直关心我们。此外,伴侣的一些需求和爱好可能会与我们的需要与爱好发生冲突。

相信伴侣了解自己的局限

建立信任的另一方面就是要相信我们的伴侣了解他/她的局限,并且在这一点上要沟通明白。相信伴侣可以照顾好他/她自己,能让我们无拘无束地提出自己的要求,而不会过分放纵、过分保护或充满负罪感。如果伴侣有意识和决心去建立适当的界限,我们就不用心事重重地猜测他/她的局限和需求是什么。我们搞清自己的局限与需求就已经够困难了。

玛丽亚希望能与伴侣盖瑞拥有更多性接触,但她不知是否应该说出自己的想法。一方面她觉得"苛求"对方让她充满负罪感,另一方面她想自由表达自己的需求和欲望。当他们在一起讨论这个问题时,盖瑞发现自己常常会满足她的欲望,即使自己有时并不情愿。他愤怒地指责:"你需求太多,要求太高了!"这样的指责令玛丽亚心里充满了负罪感和恐惧感,同时也深深地觉得自己不够好。结果,她就再也不敢向他提出任何请求了。

当盖瑞意识到自己有权利拒绝她的性要求时，他们就朝着解决问题的方向迈出了惊人的一步。他曾经认为拒绝对方会让自己感到很愧疚，同时也很担心玛丽亚会因为得不到满足而离开自己。因此他的怨恨不断积攒，然后集中爆发，最终让玛丽亚更疏远他；而他自己也更加内疚。当盖瑞愿意负责任地说出"我现在不想做爱"时，玛丽亚也就不用再因为自己提出性要求而感到有负罪感了，也不用因此而觉得自己是个讨厌的人了。

如果两个人都可以在放松地说出自身需求的同时尊重彼此的局限，信任就找到了一块适合其生长的沃土。随着时间的推移，我们会越来越熟悉这些局限。如果我们不能接受，那么这样的感情可能就是不适合我们的。

在一段充满信任的爱情关系中，我们平静、自信，而不苛求。当我们相信自己的要求会受到对方的重视时，我们就没有必要通过恶狠狠的方式进行沟通了。

信任让我们变得更灵活

从信任中得到的爱越多，我们就越会去遵守彼此的约定，我们就会变得越可靠。我们就不太可能去做出一些自己不能兑现的承诺；因为我们知道食言会伤害伴侣，会影响我们好不容易建立起来的信任。如果我们的感情被信任包围着，在违反或改变彼此的约定时，我们就不会感到太难受（只要这种约定不会对彼此关系造成严重影响)。比如,彼此约好一起吃饭,但是我们迟到了,这时如果彼此的信任足够强大,伴侣就不会往最坏的地方去想。诸如"他不在乎我"或者"我对他来说并不是很重要的"。各种疑虑就会被其他更现实而理智的推测代替,比如"今天路上一定很堵"或"他肯定有要紧事耽搁了"。

如果信任的根基足够牢固,虽说伴侣会因为我们的迟到而有些许不悦,但他/她却不太会因此而感到伤心或不满。在我们最后赶到时,只要解释一下,问题就可以解决。只要彼此拥有健康的信任与沟通,相互理解就不是什么难事。

如果彼此的感情中到处都是不信任的色彩,那么那些毫无根据的怀疑——"他/她不在乎我"就很有可能会因此浮上台面。由于之前被别人伤害和拒绝而产生的怀疑会很快影响到当前感情的信任根基。

信任越多,我们就越可以灵活地与彼此相处。越轻松自如地做自己,我们就越可以踏实地生活,而不会总有一种如履薄冰的不安全感。当理解与信任代替了怀疑与恐惧时,我们就强化了与伴侣之间的良性相处模式,我们就给了彼此更多空间来做自己、来犯错误。

如果我们相信伴侣是正直的并非故意的,但却仍然感到生气或者没有安全感时,可能我们更不信任的是自己。也许我们并不相信自己配得上他/她的爱,或者我们并不相信自己真的可以得到幸福。40岁的辛迪离过两次婚,当她找到我的时候已经拥有了一段新的前景很好的婚姻,但是她又开始担心自己会像以前一样将自己的丈夫推离自己的身边:"每次当一切开始好转的时候,我就会找他吵架,我没办法放下过去相信现在。每次吵架的时候,我就会感觉到他是在乎我的。但是不吵架的时候,我就会看不清形势,就会感觉不到我们之间的联系。"

在辛迪的父母家里,吵架就是生活的主题。他们通过这种方式让别人倾听自己的想法,通过这种方式与彼此建立联系。但是这种联系是由恐惧引起并通过愤怒来强化的,它并不是以信任为基础的。停止争吵并且让自己去信任他人,就意味着要把自己多年来为了在一个缺乏安全感的家庭里生存下来而完全压抑的情感释放出来。当她努力让自己去释放和面对那些脆弱的情感,尤其是伤心、恐惧、羞辱与孤独时,她也慢慢从这些情感中解放了出来,逐渐变得温和了。之后她慢慢接受了丈夫的爱。他们一如既往的努力和耐心让彼此在感情层面、性生活方面和精神层面的沟通都更加密切了。

参与信任与理解

促使人们来到我的咨询室的各种忧虑往往都与深层的信任与性生活问题有关。感情问题常常是由缺乏理解和沟通引

第八章 重建信任

起的。当我们的自我觉察和沟通变得更精确时，当我们变得更强大、更睿智、更敏感时，导致分手的原因就会慢慢消失。当我们尽力去加强自我信任与人际信任时，以缺乏信任和缺乏沟通为根源的不满就会慢慢减少。背叛的可能性也会随之变小。

作为一种特别的祝福，信任可以让我们更有可能使彼此的感情维持一辈子。通过信任来引导自己找到解决争吵与分歧的方法更有可能让我们得到积极的结果。

在以往解决矛盾和不断完善相互理解的基础上建立起来的相互信任是一种非常罕见也非常珍贵的礼物。除非有什么巨大分歧或感情破裂，否则我们是不可能放弃这样的感情的。

然而，即使我们拥有坚实的信任基础，不可预见的分歧还是会导致一些不可调和的矛盾。我们可能会发现彼此在情感需求方面的某些重大分歧，这些需求一直都被我们所忽视，但却一直困扰着我们。有一位女士，她在彼此价值观和世界观的分歧中挣扎了15年之后终于发现："我们不适合生活在一起，我们根本就是两个不同的频道。谁都没有错，这就是一次失误。并不是说我的方式是对的，他的就是错的。我们只是在朝着不同的人生方向行走而已。"

信任会让彼此在关于分歧的严肃讨论中不那么针锋相对，这样我们就会意识到分手是一种理智的选择。仅凭爱本身并不能让一段关系茁壮成长，但是如果对伴侣的爱可以帮助我们战胜自己对抛弃和孤独的恐惧，我们就能支持伴侣去选择一条不同的人生路。当然，我们会经历失望和痛苦，但至少我们不用因为背叛而心碎。

信任的基础会让我们真诚地看待分手的可能。如果没有仔细考虑清楚，伴侣肯定不会做出这样重大的决定，因为他/她的未来会因为这个决定而发生戏剧性的变化。如果彼此信任对方，那么在做决定的过程当中，我们也会为伴侣考虑，而不是仅仅宣布自己决定离开而已。我们会倾听伴侣的感受和需求，而不是把他们屏蔽在外。出于爱的意图、通过理解的沟通，我们甚至有可能找到一些建设性的突破，或者我们双方都会认同分手是最明智的选择。

对于每个人和每对夫妻来说，能够导致共同决定分手的分歧有很多种。以下是我观察到的最常见的一些分歧类型：

- 情感、性生活或精神方面的需求以及欲望和性格上的分歧。
- 不同的沟通需求或沟通方式。比如，一方需要更多沟通对话，而另一方则不愿参与。
- 在生活方式上的不同偏好，比如我们喜欢的居住地、我们的消费观（花钱的时间和方式），以及我们与家庭成员的关系。
- 对于生育问题的不同欲望。

- 不同的价值观和对未来的不同憧憬。
- 不同的性偏好。如一方喜欢一夫一妻,而另一方不喜欢。

当然,有些分歧是可以通过真诚对话来解决的,但是如果这些问题长期得不到解决,分手就会成为痛苦最小的选择。

如果双方在接受彼此不同需求和欲望的基础上共同做出分手的决定,这里就不存在背叛的问题;分手也不会像大多数情况下那样充满仇恨与痛苦。如果彼此心里还有信任和爱,随着双方的关系转变,彼此之间的联系甚至还会以一种令人满意的方式继续保持下去。虽然为了让自己从彼此的感情中解脱出来,我们会希望与伴侣暂时保持一段距离;但是我们却会发现,当我们不再努力从彼此身上得到一些不可能得到的东西时,我们之间就可以拥有一份珍贵的友谊。

参与信任:情景演示

因为人类对于爱与亲密的需求是如此的强烈,可想而知我们对于失去和分离的情绪反应会多么强烈;但这并不意味着我们对这些事件的反应都是不由自主的。我们是人,不是自动化的机器,我们有能力通过智慧和理解来应对生活变动。这种能力可以彻底改变我们对于这些变动的体会和反应。当我们可以和谐处理自己的理智与情感时，我们就学到了新的东西，也让自己得到了成长。

我们对于自身经历的理解——认识和对待这些经历的方式，会因为我们对自己、他人及生命本身的信任程度不同而不同。抛弃和背叛会降临到一个智慧的人身上；同样会降临到一个不那么智慧的人身上（这里的智慧是以个人经历及其从经历中得到的认识深度为基础的）。由于每个人的信任承诺程度不同，对自己的认识深度也不同，因此对抛弃与背叛的反应也各不相同。

当我们用更多智慧来应对生活中的痛苦事件时，我们的反应更多是由对待这些事件的方式而不是事件本身来决定的。这样我们可以更加平静地面对自己失去的一切；这样我们依然会对自己、对生命充满信心。我们的心依然是开放的。

在下面场景中我们将看到人们在人生不同成长阶段应对失去的不同方式，这些都是我从来访者、朋友以及自己身上观察到的。

我正在跟自己非常喜欢的一位女士约会。她身上具备很多我所欣赏的品质。我被她吸引了。她似乎也是喜欢我的。我们也能够很好地与对方交流。我非常享受在过去两个月里我们一起度过的美好时光。随后，意想不到的事情发生了。她告诉我她看上了别人，而且她想跟那个人约会。当她对我说"我只想跟你做朋友"时，我的心彻底沉到了黑暗的谷底。

第八章 重建信任

　　我立刻火冒三丈。我说是她先误导了我，是她欺骗了我的感情。我对她严加盘问："你认识他多久了？为什么不早点告诉我？他哪一点比我好？"我非常怀疑她是不是真的喜欢过我，之后我对她说我根本不会跟她做朋友的。

　　如果同样的事情再次发生，我的反应可能会有所不同，但同样是不正常的。我会压抑自己的愤怒与不安。我不会让她知道我的真实感受。我的心会枯萎，但是我会把痛苦藏在心里。我会切断与她的联系，但是心里会暗暗地恨她，也许还会从此认定女人都是狡猾的且不值得信任的。可能要过很久之后我才能再次相信她们。

　　现在假设，因为有了前面的经历，我吃了一堑，所以长了一智。因为对自己的了解更多，所以我会做出与以前截然不同的反应，不会再去攻击和指责对方，也不会再让自己退缩。

　　现在我明白无论是攻击对方，还是让自己退缩，这些反应主要取决于自己而不是对方。更确切地说，我做出那样的冲动反应，是因为我还没有完全走出之前的感情痛苦。我已经习惯了被女朋友抛弃、被长辈和老师抛弃，因为每当我需要他们的支持与理解时，他们都不在我身边。当事情进展不顺利时，我就会为自己感到难过。我总认为自己一定有什么问题，一定有什么致命缺陷。

　　近几年来，我身边多了一些理解和欣赏我的朋友。我有了一些创造性的追求，并且对自己的价值观很有信心。渐渐地，我认识到了自己的价值。我感觉做自己更好。我的自信心更多来自于我对自己的感觉和看法，而非别人对我的评价或是他们对待我的方式。

因为我对自己有了更多肯定和信心，所以我变得不那么容易生气，而且也更愿意接受自己不能改变的事实了。我明白自己以前只是把愤怒当作一种防御，让自己不会因为过去受到的羞辱和拒绝而继续受伤。我伤心地发现，让自己去触碰内心更深层的恐惧和痛苦，或者让别人了解自己的痛苦对于我来说很难做到。一旦有人想要靠近我，想要触碰我的伤口，我就会用愤怒将他们驱离我的身边，就好像在对他们说："我永远不可能让你了解我脆弱的一面。"

这种深层的痛苦尤其会在我即将得到别人的爱与关怀的时候进一步加剧。我心里装了太多的伤心和痛苦，根本没办法接纳别人的爱。我压抑着这种痛苦，并且继续保持一种防御的姿势来面对整个世界，而不是用一颗柔软的心来面对痛苦，使其找到一个释放的通道。我把情感冷漠当成了自己的避难所。难怪别人觉得很难与我交往。

现在我可以原谅自己缺乏自我觉察和缺乏智慧。我当时没有做好准备去体会之前失去的一切所带来的痛苦与悲伤，而是通过愤怒和情感冷漠来保护自己。当我能够更加平静地面对自己的痛苦时，便不再需要这些防御手段。因为它们在保护我的同时，也让我拒绝了温柔的爱；而这不正是我想要

第八章 重建信任

得到的吗？当我找到了外界支持和内在力量来拥抱因失去而带来的痛苦与悲伤时，我能够更清楚地认识现状，并做出适当的回应。

现在当我的女性朋友告诉我她喜欢另一个男人时，我会更多地想起以前的经历。我有一种想要发怒并指责对方的冲动，就像以前的我一样。但现在我的自尊心已经随着自我觉察和自信心的增长而变得更有弹性。我感到很气愤，但是我也能够坚强地让自己去体会潜藏在愤怒下面的伤痛。我喜欢这位女士，之前我以为我们之间很有继续发展的可能；现在这种可能性没有了，我为要放弃这一希望而感到伤心。

在痛苦中独处了一段时间之后，我发现自己对别人的第一印象往往是不真实的。我选择的伴侣常常都会有一些与我初始猜想截然不同的需求、价值观以及世界观。我一直都与之前的伴侣保持联系，以观察彼此不同的人生方向。结果，我很庆幸我们分开了，即使当时我会有强烈抵触。随着我对她们的了解越来越多，我发现我们之间存在太多分歧，根本不适合成为彼此的伴侣。当我感受到这种认识为我带来的伤心或体贴时，我开始明白也许现在的处境对我来说就是最好的结果。

我知道现在失去的这一切会为我带来周期性的痛苦。我可能会因为孤独而感到一波又一波的恐惧与伤心。我无法劝说自己走出这些情感。我需要时间慢慢痊愈，但是我已经可以从某种高度来认识现在的情形了。

现在，当她跟我说想和别人约会时，我不会再指责她误导了我，也不会攻击说她欺骗了我。这些怀疑都来源于我对自己的负面看法。实际上，我根本没有理由怀疑：她从来没有喜欢过我。个人经验告诉我，不止一个人是同她一样的；我知道那种感觉有多痛苦、有多迷茫。

虽然我不想承认这一点，但是我也认为如果有更具吸引力的人出现，更换伴侣也是合乎情理的。所以我不会因为她想同一个更适合自己的人、一个不管怎么说都对她更具吸引力的人在一起而怪罪于她。不管怎么说，我们还没有结婚。她从来都没有就未来给我做出任何承诺。我也没有要求她做过任何承诺。虽然我有种受伤和被抛弃的感觉，但并不会觉得她背叛了我。要是换成以前，我心里的那个"受伤的小孩"一定会认定是她背叛了我。她从来都没有违反与我的任何约定。实际上，她遵守了一项"诚实"的约定。我感谢她对我说出真相，而不是跟那个人秘密交往。那样的话，等我一旦发现，就会有一种被严重背叛的感觉。

虽然我感到伤心，但我知道她能在此时告诉我自己的立场是很有勇气的，而不是像很多害怕我伤心失望的人一样，总是拖到最后才告诉我。我甚至感激她说出事实真相。如果我身上有什么让她不喜欢的地方，我宁愿现在就知道，而不是在我们结婚有了孩子之后才搞清楚。

第八章 重建信任

从我的感情经历来看,我感觉她现在只是被那个男人给迷住了,可能过不了多久他们就会分手,很多人都是这样的。我知道我可以继续对她保持关注,等他们分手之后,如果愿意,我还是有机会的。我同意她的说法,现在先做朋友,或者只要大家觉得合适,以后永远都做朋友。也许我们还爱着对方,还会关心彼此,即使不是按照我喜欢的方式来表达。或者我觉得现在很难和她做朋友,因为那样会让我感到很痛苦,让我总想要得到更多;然后我就会决定不要再做她的朋友,至少现在不行。

在我成长的过程中,我终于发现并不是世界上所有的女人都会喜欢我的。她选择了另一个男人,我会感到伤心,但是我也知道她有权利选择一个更加符合自身需求和喜好的对象。我明白还有其他男人会更适合她的性格与品味。她有权追求自己想要的,我尊重她的这一权利,因为我也同样有这种自由。

我们分手了,我不会责怪自己,也不会怪罪于她;因为我知道其中可能还有很多其他原因。如果我想知道,我们还可以继续讨论下去。也许是因为我对孩子不感兴趣,所以她才心灰意冷;也许是我赚得不够多,不能满足她的经济要求;也许她觉得彼此的性观念不和谐。

如果她是因为以上任何原因离开我的,我很可能都会感到很伤心。我甚至可能会怀疑她提出分手到底有没有充足的理由。但是我也明白这不是我所能评判的。我无法控制她喜欢谁不喜欢谁。她有权设立自己的标准——适合于她自己的标准。最重要的是，我提醒自己她对我的不满并不能用来评判我的自身价值。可能就是各自的追求不同，或者我们之间就是没有感觉。那不是任何人的错。

另一种选择就是去仔细聆听她的所有反馈。也许这些反馈与我接收到的其他反馈是相一致的，比如，她暗示我的沟通方式太具指责性，或者我没有足够了解她的内心世界。如果我愿意对自己进行深刻反省的话，分手可能会帮助我了解自己该如何成长，以便让未来的感情更有收获。

如果我怀疑她隐瞒了疏远我的真正原因，我也完全可以去问她。在我们进行勇敢地、开诚布公地讨论后，我们可能会得到一些新的认识。她可能会感觉与我的距离更近了，甚至决定再给彼此一个继续发展的机会。但是如果我一心只知道分析和评价她离开我的原因，我就会完全迷失在自己的思想迷宫里。同样，如果我通过巧妙的批评侵犯了她的界限，我能得到的也就是让她感觉自己"错了"，但那样也会让她更疏远我。如果我在认识到自己已经没法改变她的前提下，对她的选择表示尊重，并温柔地询问原因，我会因自己带着正直的态度尽力与她沟通而感到满足。

另一种可能的情形是这位女士习惯于在情感上接近某位男士之后就离开他。她可能想要与他人亲密，同时也害怕建

第八章 重建信任

立亲密关系。她会在男方决定离开她之前突然提出分手。或者她仅仅喜欢享受每一段新感情带给她的快感。如果她是出于以上任何一种原因离开我的，那么我也帮不了她，我没有办法改变她。

如果她想跟我在一起但却害怕亲密，那么结果就不同了。我们可以进一步讨论如何交往可以让彼此感到更有安全感。但是我宁愿不去劝她跟我在一起。如果她同意了怎么办？我可能会给自己招来更大的麻烦。可能将来有一天我会因为再也无法忍受她的矛盾情绪以及对性生活的恐惧而不得不放弃她。或者如果我身上的一些令她反感的特点在将来的某一天变得更加令她难以接受时，我们会以一种更痛苦的方式离开彼此。

在我仔细考虑过这一切的同时，我也知道在我的周围还有很多人渴望一段健康的感情。我可能不是全世界最智慧、最上进、最有活力的男人，但我也有很多珍贵的品质。我相信一定有一个人在等着我，我一定会找到适合我的那一位。与此同时，我也需要学会一些东西，这些只能在独处的过程中领悟到。我可能需要仅仅为了友谊而去培养朋友感情。也许我不应该那么专注于找到"爱情"了，我要在心里培养起自己一直都想从外界找到的那种爱。我要让自己成为一直寻找着的伴侣的那种样子。

这样的反思并不是要告诉大家一种应对分手或拒绝的"正

确"方法,而是说当分手在所难免时,我们可以用更多智慧与同情心来应对。当我们对自己以及生命过程更有信心时,我们就不再会紧紧抓着那些不愿意跟我们在一起或者不是真正爱我们的人不放。我们会更加相信生命会赋予我们一些其他的宝贵财富。就像拉尔夫·瓦尔多·爱默生那充满希望的诗文一样:

> 虽然你爱她,把她当自己一样,
> 把她当作一个更加纯洁的自己,
> 虽然她的离去使日月无光,
> 使一切生命都失去了美丽,
> 你应当知道,
> 半人半神离开了,
> 神就来了。

分手没有不痛苦的,但是拥抱自己的所有感受并用智慧来应对这件痛苦的事,会为我们的伤口愈合与个人成长提供一个有利的环境。这是一个渐进的过程,有时会是令人恐惧而动荡的,有时又是非常平静的。有时我们会不知所措、走投无路,有时又会理智清醒、充满希望。重要的是我们信任这个过程,并且会一直坚持下去;重要的是我们会真实地面对自己;即使家人、朋友或其他人会误解我们或不遗余力地分散我们的注意力。最后，我们就能学会如何在变化中乘风破浪，而不是被生活的巨变所淹没。

用完整的自己去建立信任

信任不以我们的意志为转移，但是我们却可以为它的成长营造一种有利的氛围。就像打理花坛一样，我们可以为我们的感情提供它所需要的养料，让它枝繁叶茂。面对花坛里的花，拔苗助长、大喊大叫、批评责备都是无济于事的，它们不会因此而快速成长。他们只会依照自己的时间和自己的方式发芽长大。

只有两个高度完善的人才可以真正建立信任。字典里对完善的解释是"一种完整的、完全的品质或状态"。要想做到完善，我们就需要主动地诚实地面对自己，看清自己本来的面貌。越了解自己的情感、需求和本质，我们就越完善。当我们因为宽宏大量而可以更清楚、更体贴、更公正地与他人沟通时，我们的爱情就会变得更令人满意且更加完整。

当我们活得完善时，我们只会许下一定能兑现的承诺，而不会为了避免矛盾或得到自己想要的结果图一时方便，许下不实诺言。活得完善也意味着我们要学会灵活商议彼此的约定，保证自己最重要的承诺——忠实于自己。如果我们必须要做出一个艰难的决定去违背或修改一项协议时，完善性会让我们为自己给他人造成的伤害而真诚道歉,并且尽我们所能去做出弥补。然后我们会重新评估自己的需求、局限和能力,以便不再因继续伤害他人而最终伤害自己。

完善性指的是我们为了更具自知之明并且更好地为他人负责而坚持的一种人生取向。我们不会为自己做出的不明智选择而责怪他人或将责任推到他人身上;我们会把自己从一个受害者的角色转变为一个能为自己负责的成年人,可以从生活经历中提取智慧,无论这些经历有多么痛苦。

当我们的完善性被愤世嫉俗、敌意怨恨和自怨自艾所取代时,我们就破坏了对生命本身的信任。当我们失去了对生命过程与成长过程的信任时,我们就会变成一个令人讨厌的伴侣。当我们背叛生活时,别人就更有可能背叛我们。

坚持我们的价值观

要想让自己活得完善,我们就必须要去发现那些对于我们来说非常珍贵的价值,并且定期反思自己有没有尽力按照这些价值取向来生活。比如,我们会看重诚信、真实与真爱,但是我们在自己的感情当中做到坦率真诚了吗?我们勇敢面对矛盾和争吵所反映的真相了吗?我们真的有爱吗?我们是否通过欺骗、否认和不敬对别人造成隐性的背叛呢?

生命的完善同样也要求我们去反思自己的信仰与观点。最能让我们的心变得麻木、最能让我们快速老去的就是那些

第八章 重建信任

不容置疑的信仰。坚持认为自己的想法完全正确、毫无疑问，最容易将自己与他人隔离开来。比如，我们会认为过分自信的女人都是母老虎（但同时还认为如果她们允许自己被别人占便宜，她们就是纸老虎）。或者我们认为说话温和的男人都是胆小怯懦的（但同时也会说男人都是咄咄逼人、骄傲自大的）。

实际上，我们的看法已经被我们心里那些根深蒂固的社会刻板印象所扭曲。或者我们会根据他人的有力论证而先入为主地形成一些看法，而他们的论证在我们看来是理所当然的正确，但事实上我们还需要结合自身经历去辨别真伪。比如，在20世纪六七十年代的性解放运动中，很多人被洗脑，认为在爱情初期发生性关系是了解彼此的很好方式。此后，很多人的经历都证明，在允许巨大的性能量注入到彼此感情之前，先进行无性的交往和了解是更加明智的做法。过早体验性的快感，会影响我们去体会别的亲密方式。

阶段性地重新评估自己的想法会让我们不断更新自己所看重的思想，而不会变得教条主义或自以为是。中国古代道家思想认为我们越富有智慧越不会固执己见。有一句古老的苏菲派格言这样说道：不管我们的认识达到了什么高度，总有能超越它的观点。让智慧得到增长需要永远保持一种开放性的思想观点，以吸收新的认识和想法。

一旦屈服于理性与确定性，很多人会因为自己没有坚定的信仰或对于某个话题没有自己确定的立场而感到羞愧不已。那些不能就社会问题和政治问题提出自信观点的人都被认为是没有主见的人。从我个人来说，我更相信那些勇于放弃发表个人意见的人；那些承认自己必须要进一步考虑或者需要征求他人看法的人；或者是那些认为该话题太过复杂因而无法法判断什么是最好解决方案的人。很多时候，所谓"没有主见的人"其实是那些足够聪明也足够正直的人，他们对一个问题进行多角度分析，然后才会做出一个影响深远的决定。著名作家F·司各特·菲茨杰拉德提醒我们说："真正可以检验一流智商的，就当你心中同时存在两种相反的观点时，是否仍然可以正常思考。"

完善性（integrity）这个词语来自拉丁语,意思是"完整的"（whole）、"完全的"（entire）。当我们可以将不同情感、经历和观点整合成为一种更有包容性的自我时，我们就变得更完善了。当我们结合了自己当前的信仰、需求和价值观来做出选择时，我们所体现出来的就是自己的完善性。

不管怎么样，我们都会因为不忠实于自己而给自己或他人带来伤害。接下来这位男士将为大家讲述他的一些经历，曾经的他就是不敢真实面对自己的一个人。

"我想找一个伴侣，但是我不想要孩子。我找到一位愿意和我在一起的女士。随着时间的推移，我们的关系慢慢拉近，我们开始考虑结婚问题。然后她提出了关于孩子的问题。我

第八章 重建信任

知道我爱她，我也能感觉到我们在一起会很幸福，我不确定自己是不是想要孩子。我怕她知道我不想要孩子就会指责我，我怕她会因为这个原因离开我。

"实际上，我是不想要孩子的，至少现在不想。我想先花几年时间培养我们之间的感情。同时，我的事业还没有完全稳定下来，我觉得我还没有完全做好当父亲的准备。有些人很肯定地告诉我，我永远都不可能真正做好准备的，但我要边走边看，问题总有解决的办法。她也是这样认为的。这似乎也是有道理的，然后我就安慰自己，告诉自己有个孩子也挺好。最后我对她说我想要孩子。然后我们就结婚了，并且很快就有了孩子。

"没过多久，我最大的恐惧就变成现实了。孩子占去了她大部分的时间。很多时候，她都疲惫不堪。她根本没有那么多精力和注意力放在我身上。我们的性生活减少了。除去工作和照顾孩子，我们几乎没有消遣的时间。

"我感觉自己被抛弃了。我开始恨她并疏远她。为了满足自己的需求，我更多时间都同朋友一起度过。为了支付不断增加的家庭开销，我需要加班加点。我甚至感觉自己有一半的加班是为了发泄心中的怒气。我爱人指责我分担的责任不够。她感觉我背叛了她。她越指责我，我就越不说话。我们的关系不断恶化。

"虽然我们经常吵架，但幸福的时刻也是有的。有时一家人其乐融融的样子让我很有成就感。有时,看着孩子的眼睛,我会被深深地触动,我知道通过某种生命的奇迹,我的一部分得到了继承。但是如果我诚实地面对我自己——如果我有勇气承认那个微小的事实:我真希望自己当时可以听一听那个平静的、细小的声音,那个声音告诉我不要生小孩,我清楚地知道应该再等一等。现在的生活让我喘不过气来。这不是我想要的生活方式。我背叛了自己,对此我感到气愤不已。同时我也有点恨我妻子,因为为了要孩子,她给我施加了巨大的压力,虽然后来是我自己同意的,但我还是会恨她。

"为了同意要孩子,我放弃了原本对生活的憧憬。我将自己蜷缩在伴侣的压力之下。实际上,由于不想让自己孤独、不想因为失去自己喜欢的人而痛苦,因此我就背叛了自己。现在我比一个人生活的时候感觉还要孤独寂寞。我真希望自己当时能够诚实理智地听从自己的想法,并且勇敢地面对一切后果。那样做对于我来说是最好的,对我的伴侣来说也是最好的,因为那样她就不用和一个不情愿的丈夫一起抚养孩子了。

"我相信自己可以改善现状。我相信通过开诚布公地沟通,我们可以消除各自心中的怨恨与放弃的想法,并且增进彼此的感情。我也相信通过这个过程我能得到一些新的认识,可能会以一种新的方式拉近我与这个家的距离。如果结果不是这样,如果她或者是我,或者是我们双方,想要就此分手,我相信我们的生活仍然可以继续向前,即使不免会为彼此感到伤心。

"但是,我还是在想,如果我早一点相信自己对真实情况的判断,生活一定会大不相同。我用得着通过这样的痛苦让自己变得多一点宽容少一点自私吗?这难道就是让我明白要更相信自己而不要被他人想法所影响的一次教训吗?也许两方面的看法都对;但现在最主要的事情就是通过认识自己的不满,并尽力改变现状以保持我的完善性。"

爱的潜能

痛苦的事情可以为我们的生命打开新的窗户,让我们去发现新的自己。不管我们是背叛者还是被背叛者,我们都可以利用背叛的经历加深对自己的了解。但是要想有所收获,我们就必须要从那些不愉快的事情中学到东西并让自己得到成长。无论这些不愉快的事情是突然降临到我们头上的,还是由我们参与引起的。

当自尊心发生动摇时,我们就会坚持认为所有的不幸都是对方造成的。如果我们相信自己目光短浅或不够完美就是"不好"的标志,那么我们就会拒绝承担任何责任。如果我们认为感情失败就意味着做人失败的话,我们就不可能平静地不带任何批判色彩地从错误中吸取教训,然后自信优雅地继续自己的生活。

要想获得智慧,我们就要为自己的选择负责,但不要自责。当我们有勇气去拥抱自己的痛苦、恐惧和耻辱时,我们就会慢慢明白自己在哪里迷失了方向,然后我们就不会再重复过去的错误了。当我们面对矛盾或背叛时,能够克服生理上的"或战或逃"反射让自己成功走过去就是人类洞察力与勇气的巨大胜利。

最近我们有没有背叛过谁呢?

在我们探究自己作为背叛者的作用时,我们可能会不由自主地认为是自己故意伤害了别人。我们会突然发现当自己不再关心他人幸福时,我们的心是多么的麻木不仁。我们会忽然明白自己一直以来都喜欢统治别人而不是去爱别人。这样我们心里就可能会产生一些负罪感,并且需要做出一些补偿来让自己的内心得到平静。

我们也可能会注意到自己无意的背叛也给别人造成了伤害。因为缺乏一定的自我觉察,或因为受到自己迫切需求的驱使,我们往往会忽视自己给周围人们带来的负面影响。鉴于这种无意背叛的普遍性,我们最好定期问问自己:"最近我背叛过谁吗?"

越来越多的人开始尝试用关爱与同情来对待这个充满欺骗和背叛的世界。要做到这一点,我们需要温柔地看待那些

第八章 重建信任

所有人都会有的背叛——在日常生活中不去关注、聆听、回应朋友和家人以及所有与我们息息相关的人的恐惧与关心。有些人正在接受生活的终极挑战，好好去爱，明智地去爱。带着与生命签订的默契而神圣的协议，他们意识到了自己完全充满生命力、真实面对他人的潜力。他们决心重建对爱情的信任，对这个世界的信任。

坚持这样一个方向不但可以让我们帮助别人，还可以充实自己；让我们朝着博爱、尊严、快乐和创造力又迈进了一步。在我们的努力下，这个世界会变得令每一个人更加满意，更加安全——这个世界成了一面镜子，把我们投注在其中的信任与真爱回报给所有人。

作者的讲述已经完结,但我们的重建信任之旅才刚刚开始。

想当初,第一次见面,第一次心动,第一次手足无措,第一次甜蜜依偎……

后来,第一次不安,第一次嫉妒,第一次咬牙切齿,第一次撕心裂肺……

回头看,你究竟是受害者,还是背叛者?

此时此刻,你的心,真的痊愈了吗?

走出背叛、重建信任,需要我们投入整个生命。无论你现在走到了哪一站,请记得经常停下来想一想。

欢迎你把自己或身边人的故事和感受写下来,发给我们,让更多追寻心灵本真的同路人一起分享;或许,你会有意想不到的收获……

电子信箱:wqpsycho@qq.com

新浪微博:  万千心理官方微博
http://weibo.com/wqpsy

(来稿请注明"重建信任"字样。)

万千心理 心理咨询与治疗书目

代号	书目	著、译者	定价(元)
综合·导论			
X830	心理咨询与治疗的理论及实践	Corey, G.著 谭晨译	45.00
X808	心理咨询与治疗经典案例	Corey, G.著 谭晨译	36.00
X720	心理咨询师的问诊策略	S. Cormier等著 张建新等译	78.00
X876	心理治疗基础	许又新著	48.00
X1419	自体心理学导论	P. A. Lessem著 王静华译	48.00
X1011	自体心理学的理论与实践	M. T. White等著 吉莉译	32.00
X871	心理咨询与治疗的案例评估和分析	刘稚颖等著	38.00
X1092	心理治疗中的改变	波士顿变化过程研究小组编著 邢晓春等译 李孟潮审校	42.00
X1137	心理治疗中的首次访谈	S. Lukas著 邵啸译	30.00
X1126	心理咨询面谈技术（2014年版）	J. Sommers-Flanagan等著 陈祉妍等译	80.00
X1121	心理治疗实战录	M. F. Basch著 寿彤军 薛畅译	45.00
X1160	101个心理治疗难题	J. S. Blackman著 赵丞智 曹晓鸥译	88.00
X1027	心理治疗师该说和不该说的话	L. N. Edelstein等著 聂晶等译	50.00
X1135	精神分析导论	J. Milton等著 余萍 周娟等译	50.00

X705	精神科临床诊断	Morrison J.著　李欢欢　石川译	32.00
精选经典			
X1133	给心理治疗师的礼物（精装）	Irvin D. Yalom著　张怡玲译	58.00
X1131	日益亲近（精装）	Irvin D. Yalom著　童慧琦译	58.00
X1132	直视骄阳（精装）	Irvin D. Yalom著　张亚译	48.00
X1130	罗杰斯心理治疗（软精装）	B.A. Farber等著　郑刚等	78.00
X857	隐性说服力（全彩）	M. Adnrews等著　宋一辰译	60.00
X1123	爱·恨与修复	M. Klein等著　吴艳茹译	18.00
X1182	嫉羡与感恩	M. Klein著　姚峰等译	60.00
X969	我穿越疯狂的旅程	E. R. Saks等著　李慧君等译	40.00
X1050	熙珺叙语：一个咨询师的成长历程	吴熙珺著	18.00
X1008	心理咨询师的部落传说	徐钧著	28.00
X902	心理治疗师之路（第四版）	Jeffrey A. Kottler著　林石南等译	48.00
X1129	寻求安全	L. M. Najavits著 童慧琦等译　肖泽萍等审校	66.00
正念心理			
X1171	八周正念之旅（有录音）	J.Teasdale等著　聂晶译	56.00
X1172	心理治疗中的智慧与慈悲	C. K. Germer等著 朱一峰译　李梦潮审校	72.00
X1166	正念心理治疗师的必备技能	S.M. Pollak等著 李丽娟译　刘兴华审校	42.00
X979	正念的心理治疗师	D. J. Siegel著　林颖译	32.00
X911	正念之道	R. D. Siegel著　李迎潮 李孟潮译	50.00

编号	书名	作者/译者	价格
X1316	夫妻和家庭治疗中的正念与接纳	D. R. Gehart著　吉莉译	58.00
X1170	正念教养	S. Bogels等著　聂晶译	72.00
艺术治疗			
X1352	音乐之路 ——在音乐治疗中创造声音的联系	K. Das著　谷德芳译	39.00
X1086	老年痴呆症的音乐治疗	David Aldridge主编　高天等译	36.00
X964	即兴演奏式音乐治疗方法	Tony Wigram著　高天译	32.00
X981	绘画心理治疗	L. B. Moschini著　陈侃译	50.00
X877	接受式音乐治疗方法	高天著	38.00
X835	人格与意象对话	李骥著	18.00
认知行为治疗			
X775	理智胜过情感（第二版）	D. Greenberger等著　宋一辰等译	68.00
X1199	行为矫正（2015年版）	R. G. Miltenberger著　石林等译	80.00
X1180	认知疗法：基础与应用（2013版）	J. S. Beck著 张怡等译　王建平审校	58.00
X1181	认知疗法：进阶与挑战	J. S. Beck著 王辰怡等译　王建平审校	56.00
X1197	情绪障碍跨诊断治疗的统一方案 ——自助手册	D.H. Barlow等著 王辰怡等译　王建平审校	35.00
X1198	情绪障碍跨诊断治疗的统一方案 ——治疗师指南	D.H. Barlow等著 王辰怡等译　王建平审校	30.00
X993	边缘性人格障碍的移情焦点治疗	J. F. Clarkin等著 许维素译　李孟潮审校	52.00
X925	认知行为疗法	D. R. Ledley等著 王辰怡等译　王建平审校	38.00
精神分析			
X1148	精神分析诊断（精装）	N. McWilliams主编 鲁小华等译　李鸣审校	98.00

编号	书名	作者/译者	价格
X1095	精神分析治疗（精装）	N. McWilliams著　曹晓鸥等译　张黎黎审校	88.00
X1136	精神分析案例解析（精装）	N. McWilliams主编　钟慧等译　李鸣审校	78.00
X1319	长程心理动力学心理治疗	G. O. Gabbard著　徐勇等译	50.00
X1383	短程动力取向心理治疗实践指南	H. E. Book著　邵啸译	48.00
X1167	俄狄浦斯情结	J. -D. Nasio著　张源译	25.00
X1452	俄狄浦斯情结新解	M. Klein著　林玉华译	32.00
X1453	临床克莱因	R. D. Hinshelwood著　杨方峰译	58.00
X1381	谈话治疗	David Taylor主编　黄淑清等译	58.00
X1382	内在生命	Margot Waddell著　林晴玉等译	56.00
X1168	悦读弗洛伊德	J. -D. Nasio著　张源译	25.00
X864	心理动力学心理治疗简明指南	R. J. Ursano等著　曹晓鸥译	46.00
X945	心理动力学疗法	Deborah L. Cabaniss等著　徐玥译	58.00
X1380	心理动力学团体分析	H. Behr等著　武春艳等译	52.00
X1200	心理动力学个案概念化	D. L. Cabaniss等著　孙玲等译	58.00
X980	精神动力学咨询与治疗的精要	M. Jacobs著　郑诚译	58.00
X880	督导关系	M. G. F-O'Dea等著　李芃译	35.00
X1226	思想等待思想者	Joan等著　苏晓波译	42.00
X1222	精神分析与中国人的心理世界	C. Bollas著　李明译	36.00
X863	重寻客体与重建自体	David E.Scharff著　张荣华等译	38.00
X999	主体间性心理治疗	P. Buirski等著　尹肖霞译	35.00

X943	投射性认同与内摄性认同	J. Savege Scharff著　闻锦玉等译	38.00
X771	病人与精神分析师	J. Sandler等著　施琪嘉等译	28.00
X915	弗洛伊德与安娜·O ——重温精神分析的第一个案例	Richard A. Skues著　孙铃等译	28.00
团体·沟通分析·聚焦·沙盘·存在·叙事等			
X1231	团体咨询与治疗	吴秀碧著	88.00
X739	团体心理治疗（第五版）	Irvin Yalom等著　李敏　李鸣译	62.00
X868	集中·封闭·大型团体咨询	刘伟著	36.00
X1163	人生脚本：说完你好，说什么？	E.Berne著　周司丽译	78.00
X1064	人间游戏	B. Berne著　刘玎译	36.00
X1035	沟通分析的理论与实务	Thomas A. Harris著　林丹华等译	32.00
X1404	倾听·感觉·说话的更新换代	池见阳等著	58.00
X1158	聚焦：在心理治疗中的运用	A. W. Cornell著　吉莉译	48.00
X872	聚焦取向的心理治疗	Campbell Purton著　罗希译	28.00
X1157	沙盘游戏疗法手册	B. A. Turner著　陈莹　姚晓东译	88.00
X1140	沙游在心理治疗中的作用	Dora M. Kalff著　高璇译	38.00
X930	沙游治疗	B.L.Boik等著　田宝伟等译	38.00
X738	存在主义心理咨询	Emmy Van Deurzen著 罗震雷　谭晨译	42.00
X1162	格式塔咨询与治疗技术（第三版）	P. Joyce等著 叶红萍等译　李鸣审校	78.00
X878	叙事疗法	M. Payne著　曾立芳译	32.00
X916	角色书信疗法	春口德雄著　孙颖译	36.00

	催眠		
X1390	二月人：穿越式催眠治疗	M. H. Erickson著　于收译	58.00
X1147	临床催眠实用教程（第四版）	Y. D. Yapko著 高隽译　方新审校	88.00
X1237	催眠疗法	M. H. Erickson等著　于收译	88.00
X1139	催眠实务	M. H. Erickson等著　于收译	68.00
X1138	体验催眠	M. H. Erickson等著　于收译	58.00
X649	催眠入门	Willian w. Hewitt著　方新译	18.00
	强迫症		
X1377	走出强迫症II ——正念体悟疗法自助手册	李远等著　东振明等审校	58.00
X1242	强迫症的正念治疗	Jon Hershfield著　聂晶译	35.00
X717	走出强迫症	东振明著	36.00
X625	脑锁——如何摆脱强迫症	J. M. Schwartz等著　谢际春等译	30.00
	家庭		
X1161	妈妈的心灵课	D.W. Winnicott著 魏晨曦译　赵丞智审校	78.00
X1007	重建信任——爱情与背叛的心理学	J.Amodeo著　夏天　冯迦宁译	20.00
X922	家庭治疗技术（第二版）	J. Patterson等著　王雨吟译	45.00
X994	如何做家庭治疗	R. Taibbi著　黄峥等译	78.00
X716	萨提亚转化式系统治疗	John Banmen著　钟古兰等译	20.00

……
联系地址：北京市朝内大街188号D座902室　　万千心理（邮编：100010）
咨询电话：010-65125990，65262933　　传真：010-65181109
*本目录定价如有错误或变动，以实际出书为准。